W0019926

# BLED
## Orthographe
## Grammaire

**Édouard BLED**
**Odette BLED**
*Lauréats de l'Académie française*

Nouvelle édition assurée par

**Daniel Berlion**
*Inspecteur d'académie*

hachette
ÉDUCATION

**Conception graphique**

Couverture : Karine NAYÉ

Intérieur : Laurent CARRÉ – Audrey IZERN

**Réalisation**

Intérieur : MÉDIAMAX

© HACHETTE LIVRE 2012, 43, quai de Grenelle, 75905 PARIS Cedex 15.
ISBN 978-2-01-160431-6

# SOMMAIRE

# ORTHOGRAPHE D'USAGE : RÈGLES ET EXERCICES

# Grammaire : règles et exercices

# Corrigés des exercices

# Index des notions clés

# Alphabet phonétique

# AVANT-PROPOS

Il en est de l'orthographe et de la grammaire comme de bien d'autres apprentissages : pour atteindre l'objectif fixé, avec ce que cela implique d'efforts patients, persévérants et ordonnés, il faut procéder en adoptant une démarche rigoureuse. Comme l'écrivaient Odette et Edouard Bled : « *Hâtons-nous lentement et méthodiquement !* » Certes, cette manière de faire n'est pas la seule qui permette d'apprendre, mais dans le cas spécifique de l'orthographe et de la grammaire, c'est celle qui – très pragmatiquement – donne les meilleurs résultats pour une majorité de personnes.

Cette démarche fut adoptée par Odette et Edouard Bled dans tous leurs ouvrages. Nous avons conservé la ligne de conduite qui a assuré le succès de la collection : la rigueur, l'exhaustivité, la clarté de la présentation, la somme d'exercices à aborder avec constance et détermination. Tous les utilisateurs des Bled retrouveront ici ces qualités, gages de progrès.

 ## Une nouvelle édition modernisée en profondeur

La didactique orthographique a mis en évidence certains faits qui permettent de mieux soutenir les efforts de ceux qui apprennent ; aussi avons-nous introduit une cohérence nouvelle qui correspond aux avancées linguistiques, sans pour autant modifier un contenu qui demeure le socle de notre orthographe.
Par ailleurs, les transformations, voire les bouleversements, de notre société sont tels que nous avons choisi de présenter des situations rencontrées dans la vie quotidienne : la télévision, la vidéo, l'informatique, les moyens de communications, les modes alimentaires, les avancées technologiques, les voyages, les loisirs, le sport, bref tous les centres d'intérêt d'un citoyen du XXIe siècle servent de supports aux exemples et aux exercices.

## Un apprentissage progressif

### L'orthographe grammaticale

Toutes les règles fondamentales de ponctuation et d'accord font l'objet d'un exposé accompagné d'exemples. Vous apprendrez à reconnaître la nature des mots pour appliquer correctement les règles des différents accords dans la phrase. Chaque difficulté est étudiée pour elle-même, de façon exhaustive, dans des situations variées et soigneusement choisies. Enfin, au fur et à mesure que les connaissances grammaticales se précisent, nous vous proposons des procédés pour éviter les erreurs dues aux homonymies.

### L'orthographe d'usage

Les mots sont regroupés par analogie de sons, de terminaisons ou de difficultés orthographiques. Ce classement vous permet de constituer des séries, et surtout de mémoriser progressivement les circonstances d'usage des différentes écritures. Cette démarche favorise ainsi l'acquisition de nouveaux savoirs par l'enrichissement de bases solides.

### Les notions grammaticales et les remarques syntaxiques

Les notions grammaticales vous aident à structurer vos écrits et à résoudre les problèmes que pose l'emploi de certains mots (les paronymes, les barbarismes, les pléonasmes, les contresens) ou de certaines tournures (les subordonnées, la voix passive, les différentes formes, la place des adverbes...).

 ## Une organisation claire en 96 leçons

Chacune des leçons traite une difficulté spécifique. Toutes les leçons sont présentées en double page selon le même schéma.

### Les règles et les procédés

La page de gauche est consacrée à l'exposé, simple et clair, des principales règles suivies de remarques qui prolongent la réflexion. Règles et remarques sont accompagnées de nombreux exemples.

### Les quiz et les exercices

La page de droite propose un quiz et trois à quatre exercices d'entraînement sur la difficulté expliquée en page de gauche. Le quiz constitue une entrée en matière ludique aux exercices. Nous vous recommandons vivement d'effectuer ces derniers en totalité, c'est-à-dire de copier l'intégralité des phrases. Contrairement à une idée reçue, ce temps de copie n'est pas du temps perdu, il permet la mémorisation, en situation, de milliers de mots et d'accords.

### Les corrigés

Tous les exercices font l'objet d'un corrigé (pages 206 à 248) auquel vous pourrez vous reporter aussi souvent que nécessaire.

### L'index

Chaque notion est répertoriée dans l'index (pages 249 à 255) qui renvoie à la leçon où la difficulté est présentée.

 ## La maîtrise de la langue

À travers l'apprentissage de l'orthographe et de la grammaire, c'est en fait la maîtrise de la langue que nous visons ; si vous êtes à l'école de la rigueur et de la correction, vous serez progressivement en mesure de régler les problèmes rencontrés lors d'une expression personnelle. Acquérir une orthographe quasiment automatisée est nécessaire pour pouvoir se concentrer sur le fond de ce que l'on veut écrire.

Nous avons voulu offrir à la personne rencontrant des difficultés un ouvrage qui lui permette de reprendre confiance et de progresser à sa mesure ; quant au lecteur plus avancé dans la maîtrise de la langue, il trouvera dans ce livre matière à perfectionner son orthographe pour être toujours plus assuré dans ses écrits.

DANIEL BERLION
Inspecteur d'académie

# ORTHOGRAPHE GRAMMATICALE

# 1 LES POINTS

Les signes de ponctuation donnent des indications précieuses pour la lecture et la compréhension d'un texte. Ils marquent les pauses et les inflexions de la voix dans la lecture et fixent les rapports entre les propositions et les idées. Une ponctuation mal placée, ou omise, peut entraîner des contresens.

## Le point

**Le point** marque la fin d'une phrase dont le sens est complet. Il indique une pause très nette ; l'intonation est descendante.
L'architecte a conçu un immeuble fonctionnel**.**
Les locataires emménageront dans les prochains jours**.**

### ⚠ Remarque

Une phrase nominale, ou sans verbe, se termine par un point, sauf s'il s'agit d'un titre d'œuvre.

À tout seigneur, tout honneur**.**
Léon fut surpris par l'accueil**.** Un vrai repas de fête**.**
*Voyage au bout de la nuit* (roman de L. F. Céline)

## Le point d'interrogation

**Le point d'interrogation** se place à la fin d'une phrase lorsqu'on pose une question ; l'intonation est montante.
Quelle est la capitale de la Birmanie **?**
Les navires sont-ils arrivés au port **?**

### ⚠ Remarques

**1** Lorsque l'interrogation est indirecte, on place simplement un point.
Dites-nous ce que vous ferez pendant les vacances**.**

**2** Placé entre parenthèses, le point d'interrogation peut marquer le doute.
Clovis fut baptisé en 496 (**?**) à Reims.

## Le point d'exclamation

**Le point d'exclamation** se place à la fin d'une phrase ayant un sens injonctif ou exclamatif ; l'intonation est montante.
Vous devez immédiatement répondre à ce courrier **!**
Quel beau jardin que celui de Villandry **!**

### ⚠ Remarques

**1** Le point d'exclamation peut aussi être placé après une interjection. Dans ce cas, le mot suivant ne prend pas de majuscule et le point d'exclamation se répète à la fin de la phrase.
Attention **!** ce trottoir est glissant **!**

**2** La phrase impérative se termine généralement par un point.
Emporte un anorak, des gants et un bonnet.

Mais pour marquer l'intention ou l'ordre, on place un point d'exclamation.
Viens ici immédiatement **!**

# Quiz

**1** **Quelle est la ponctuation correcte ?**
**a.** Que faites-vous demain.    **b.** Que faites-vous demain !
**c.** Que faites-vous demain ?

**2** **Quel point faut-il placer à la fin de la phrase ?**
Je me demande quelle est la capitale du Honduras
**a.** ?    **b.** .    **c.** !

**3** **Quel point faut-il placer à la fin de la phrase ?**
Ne me parle pas sur ce ton
**a.** !    **b.** ?    **c.** ;

**1** **c.** Il s'agit d'une phrase interrogative directe. **2** **b.** Il s'agit d'une phrase interrogative indirecte, on place un simple point. **3** **a.** Il s'agit d'une phrase impérative exprimant un ordre ferme, il faut un point d'exclamation.

# Entraînement

**1 ▶ Copiez ce texte en plaçant les points qui ont été oubliés.**

À peine entre-t-on dans la ville que l'on est étourdi par le fracas d'une machine bruyante et terrible en apparence Vingt marteaux pesants, et retombant avec un bruit qui fait trembler le pavé, sont élevés par une roue que l'eau du torrent fait mouvoir Chacun de ces marteaux fabrique, chaque jour, je ne sais combien de milliers de clous Ce sont des jeunes filles fraîches et jolies qui présentent aux coups de ces énormes marteaux les petits morceaux de fer qui sont rapidement transformés en clous Ce travail, si rude en apparence, est un de ceux qui étonnent le plus le voyageur qui pénètre pour la première fois dans les montagnes qui séparent la France de l'Helvétie

Stendhal, *Le Rouge et le Noir.*

**2 ▶ À la fin de chaque phrase, placez un point d'exclamation ou un point d'interrogation.**

Pourquoi n'avez-vous pas réservé votre chambre d'hôtel … – Il fait jour, éteignez la lumière … – Dans quel traquenard sommes-nous tombées … – Quelle est la portée de cet émetteur … – Le radiologue donne un conseil au patient : respirez … – Ces murs antibruit sont-ils aussi efficaces que les acousticiens le prétendent … – Il est dangereux de circuler sur ce chantier : portez toujours un casque … – Les abeilles survivront-elles si la sécheresse persiste … – Le conducteur a franchi la ligne blanche : quelle imprudence … – À l'issue de quelle bataille François Ier a-t-il été fait prisonnier … – Ce train est non-fumeur ; ne sortez pas votre paquet de cigarettes …

**3 ▶ À la fin de chaque phrase, placez un point ou un point d'interrogation.**

Le mulet est le croisement d'un cheval et d'une ânesse … – À quel étage M. Blain habite-t-il … – La consommation de pétrole est en constante augmentation … – À Lyon, beaucoup de traboules de la Croix-Rousse sont inaccessibles aux touristes … – Le bâtiment est-il bien isolé … – Ce film est encensé par tous les critiques … – La station d'épuration des eaux usées fonctionne-t-elle … – Combien coûte ce lecteur de DVD … – Pour Noël, les commerçants ont fait un effort pour décorer leurs vitrines …

**SOLUTIONS P. 206**

# 2 LA VIRGULE

La virgule marque une courte pause dans la lecture, sans que la voix baisse.

## L'emploi de la virgule

• **La virgule** sépare, dans une même phrase, les éléments semblables, c'est-à-dire de même nature ou de même fonction, qui ne sont pas unis par l'une des conjonctions de coordination *et, ou, ni*.
Voilà un spectacle magnifique, il faut le reconnaître.

• Lorsque, dans une succession d'éléments semblables, les conjonctions de coordination *et, ou, ni* sont utilisées plusieurs fois, il faut séparer ces éléments semblables par des virgules.
Dans ce désert, on ne trouve ni oasis, ni puits, ni abri, ni piste.

• Les conjonctions *mais, ou, donc, car* sont précédées d'une virgule.
L'eau est froide, mais nous nous baignons.
Nous nous baignons, car l'eau est chaude.

## Un élément de séparation

La virgule peut séparer :
• **les sujets d'un même verbe**
Les gazelles, les lions, les gnous, les éléphants peuplent ce parc naturel.

• **les épithètes ou les attributs d'un même nom ou d'un même pronom**
Une plainte lointaine, brève, pratiquement inaudible, perça le silence.
La statue était imposante, admirable, parfaitement ressemblante et bien éclairée.

• **les compléments d'un verbe, d'un nom, d'un adjectif**
Julien éplucha les courgettes, les aubergines, les tomates, les oignons.
L'expert détermine la valeur des timbres, des pièces, des cartes postales.
L'officier se présenta bardé de décorations, de médailles, de cocardes, d'écussons.

• **les verbes ayant un même sujet**
Le valet de chambre frappa, entra, se présenta et attendit les ordres.

• **les propositions de même nature, plutôt courtes**
Dehors, le vent soufflait, les volets claquaient, la pluie fouettait les murs.

• **les mots mis en apostrophe ou en apposition**
Moi, je ne partirai pas avant vingt heures.
L'avion, retardé par des vents contraires, n'atterrira qu'à dix heures.

• **les propositions incises**
Cette offre, je l'avoue, me tente.

• **les compléments circonstanciels ou les subordonnées placés en tête de phrase**
Devant la barrière de péage, les véhicules attendent.

### ⚠ Remarque

On ne place pas de virgule entre les pronoms relatifs *qui, que* et leur antécédent, sauf pour isoler une proposition subordonnée explicative.

L'émission qui vient d'être diffusée n'a duré que vingt minutes.

L'émission, que chacun a pu apprécier, n'a duré que vingt minutes.

# Quiz

**❶ Où faut-il placer la virgule ?**

Nous nous reposons car nous avons beaucoup marché.

**a.** Avant « car »   **b.** Après « car »   **c.** Il ne faut aucune virgule.

**❷ Où est la virgule en trop ?**

Je t'écoute, mais, je ne crois pas ce que tu me dis.

**a.** Avant « mais »   **b.** Après « mais »   **c.** Il ne faut aucune virgule.

**❸ Quelle est la phrase correcte ?**

**a.** Le match que nous venons de voir ne présentait aucun intérêt.

**b.** Le match, que nous venons de voir, ne présentait aucun intérêt.

**c.** Le match, que nous venons de voir ne présentait aucun intérêt.

❶ **a.** La conjonction *car* est toujours précédée d'une virgule. ❷ **b.** La conjonction *mais* est précédée, mais jamais suivie, d'une virgule. ❸ **a.** La subordonnée relative complément du nom n'est pas séparée de celui-ci par une virgule.

# Entraînement

**1 ▸ Placez correctement la virgule oubliée dans chaque phrase.**

Après un vol mouvementé l'avion s'est posé sans difficulté. – Pierre-Antoine est un grand lecteur il dévore les romans. – Assise devant son téléviseur Ursula se contente d'un simple plateau-repas. – Avant d'être élu président de la République d'Afrique du Sud Nelson Mandela fut emprisonné de longues années. – Pour ne pas se blesser ce soudeur porte des lunettes protectrices. – Atteindre le centre de la Terre cela reste une utopie. – Déçu par la qualité de ce journal tu n'as pas renouvelé ton abonnement. – Pour rejoindre le point de départ du rallye il faut emprunter ce raccourci. – Devant l'obstacle il arrive que les meilleurs chevaux se dérobent.

**2 ▸ Placez correctement les virgules oubliées dans chaque phrase.**

L'excursion écourtée pour cause de mauvais temps a déçu les participants. – *Le Blanc Mesnil Urbana des Étoiles Belle du Pré* voilà les trois chevaux favoris de la course du tiercé. – La grippe aviaire très contagieuse reste une menace pour les élevages de volailles. – Caroline chargée de la rédaction du procès-verbal de la réunion écoute soigneusement les propos de chacun. – Charles séduit par les études historiques s'inscrit à la faculté de Marseille. – Au niveau du troisième étage de la tour Eiffel le dernier on jouit d'un panorama exceptionnel sur Paris. – Ce feuilleton je l'avoue à regret ne m'a pas plu. – Pour aller de Nîmes à Narbonne ou de Béziers à Perpignan empruntez l'autoroute.

**3 ▸ Placez correctement les virgules oubliées dans chaque phrase.**

Chaque été ce terrain accueille les tentes les caravanes les camping-cars et même les amateurs de sommeil à la belle étoile ! – Au petit-déjeuner nous avons le choix entre un café un thé au lait un thé citron ou un chocolat. – Le téléphone portable l'ordinateur les clés USB les baladeurs MP3 tous ces objets technologiques font désormais partie de notre environnement. – Les dessins animés ainsi que les films d'animation séduisent les petits et les grands ! – Soudain la partie s'anime les joueurs servent puissamment le public manifeste sa satisfaction et l'arbitre n'a plus à intervenir.

**SOLUTIONS P. 206**

# 3. LE POINT-VIRGULE – LES POINTS DE SUSPENSION

Le point-virgule s'emploie dans une phrase ; les points de suspension dans et en fin de phrase.

## Le point-virgule

**Le point-virgule** sépare des propositions ou des expressions qui ont un lien faible. Son emploi est délicat car il est proche du point ou de la virgule.
Les cultures manquent d'eau ; la récolte de maïs sera médiocre.

### ⚠ Remarques

**1** On place un point-virgule lorsque la deuxième proposition commence par un adverbe.

Les travaux sont terminés ; désormais, la circulation est fluide.

**2** Le point-virgule ne peut jamais terminer un texte et n'est jamais suivi d'une majuscule.

## Les points de suspension

• **Les points de suspension** (toujours trois) indiquent que la phrase est inachevée. Ils marquent une interruption causée par l'émotion, la surprise, l'hésitation ou un arrêt voulu dans le développement de la pensée pour mettre en relief certains éléments de la phrase.
Il était une fois un prince charmant**...**
Un jour, je partirai à l'aventure**...**

• Ils peuvent également marquer la fin d'une énumération, peut-être incomplète. Dans ce cas, ils suivent directement le dernier mot.
L'alpiniste vérifie l'état de son piolet, la fixation de ses crampons, la fermeture de son sac, la présence de sa lampe frontale, le nombre de ses mousquetons**...**

### ⚠ Remarques

**1** Les points de suspension ne peuvent jamais être placés après une virgule ou un point-virgule.

**2** Les points de suspension placés entre crochets indiquent une coupure dans une citation.

De tous les bonheurs qui lentement m'abandonnent, le sommeil est l'un des plus précieux, des plus communs aussi. Un homme qui dort peu et mal [...] médite tout à loisir sur cette particulière volupté.

Marguerite Yourcenar, *Mémoires d'Hadrien*, Plon, 1953, Folio, Gallimard, 1977.

**3** On emploie les points de suspension après l'initiale d'un nom que l'on ne veut pas citer.

J'ai rencontré monsieur K**...** dans l'escalier.

**4** Etc. est une abréviation (latin : *et cætera*) qui signifie *et ainsi de suite*, soit l'équivalent de points de suspension. C'est pourquoi, elle n'est jamais suivie de points de suspension.

Au supermarché, on trouve de tout, des jouets, des aliments, des livres, des vêtements, **etc.**

# Quiz

**❶ Où faut-il placer le point-virgule ?**

Un laboratoire a découvert un vaccin contre le sida c'est un immense espoir.

**a.** Après « vaccin »          **b.** Après « sida »          **c.** Après « découvert »

**❷ Quelle est la ponctuation finale correcte ?**

Les rayons sont bien garnis : des yaourts, des fromages blancs, de la crème fraîche,

**a.** etc.          **b.** etc...          **c.** ...

**❸ Quelle est la phrase correcte ?**

**a.** Lorsque le détective pénétra dans le garage, ... un coup de pistolet retentit.

**b.** Lorsque le détective pénétra dans le garage, un coup de pistolet retentit...

**c.** Lorsque le détective... pénétra dans le garage un coup de pistolet retentit ?

❶ **b.** Le point-virgule sépare deux propositions. ❷ **a.** Il n'y a jamais de points de suspension après etc. et ils ne sont jamais précédés d'une virgule. ❸ **b.** Les points de suspension ne sont jamais précédés d'une virgule. La dernière phrase n'est pas une phrase interrogative ; elle ne peut donc pas se terminer par un point d'interrogation.

# Entraînement

**1 ▶ Placez correctement le point-virgule dans chacune des phrases.**

Le Tadjikistan est un pays mystérieux peu d'étrangers le visitent. – Le disjoncteur a coupé le courant l'ampérage est trop faible. – Le lanceur a parfaitement fonctionné le satellite est sur la bonne orbite. – La cartouche de mon imprimante est vide en as-tu une à me prêter ? – Ne confondons pas l'emmenthal et le beaufort ce dernier n'a pas de trous. – M. Robert a oublié son code confidentiel il ne peut plus utiliser sa carte bancaire. – La planète se réchauffe les glaciers reculent d'année en année.

**2 ▶ Placez des points de suspension ou des points d'interrogation à la fin de chaque phrase.**

Connaissez-vous le nom du réalisateur du film Barry Lindon – Le comte de Monte-Cristo a tout connu : l'enthousiasme et l'amour dans sa jeunesse, puis l'incompréhension, l'enfermement, la richesse et même la vengeance – Sais-tu que nombre de Chinois préfèrent compter avec un boulier plutôt qu'avec une calculatrice – Cinq mètres cubes de béton suffiront-ils pour couler cette dalle – Mme Belmont n'a pas encore choisi la couleur des rideaux ; elle hésite – Parfois, le découragement saisit Xavier et il doute – Pourquoi veux-tu changer tes rollers – Lorsqu'il pénétra dans la pièce, un lourd parfum flottait – Cette valise pèse-t-elle vraiment vingt kilos – Sylvie trempe un orteil dans l'eau et se demande si elle osera aller plus loin

**3 ▶ Placez une virgule ou un point-virgule aux emplacements indiqués par les astérisques.**

Dans cette école * la semaine scolaire ne dure que quatre jours. – Le parking est complet * la file d'attente s'allonge. – Marcel Pagnol a vécu une enfance heureuse * il l'a racontée dans *La Gloire de mon père*. – Comme il fait froid * la récolte d'abricots sera tardive. – La fête de la musique bat son plein * les virtuoses amateurs s'en donnent à cœur joie. – Le cours du cuivre est au plus haut * les spéculateurs en profitent. – En servant l'apéritif * Florian a renversé le contenu d'un verre sur le tapis.

**SOLUTIONS P. 207**

# 4 LES DEUX-POINTS – LES GUILLEMETS – LES PARENTHÈSES

Les deux-points annoncent un groupe de mots. Les guillemets et les parenthèses isolent un mot ou un groupe de mots.

## Les deux-points

On utilise **les deux-points** pour annoncer :
- **une énumération**
Tout le monde était là : les femmes, les hommes, les enfants.
- **une explication**
Vous ne pouvez pas entrer : la porte est fermée à clé.
- **une justification**
Je n'ai pas avalé ce sirop pour la toux : il est proprement imbuvable.
- **une citation**
Rimbaud a écrit : « Je est un autre. »
- **un discours direct**
Lorsqu'il vit le souterrain obstrué, Henri s'écria : « Me voilà pris au piège ! »

## Les guillemets

**Les guillemets** (créés par l'imprimeur Guillaume, dit Guillemet, en 1525) encadrent un discours direct. L'ouverture des guillemets est généralement précédée de deux-points.
L'homme s'arrêta à ma hauteur et me demanda : « Avez-vous l'heure ? »

### ⚠ Remarques

**1** Lors d'un dialogue, on place **un tiret** au début de chaque changement de prise de parole ; on n'en place pas pour la première personne qui parle.

Lorsque le client eut déposé ses achats sur le tapis, la caissière lui demanda :
« Comment réglez-vous ?
– Par carte bancaire.
– Alors, insérez-la ici. »

En fin de phrase ou de dialogue, le point (simple, d'interrogation, d'exclamation) est toujours placé à l'intérieur des guillemets.

**2** Parfois, dans un dialogue, il faut indiquer la personne qui parle. Dans ce cas, on ne ferme pas les guillemets après ses paroles ; on place simplement une courte phrase entre deux virgules.

La caissière demanda poliment :
« Avez-vous une carte de fidélité ?
– Non, **répondit le client,** je ne viens qu'exceptionnellement dans ce magasin. »

Cette courte **proposition incise** n'est jamais précédée d'un point et ne commence jamais par une majuscule.

## Les parenthèses

**Les parenthèses** servent à isoler une idée, une réflexion qui pourraient être supprimées sans altérer le sens de la phrase.
Comme il est maître nageur (même s'il n'en a pas fait son métier), Jean-Paul a appris à nager à tous ses neveux.

# Quiz

**❶ Quel est le signe de ponctuation manquant (*) ?**
Les abeilles meurent mystérieusement * les pesticides seraient-ils responsables ?
**a.** deux-points          **b.** un point d'exclamation       **c.** un point

**❷ Quelle est la seule affirmation exacte ?**
**a.** Les guillemets encadrent des paroles.
**b.** Les deux-points séparent le sujet du verbe.
**c.** Après deux-points, on place une majuscule.

**❸ Quels sont les signes de ponctuation manquants (*) ?**
James Bond * agent secret britannique * triomphe toujours des méchants.
**a.** deux-points          **b.** parenthèses       **c.** points de suspension

supplémentaire.
indiquent que l'on rapporte fidèlement des paroles. **❸ b.** Les parenthèses isolent un renseignement
**❶ a.** Le point d'exclamation et le point devraient être suivis d'une majuscule. **❷ a.** À l'écrit, les guillemets

# Entraînement

**1 ▶ Placez correctement les deux-points dans ces phrases.**

Je ne resterai pas dans cette pièce l'odeur des lilas m'incommode. – Le proverbe est formel « La parole est d'argent mais le silence est d'or. » – Voilà une offre exceptionnelle trois CD pour le prix d'un ! – Cette maison est à vendre les acheteurs potentiels la visitent. – L'eau de la piscine est à 18° pas question de se baigner aujourd'hui.

**2 ▶ Dans ces phrases, placez les parenthèses comme il convient.**

Cette route départementale ou nationale ? traverse de nombreux petits villages. – Le château de Brandon monument historique vient d'être restauré. – Ce cuisinier meilleur ouvrier de France s'est constitué une clientèle de fins gourmets. – Au rayon jardinage au fond du magasin on trouve tout le nécessaire pour entretenir une pelouse. – Les Vikings de hardis navigateurs ont probablement atteint les côtes américaines bien avant Christophe Colomb. – Ces tuiles plates fabriquées exclusivement à Couzan respectent le caractère de ce petit village. – Dubrovnik une ville de Croatie a conservé son charme médiéval malgré les destructions dues à la dernière guerre.

**3 ▶ Ponctuez correctement ce dialogue. (À chaque astérisque correspond un signe de ponctuation.)**

Depuis un petit moment * l'air de rien * le maquignon tournait autour d'un magnifique taureau * Il décida enfin d'aborder l'éleveur *
* Quel âge a cet animal *
* Trois ans depuis janvier *
* Pouvez-vous me certifier son origine charolaise *
* Aucun problème * j'ai tous les justificatifs *
* Vous en voulez combien *
* Quinze cents euros *
* Vous êtes fou * Je vous en donne seulement mille *
* Alors douze cents *
* Topez là * L'affaire est conclue * *

17

SOLUTIONS P. 207

# 5 LES MAJUSCULES

La lettre majuscule est aussi appelée lettre capitale.

## L'emploi de la majuscule

On met une majuscule :
- **au premier mot d'une phrase**
On a découvert une trace de dinosaure dans cette carrière.

- **aux noms propres, aux prénoms, aux surnoms, aux noms de famille**
Pasteur – Charles-Henri – Philippe le Bel – la famille Dupont

- **aux noms communs pris comme des noms propres**
un chien nommé Caramel
La Commune de Paris fut une date marquante de l'histoire de France.

- **aux noms ou aux titres des œuvres artistiques ou littéraires, des journaux, des magazines**
la Joconde de Léonard de Vinci          la Bible et le Coran
Le premier journal sportif fut l'Auto. Aujourd'hui, l'Équipe lui a succédé.

- **à certains termes de politesse**
Madame, Mademoiselle, Monsieur

- **aux noms qui marquent la nationalité**
Cette partie oppose les Anglais aux Gallois.

- **à certains termes historiques ou géographiques**
Richelieu – la Libération – Marseille – Jupiter – les Vosges

- **aux noms de bateaux, d'avions, de rues, d'édifices**
le Titanic – l'Airbus – l'avenue de la Gare – le musée du Louvre

- **aux noms d'institutions, de sociétés ou de distinctions**
le Conseil régional – l'Éducation nationale – Air France – la Légion d'honneur

- **aux premiers mots des vers de poèmes**
Ô temps, suspends ton vol ! et vous, heures propices,
Suspendez votre cours !                    (Lamartine, *Méditations poétiques*)

## Cas particuliers

- Les noms de mois, de saisons, de dates s'écrivent avec des minuscules.
le premier mardi du mois de juillet – le début du printemps

- Les noms de fêtes prennent des majuscules.
La Toussaint – Noël – l'Ascension – Pâques – Yom Kippour

- Les points cardinaux, lorsqu'ils désignent un territoire, une région, un pays, prennent une majuscule.
les régions du Nord – les départements de l'Ouest – les peuples d'Orient
Mais s'ils désignent les points de l'horizon, ils prennent une minuscule.
le vent souffle du nord – aller en direction du sud-ouest

- Les noms déposés et les noms de marques prennent une majuscule.
boire un Martini – piloter un Jodel – réparer une Vespa

# Quiz

**❶ Quel est le seul groupe nominal correct ?**

**a.** les gorges du Tarn　　　　**b.** les gorges du tarn　　　　**c.** les Gorges du Tarn

**❷ À quel nom manque-t-il une majuscule ?**

Êtes-vous déjà monté au troisième étage de la tour eiffel ?

**a.** étage　　　　**b.** tour　　　　**c.** eiffel

**❸ Quelle est la phrase correctement orthographiée ?**

**a.** L'anglais est la langue officielle des États-Unis d'Amérique.

**b.** L'Anglais est la langue officielle des États-Unis d'Amérique.

**c.** L'anglais est la Langue officielle des États-Unis d'Amérique.

prend une majuscule que s'il désigne une personne.
le nom du constructeur de cette célèbre tour. ❸ **a.** *Langue* est toujours un nom commun ; *Anglais* ne
❶ **a.** *Les gorges* n'est pas un nom propre, alors que *Tarn* désigne précisément une rivière. ❷ **c.** *Eiffel* est

# Entraînement

**1 ▶ Placez les majuscules et les points de ces expressions, si nécessaire.**

le tigre bondit
le tigre et l'euphrate
je rends la monnaie
l'hôtel de la monnaie
l'électricité s'éteint
la fée électricité
la rue de la bourse
la bourse ou la vie

la banque de france
un billet de banque
une grande armée
la grande armée
le nez du clown
le cap gris-nez
le jardin des tuileries
un jardin à la française

les châteaux de la renaissance
la renaissance de la nature
les temps modernes
des immeubles modernes
l'académie de lyon
l'académie française
le festival de cannes
un festival de musique

**2 ▶ Placez dans ces phrases les majuscules qui conviennent.**

ma sœur nathalie passe toutes ses vacances sur la côte sud de la bretagne. – myriam téléphone à son amie marjorie qui vit en lorraine, près de nancy. – la rade de toulon est le port d'attache de la flotte française lorsqu'elle fait escale en méditerranée. – le lac de chambon se trouve au cœur des monts d'auvergne. – partirez-vous en vacances pour noël ou pour la pentecôte ? – le camping du village de castellane est ouvert dès les premiers jours du mois de mai. – saviez-vous que les brésiliens ne parlent pas l'espagnol mais le portugais ? – le professeur charpak a obtenu le prix nobel de physique. – à chinon, jeanne d'arc a reconnu le roi charles VII parmi l'ensemble des nobles réunis ce jour-là.

**3 ▶ Placez dans ces phrases les majuscules et les points qui conviennent.**

la fronde, guerre civile qui eut lieu sous la minorité de louis XIV, eut pour cause la politique de mazarin l'origine de ce mot est le jeu de la fronde auquel s'amusaient les enfants de cette époque – les principaux architectes de la renaissance sont : pierre chambiges, jean bullant, jean delespine, pierre lescot, philibert delorme – le printemps marque le retour des hirondelles – jean valjean, javert, fantine, cosette, marius sont les principaux personnages du célèbre roman de victor hugo, les misérables – des sans-abri endurent les rigueurs de l'hiver – les loups ont fait leur réapparition dans les alpes de haute-provence ; les bergers de jausiers sont inquiets

SOLUTIONS P. 208

# 6 LE GENRE DES NOMS

Les noms ont un genre – masculin ou féminin –, fixé par l'usage et repérable, le plus souvent, par le déterminant singulier qui les précède.

## Noms féminins sur lesquels on peut hésiter

| | | | |
|---|---|---|---|
| une acné | une argile | une encaustique | une oasis |
| une acoustique | une artère | une éphéméride | une octave |
| une agrafe | une atmosphère | une épigramme | une omoplate |
| une alcôve | une attache | une épitaphe | une orbite |
| une alèse | une autoroute | une épithète | une oriflamme |
| une algèbre | une azalée | une épître | une primeur |
| une amnistie | une chrysalide | une espèce | une primevère |
| une amorce | une dynamo | une gaufre | une réglisse |
| une anagramme | une ébène | une gemme | une stalactite |
| une antilope | une ecchymose | une idole | une stalagmite |
| une apostrophe | une échappatoire | une idylle | une stèle |
| une apothéose | une écritoire | une mandibule | une vésicule |
| une arachide | une égide | une nacre | une vis |

## Noms masculins sur lesquels on peut hésiter

| | | | |
|---|---|---|---|
| un abîme | un armistice | un esclandre | un opercule |
| un ail | un arôme | un exode | un opuscule |
| un amalgame | un astérisque | un globule | un ovule |
| un ambre | un autographe | un haltère | un pétale |
| un amiante | un automate | un hémisphère | un pétiole |
| un anathème | un chrysanthème | un horoscope | un planisphère |
| un antidote | un edelweiss | un hymne | un pore |
| un antipode | un éloge | un indice | un poulpe |
| un antre | un emblème | un insigne | un rail |
| un aphte | un en-tête | un interclasse | un sépale |
| un apogée | un épiderme | un intermède | un tentacule |
| un appendice | un épilogue | un ivoire | un termite |
| un arcane | un équinoxe | un obélisque | un tubercule |

### ⚠ Remarques

**1** Tous les noms en -e ne sont pas féminins et tous les noms féminins ne se terminent par un -e.

le répertoire – un massage – un héroïsme – le souffle – le chêne – un parapluie...
la douleur – une pression – une loi – la vertu...

**2** Certains noms changent de sens selon leur genre.

faire **un tour** – admirer **une tour**

**3** Quelques noms ne s'emploient qu'au féminin, même s'ils désignent un homme ou un animal mâle !

une sentinelle – une idole – une victime – une vigie – une recrue – une bête...

**4** Pour certains noms, les deux genres sont acceptés.

un (une) après-midi – un (une) alvéole – un (une) enzyme – un (une) HLM

# Quiz

**❶ Quel est l'intrus de cette liste de noms ?**

échappatoire – autoroute – apostrophe – planisphère – atmosphère

**a.** autoroute **b.** planisphère **c.** atmosphère

**❷ Quel est l'intrus de cette liste de noms ?**

tentacule – météorite – pétale – termite – autographe

**a.** orbite **b.** pétale **c.** termite

**❸ Quel est l'article manquant ?**

Ce journaliste a eu ... primeur d'interroger Dany Boon.

**a.** la **b.** le **c.** les

**❶ b.** *Planisphère* est seul nom de genre masculin. **❷ a.** *Orbite* est le seul nom de genre féminin. **❸ a.** *Primeur* est un nom féminin, ici employé au singulier.

# Entraînement

**1 ▶ Placez l'article indéfini *(un – une)* qui convient devant ces noms.**

... lunule du pouce de Laurie est d'une belle couleur blanche. – Le skieur a perdu ... moufle et il a les doigts gelés. – ... clémentine est ... agrume ; le saviez-vous ? – Il est regrettable que cet homme n'ait pas ... once de bon sens. – On disait que le passage d'... chat noir était ... funeste augure. – Les savants ont découvert ... météorite au milieu du désert. – L'extermination de ces populations fut ... effroyable holocauste. – La traînée de nuages décrit ... arabesque dans le ciel bleu. – ... codicille figure au bas de ce testament. – La maison de M. Vernay est nichée dans ... méandre du Doubs. – Cet animal a ... ouïe très fine. – Les habitants élèvent ... stèle à la mémoire de l'écrivain provençal Frédéric Mistral.

**2 ▶ Placez l'article indéfini *(un – une)* qui convient devant ces noms.**

| | | | | |
|---|---|---|---|---|
| incendie | tissu | cargaison | fanfare | individu |
| tragédie | vertu | diapason | barbare | entrevue |
| stratège | tomme | estafilade | guitare | fourrure |
| sortilège | tome | croisade | cigare | faux |
| orme | géode | peau | paroi | taux |
| arôme | épisode | veau | renvoi | guérison |
| idiome | exode | ciseau | emploi | hérisson |
| échappatoire | loto | forêt | croix | cancre |

**3 ▶ Complétez ces phrases avec l'article (défini ou indéfini) qui convient.**

Lorsque vous vous ennuyez, voici ... conseil : prenez ... livre ! – Cette côte de bœuf doit bien peser ... livre. – ... page prépare l'équipement de son seigneur. – ... rubrique sportive se trouve au milieu de ... page du journal. – Il faudra bientôt changer ... manche de ... pioche. – Laura a remporté ... manche au jeu décisif. – ... maçon a terminé ... gros œuvre de ce pavillon. – ... *Radeau de ... Méduse* est ... œuvre de Géricault. – ... mode impératif n'a que deux temps. – Ces jeunes gens suivent ... mode dans tous ses excès. – ... poste est chargée de la distribution du courrier. – Cet ingénieur occupe ... poste important dans l'entreprise. – ... navigateur solitaire amène ... voile. – ... mariée porte ... voile que chacun admire.

SOLUTIONS P. 208

# 7 LE FÉMININ DES NOMS

On forme généralement le féminin des noms des être animés en ajoutant un **-e** à la forme du nom masculin. Si le nom masculin se termine déjà par un **-e**, on place simplement un article féminin devant le nom.

un apprenti → une apprenti**e**  
un journaliste → une journaliste

un marchand → une marchand**e**  
un élève → une élève

## Terminaisons différentes au féminin

- Les noms masculins terminés par **-er** font leur féminin en **-ère**.  
un écuyer → une écuy**ère**      un gaucher → une gauch**ère**

- Certains noms masculins doublent la consonne finale.  
un paysan → une pays**anne**      un chat → une ch**atte**

- Les noms masculins terminés par **-eur** font souvent leur féminin en **-euse**.  
un nageur → une nag**euse**      un coiffeur → une coiff**euse**

- Des noms masculins terminés par **-teur** font leur féminin en **-trice**.  
un directeur → une direc**trice**      un éducateur → une éduca**trice**

- Certains noms masculins terminés par **-e** font leur féminin en **-esse**.  
un prince → une princ**esse**      un âne → une ân**esse**

- Certains noms masculins changent la consonne finale.  
un époux → une épou**se**   un veuf → une veu**ve**   un loup → une lou**ve**

- Quelques noms masculins sont légèrement modifiés au féminin.  
un vieux → une vi**eille**      un fou → une f**olle**      un jumeau → une jum**elle**

## Autres cas

- Le nom masculin a un équivalent féminin différent.  
un oncle → une tante      un coq → une poule  
Attention à certaines confusions :  
Le crapaud n'est pas l'équivalent masculin de la grenouille.  
Le hibou n'est pas l'équivalent masculin de la chouette.

- Peu à peu, l'usage donne à tous les noms masculins (notamment les noms de métiers) un équivalent féminin.  
un député → une déput**ée**      un professeur → une professeur**e**  
Mais certains noms masculins n'ont toujours pas de féminin.  
un bandit – un assassin – un bourreau – un cardinal – un forçat – un témoin...

### ⚠ Remarques

**1** Le mot *enfant* a une forme unique.  
un/une enfant

**2** Les noms d'habitants prennent également la marque du féminin.  
un Anglais → une Anglais**e**  
un Italien → une Itali**enne**

**3** Le féminin de certains noms peut avoir un sens tout à fait différent du nom masculin ; il ne désigne pas alors un être animé.

**Le portier** nous précède dans le hall.  
Vous fermez **la portière**.

## Quiz

**❶ Quel est le féminin du nom *un comte* ?**

**a.** une comteuse      **b.** une comtesse      **c.** une comteresse

**❷ Quel est l'intrus de cette liste ?**

un courtisan – un paysan – un baron – un espion – un champion

**a.** un courtisan      **b.** un paysan      **c.** un espion

**❸ Quel est le nom qui n'a pas de forme au féminin ?**

**a.** un prunier      **b.** un cuisinier      **c.** un cavalier

*❶ **b.** Le nom conteuse (celle qui raconte) existe, mais avec un n et non un m. Il s'agit alors du féminin de conteur. ❷ **a.** Une courtisane est le seul féminin qui ne double pas la dernière consonne : une paysanne, une baronne, une espionne, une championne. ❸ **a.** Le prunier n'est pas un nom d'être animé ; il n'a donc pas de féminin.*

## Entraînement

**1 ▶ Écrivez ces noms au féminin.**

| | | | | |
|---|---|---|---|---|
| un correspondant | un ours | un voisin | un fiancé | un brun |
| un châtelain | un étudiant | un expert | un commerçant | un ami |
| un habitué | un bourgeois | un marquis | un figurant | un blond |
| un camarade | un candidat | un dévot | un concurrent | un employé |
| un écolier | un berger | un fermier | un cuisinier | un boulanger |
| un ouvrier | un étranger | un infirmier | un cavalier | un prisonnier |

**2 ▶ Écrivez ces noms au féminin.**

| | | | | |
|---|---|---|---|---|
| un gardien | un baron | un muet | un cadet | un sot |
| un champion | un musicien | un lion | un patron | un chien |
| un pharmacien | un comédien | un espion | un collégien | un mécanicien |
| un moniteur | un électeur | un correcteur | un voyageur | un éditeur |
| un masseur | un chanteur | un médiateur | un tricheur | un spectateur |

**3 ▶ Écrivez ces noms au féminin.**

| | | | | |
|---|---|---|---|---|
| un maître | un duc | un poète | un tigre | un abbé |
| un canard | un dindon | un dieu | un compagnon | un roi |
| un cerf | un jars | un verrat | un lévrier | un mulet |
| un lièvre | un sanglier | un mari | un monsieur | un père |
| un taureau | un garçon | un frère | un neveu | un bouc |

**4 ▶ Complétez ces phrases avec des noms féminins de la même famille que les noms masculins suivants.**

**le jardinier – le chevalier – le mandarin – le marin – le médecin – le cafetier – le dépanneur – le routier – le trotteur – un pèlerin**

La ... de cette montre indique les secondes. – La ... circule sur la bande d'arrêt d'urgence de l'autoroute. – Cette viande est accompagnée d'une savoureuse ... de légumes. – Certains malades ont recours à une ... douce pour soigner de petits maux. – La ... est un agrume riche en vitamines. – Pour te protéger de la pluie, tu enfiles une ... . – Mathias porte une ... sur laquelle sont gravées ses initiales. – Sandy a fait l'acquisition d'une ... électrique. – Le frère de Lucas s'est engagé dans la ... marchande. – Cette voiture est une excellente ... .

**SOLUTIONS P. 209**

# 8 LE PLURIEL DES NOMS

On forme généralement le pluriel des noms en ajoutant un **-s** au nom singulier.

## Règles générales

• Les noms terminés par **-au**, **-eau**, **-eu** prennent un **-x** au pluriel.
un tuyau → des tuyau**x**    un seau → des seau**x**    un cheveu → des cheveu**x**
**Exceptions** :
des landau**s** – des sarrau**s** – des pneu**s** – des bleu**s** – des émeu**s** (oiseaux australiens) – des lieu**s** (les poissons)

• Beaucoup de noms masculins terminés par **-al** font leur pluriel en **-aux**.
un animal → des anim**aux**   le général → les génér**aux**   un cheval → des chev**aux**
**Exceptions** :
des bal**s** – des chacal**s** – des carnaval**s** – des festival**s** – des récital**s** – des régal**s**...

• Une majorité de noms terminés par **-ail** au singulier font leur pluriel en **-ails**.
un rail → des rail**s**      un détail → des détail**s**      le portail → les portail**s**
**Exceptions** :
les cor**aux** – des ém**aux** – des soupir**aux** – des trav**aux** – des vitr**aux**...

• Les noms terminés par **-ou** prennent un **-s** au pluriel.
un trou → des trou**s**       le clou → les clou**s**       un cachou → des cachou**s**
**Exceptions** :
les bijou**x** – les caillou**x** – les chou**x** – les genou**x** – les hibou**x** – les joujou**x** – les pou**x**

• Les noms terminés par **-s**, **-x**, **-z** ne prennent pas la marque du pluriel.
le bois → les bois       une voix → des voix       un gaz → des gaz

## Cas particuliers

• Certains noms ont un pluriel particulier.
un monsieur → des **messieurs** ; un œil → des **yeux** ; un ail → des **aulx** (des **ails**)

• Certains noms ne s'emploient qu'au singulier ; d'autres seulement au pluriel.
Uniquement **au singulier** : le bétail – (faire) le guet – (joindre) l'utile à l'agréable
Uniquement **au pluriel** : les funérailles – les entrailles – les préparatifs – les mœurs – les ténèbres – les honoraires – aux confins – les vivres – les alentours – les décombres – les arrhes

⚠ **Remarques**

**1** Au pluriel, certains noms ont un sens différent de celui du singulier.

faire sa **toilette** ≠ aller aux **toilettes**
Le film tire à sa **fin**. (il se termine) ≠ Jean arrive à ses **fins**. (il réussit)
prendre le **frais** (l'air) ≠ entraîner des **frais** (des dépenses)

**2** Quand un nom sans article, précédé des mots à, de, en, sans, ni, pas de..., est complément d'un autre nom, il peut être au singulier ou au pluriel selon le sens.

des bracelets en or – une paire de chaussettes – des patins à roulettes – des jours sans soleil

# Quiz

**❶ Quel est l'intrus de cette liste ?**

un trou – un clou – un chou – un bambou – un bisou

**a.** un chou      **b.** un clou      **c.** un bisou

**❷ Quelle est, au singulier, la seule forme incorrecte de ces noms ?**

des balais – des rabais – des délais

**a.** un balai      **b.** un rabai      **c.** un délai

**❸ Quels noms complètent cette phrase ?**

Les ... de ces ... sont supérieurs à cinquante ... de ... .

**a.** rendements – champs – quintals – blés

**b.** rendements – champs – quintaux – blé

**c.** rendements – chants – quinteaux – blé

❶ **a.** C'est le seul nom qui ne prend pas un s au pluriel, mais un x : *des choux*. ❷ **b.** Au singulier, le nom *rabais* s'écrit avec un s muet. ❸ **b.** *Quintal* a un pluriel normal en *quintaux* (sans e). Le nom *blé* indique une qualité ; il demeure au singulier.

# Entraînement

## 1 ▶ Écrivez ces noms au pluriel.

| | | | | |
|---|---|---|---|---|
| un nez | un pieu | un drapeau | un poireau | un vaisseau |
| un riz | un œuf | un chandail | un autorail | un poitrail |
| un journal | un bocal | un cal | un feu | un cérémonial |
| un dieu | un étang | un essaim | un piano | un étau |
| une merguez | un bourg | une peau | un coucou | un train |

## 2 ▶ Écrivez ces noms au pluriel.

| | | | | |
|---|---|---|---|---|
| un tableau | un canal | un quintal | un arceau | un éventail |
| un gâteau | un arsenal | un local | un fléau | un caillou |
| un essieu | un capital | un rorqual | un vœu | un écrou |
| un aveu | un gavial | un tribunal | un sou | un matou |
| un attirail | un chenal | un métal | un bisou | un pou |

## 3 ▶ Écrivez ces noms au singulier.

| | | | | |
|---|---|---|---|---|
| des intrus | des messieurs | des échecs | des temps | des loups |
| des revenus | des silex | des poids | des adieux | des remous |
| des relais | des parois | des baux | des taudis | des propos |
| des balais | des chamois | des matériaux | des soucis | des lavabos |
| des secours | des adieux | des signaux | des camaïeux | des débris |

## 4 ▶ Écrivez les noms en gras au pluriel, si nécessaire.

Dans ces **marécage**, on trouve des **roseau** et des **bambou**. – Les **genou** sont des **articulation** fragiles chez les **sportif**. – Les **touriste** admirent les **détail** des **vitrail** de la cathédrale. – Les **festival** de musique attirent de nombreux **mélomane**. – Les **joyau** des **souverain** espagnols sont exposés dans des **coffret** en **verre**. – Les **jeu** de **société** développent la mémoire et les **initiative** stratégiques. – Des **monceau** de **bouteille** en **plastique** obstruent les **boyau** des **égout**.

SOLUTIONS
P. 209

# 9 LE PLURIEL DES NOMS PROPRES ET DES NOMS D'ORIGINE ÉTRANGÈRE

Les noms propres et d'origine étrangère peuvent parfois prendre la marque du pluriel.

## Les noms propres

**Les noms propres** ne prennent pas la marque du pluriel.
Les sœurs **Ferlet** nous ont rendu visite.      Les magasins **Carrefour** soldent.
Les nouvelles **Citroën** sont des voitures économiques.

**Exceptions** :
• les noms de population ou de lieux géographiques qui désignent un ensemble ;
les Toulousain**s** – les Mexicain**s** – les Péruvien**s** – les Alpe**s** – les Canarie**s** – les Baléare**s**
Mais il n'y a pas de marque du pluriel si la pluralité n'est pas réelle.
Il n'existe pas deux **Rome** en Italie.

• certaines familles royales, princières ou illustres de très vieille noblesse.
les Horace**s** – les Capétien**s** – les Condé**s** – les César**s**

### ⚠ Remarques

**1** On admet deux orthographes pour :
– des personnages illustres pris comme types ;
les Pasteur**(s)** – les Curie**(s)** – les Einstein**(s)**

– des œuvres artistiques ou littéraires désignées par le nom de leur créateur.
des Picasso**(s)** – des Simenon**(s)**

**2** Le nom propre, une fois considéré comme un nom commun, prend la marque du pluriel.

Les **harpagons** rendent leur famille malheureuse.

## Les noms d'origine étrangère

**Les noms d'origine étrangère** peuvent :
• prendre un **-s** au pluriel s'ils sont francisés depuis longtemps par l'usage ;
un duo ➡ des duo**s**   un album ➡ des album**s**   un matador ➡ des matador**s**

• garder leur pluriel étranger ;
une lady ➡ des lad**ies**                 un rugbyman ➡ des rugby**men**
un erratum ➡ des errat**a**               un scenario ➡ des scenar**ii** (sans accent)

• avoir deux pluriels, indifféremment l'étranger et le français ;
un sandwich ➡ des sandwich**es**/des sandwich**s**
un maximum ➡ des maxim**a**/des maximum**s**

• rester invariables pour certains noms d'origine latine.
un extra ➡ des extra                 un credo ➡ des credo

### ⚠ Remarque

Donner aux noms d'origine étrangère le pluriel de leur langue est une marque d'affectation. On francisera donc largement les pluriels des noms d'origine étrangère.
Quelquefois, la forme plurielle francisée s'est imposée aussi au singulier.
des confetti**s** ➡ un confetti
(singulier italien : un confetto)
des touareg**s** ➡ un touareg
(singulier arabe : un targui)

# Quiz

**1** Quelle est la phrase correcte ?

**a.** Fin juin, nous passerons une soirée chez les Martins.
**b.** Fin Juin, nous passerons une soirée chez les Martin.
**c.** Fin juin, nous passerons une soirée chez les Martin.

**2** Quelle est la phrase correcte ?

**a.** Les Capétiens ont régné sur la France à partir de 987.
**b.** Les capétiens ont régné sur la France à partir de 987.
**c.** Les Capétien ont régné sur la France à partir de 987.

**3** Quelle est la phrase correcte ?

**a.** Les pilotes des Ferraris ont terminé ex-æquo.
**b.** Les pilotes des Ferrari ont terminé ex-æquos.
**c.** Les pilotes des Ferrari ont terminé ex-æquo.

**1 c.** Les noms propres ne prennent pas la marque du pluriel. Les noms de mois ne sont pas des noms propres, il n'y a donc pas de majuscule à *juin*. **2 a.** Les noms propres de dynasties prennent la marque du pluriel. Dans la deuxième phrase, la majuscule est omise. **3 c.** Les noms propres ne prennent pas la marque du pluriel ; *ex-aequo* est une locution adverbiale d'origine latine, donc invariable.

# Entraînement

**1** ▶ **Écrivez correctement les noms en gras.**

Les **Arménien** sont de redoutables joueurs d'échecs. – Les frères **Goncourt** ont fondé un prix littéraire qui récompense chaque année un écrivain prestigieux ; ce prix fut décerné à deux **Romain Gary**, la deuxième fois sous le pseudonyme d'**Émile Ajar**. – Les **Zidane** ne sont pas nombreux dans le championnat de **France**. – Le commissaire-priseur a mis aux enchères deux **Cézanne** de très grande valeur. – Les deux **Allemagne** ont été réunifiées après la chute du mur de **Berlin**. – Le règne de Louis XIV est l'époque la plus brillante de la dynastie des **Bourbon**.

**2** ▶ **Écrivez correctement les noms en gras.**

Quel est le romancier russe qui a écrit Les Frères *Karamazov* ? – Les premiers titres des **Rougon-Macquart** ne rencontrèrent que peu de succès. – Les **Waterman** sont des stylos avec lesquels il est agréable d'écrire. – Déterminés, les **David** de quatrième division ne craignent pas d'affronter les **Goliath** de première division. – Ce musée présente plusieurs **Hercule** sculptés par des artistes italiens. – Les **Cassandre** avaient prévu une éruption volcanique... qui n'a jamais eu lieu ! – Cette année, les **Italien** n'ont pas participé au tour des **Flandre**. – Les *Commentaire* de la **Guerre** des **Gaule**, de Jules César, fournissent des renseignements sur la vie à cette époque.

**3** ▶ **Écrivez correctement les noms en gras.**

Lorsqu'ils partent en expédition, les **Inuit** bâtissent des **igloo**. – Le chanteur auditionne plusieurs **trio** de guitaristes. – Très pieuse, cette personne récite des dizaines d'**Ave** en égrenant son chapelet. – Les **Mazué** ont passé la soirée chez leurs amis ; la maîtresse de maison avait préparé un plat de **spaghetti**. – Dans les années 1970, les **hippy** manifestaient contre l'engagement des **Américain** au Vietnam. – Ces **tennisman** disputent leurs **match** en trois **set** gagnants.

SOLUTIONS P. 210

# LE PLURIEL DES NOMS COMPOSÉS

Les noms composés sont formés de deux ou trois mots unis par un ou des traits d'union.

## Les noms composés variables

Dans les noms composés, seuls les noms et les adjectifs se mettent au pluriel.
une basse-cour → des basses-cours    un rouge-gorge → des rouges-gorges

### ⚠ Remarques

**1** Lorsque le nom composé est formé de deux noms unis par une préposition, en général, seul le premier nom s'accorde.
un chef-d'œuvre → des chefs-d'œuvre

**2** Si l'adjectif a une valeur adverbiale, il reste invariable.
un haut-parleur → des haut-parleurs
un long-courrier → des long-courriers

## Les noms composés invariables

Dans les noms composés, les verbes, les adverbes, les prépositions sont toujours invariables.
des pince-sans-rire – des laissez-passer – des quant-à-soi – des avant-toits

### ⚠ Remarque

Garde s'accorde quand il est employé comme nom ; il reste invariable s'il s'agit du verbe.

des gardes-chasses – des gardes-malades
des garde-manger – des garde-robes

## Cas particuliers

• Pour un nom composé singulier, le sens peut imposer le pluriel du second mot.
un porte-bagages → C'est un dispositif pour porter **les** bagages.

• Pour un nom composé pluriel, le sens peut imposer le singulier du second mot.
des timbres-poste → des timbres pour **la** poste

• Quelquefois, le sens s'oppose à l'accord de certains noms composés.
des pot-au-feu → de la viande et des légumes mis dans **un** pot sur **le** feu

• Si le premier mot d'un nom composé est un élément terminé par la voyelle **-o**, il est invariable.
des primo-arrivants – des broncho-pneumonies – des auto-écoles

### ⚠ Remarques

**1** Les dictionnaires mentionnent parfois deux orthographes.
un essuie-main(**s**) – des grand(**s**)-mères

Ils prennent normalement les marques du pluriel.
un portefeuille → des portefeuilles

**2** Certains noms composés sont formés de deux mots que l'usage a soudés.

Quelques noms qui se sont soudés ont conservé des pluriels particuliers.
madame → **mesdames**
un bonhomme → des **bonshommes**

# Quiz

**❶ Quel est le pluriel du nom *un avant-centre* ?**
a. des avant-centres
b. des avants-centres
c. des avants-centre

**❷ Quelle est la phrase correcte ?**
a. S'il te plaît, baisse un peu les abats-jour.
b. S'il te plaît, baisse un peu les abats-jours.
c. S'il te plaît, baisse un peu les abat-jour.

**❸ Quel est le pluriel du nom *un œil-de-bœuf* ?**
a. des yeux-de-bœuf
b. des œils-de-bœufs
c. des œils-de-bœuf

❶ a. Dans les noms composés, les adverbes ne prennent pas la marque du pluriel. ❷ c. Dans les noms composés, les verbes ne prennent pas la marque du pluriel. *Jour* reste au singulier (abat le jour). ❸ c. Dans ce cas, le pluriel du nom *œil* n'est pas *yeux*, mais *œils* ; quant à *bœuf*, il reste invariable puisque les deux noms sont unis par une préposition.

# Entraînement

**1 ▶ Écrivez ces noms composés au pluriel.**

un amour-propre
une grande-duchesse
un fusil-mitrailleur
un lave-vaisselle
un marteau-piqueur
un serre-tête
un micro-ordinateur
un croque-monsieur
un porte-monnaie

un rond-point
un chasse-neige
un semi-remorque
un papier-filtre
un hors-la-loi
un balai-brosse
un gratte-ciel
un faux-nez
un coffre-fort

un haut-fond
un sans-abri
un chou-fleur
un libre-service
un après-ski
un bric-à-brac
un wagon-lit
un casse-croûte
un presse-purée

**2 ▶ Accordez, comme il convient, les noms composés en gras.**

Les **sourd-muet** portent souvent des oreillettes qui leur permettent d'entendre une conversation. – Les **rhino-pharyngite** sont des maladies fréquentes dans les grandes **cité-dortoir** souvent polluées. – Une entreprise spécialisée restaure les **arc-boutant** de la cathédrale d'Amiens. – Les **plate-forme** pétrolières sont nombreuses au large des côtes norvégiennes. – Les silures sont communément appelés des **poisson-chat**. – Les **petit-four** du buffet furent pris d'assaut par les convives affamés ! – Avant l'hiver, Mme Sanchez a rentré ses pots de **laurier-rose**. – Un **porte-avion** est à quai en rade de Brest. – Autrefois, les barbiers rasaient avec des sabres ressemblant à de véritables **coupe-chou**.

**3 ▶ Écrivez ces noms composés au pluriel.**

un chef-lieu
un sous-marin
un croc-en-jambe
un monte-en-l'air
un non-lieu
un bouche-trou

un court-circuit
un à-coup
un souffre-douleur
un tout-petit
un pousse-pousse
un aide-comptable

une longue-vue
un passe-droit
un hôtel-restaurant
un bateau-mouche
une arrière-boutique
un chien-loup

SOLUTIONS P. 210

# 11 LE FÉMININ DES ADJECTIFS QUALIFICATIFS

Les adjectifs qualificatifs s'accordent en genre.

## Règles générales

- On forme généralement le féminin des adjectifs qualificatifs en ajoutant un **-e** à la forme du masculin.
un joli bouquet → une joli**e** fleur     un grand détour → une grand**e** traversée

- Les adjectifs qualificatifs terminés par **-e** au masculin ne changent pas de forme.
un ami fidèl**e** → une amie fidèl**e**     un lieu agréabl**e** → une région agréabl**e**

## Cas particuliers

- Les adjectifs qualificatifs terminés par **-er** au masculin font leur féminin en **-ère**.
un morceau enti**er** → une part enti**ère**

- Certains adjectifs qualificatifs doublent la consonne finale au féminin.
un meuble ba**s** → une table ba**sse**     un gentil garçon → une genti**lle** fille

- Les adjectifs qualificatifs terminés par **-et** au masculin doublent généralement le **t** au féminin.
un prix ne**t** → une ne**tte** différence     un ruban viole**t** → une écharpe viole**tte**
**Exceptions** : *complet, concret, désuet, discret, inquiet, replet, secret* se terminent par **-ète** au féminin.
un tour comp**let** → une partie comp**lète**     un cri disc**ret** → une joie disc**rète**

- Certains adjectifs qualificatifs modifient leur terminaison au féminin.
un objet précieu**x** → une pierre précieu**se** – un faux nom → une fau**sse** adresse
un pain fr**ais** → une boisson fr**aîche** – un drap blan**c** → une chemise blan**che**
un parc publi**c** → une place publi**que** – un regard hâti**f** → une réponse hâti**ve**
un sourire dou**x** → une voix dou**ce** – un long parcours → une lon**gue** randonnée
un sourire mali**n** → une mimique mali**gne** – un théâtre gre**c** → une statue gre**cque**

- Les adjectifs qualificatifs terminés par **-eur** au masculin font généralement leur féminin en **-euse**.
un fil balad**eur** → une lampe balad**euse**
Néanmoins, certains adjectifs qualificatifs masculins terminés par **-eur** font leur féminin en **-resse** ou en **-eure**.
un coup veng**eur** → une réplique venge**resse**
un espace intéri**eur** → une cour intéri**eure**

- Nombre d'adjectifs qualificatifs en **-teur** font leur féminin en **-trice**.
un projet nova**teur** → une idée nova**trice**

 **Remarque**

Formes particulières au féminin :
un cri aigu → une plainte aigu**ë**
un fromage mou → une pâte mo**lle**
un numéro favori → une carte favori**te**

un vieux livre → une vie**ille** revue
un beau visage → une be**lle** coiffure
un texte rigolo → une histoire rigolo**te**
le peuple hébreu → la langue hébra**ïque**

## Quiz

**❶ Quel est le seul adjectif qualificatif dont on est certain qu'il soit féminin ?**
**a.** fragile          **b.** locale          **c.** logique

**❷ Quel adjectif qualificatif complète la phrase ?**
Les spéléologues progressent dans une obscurité ... .
**a.** complète          **b.** complette          **c.** complété

**❸ Quel adjectif qualificatif complète la phrase ?**
Les joueurs rennais ont remporté une ... victoire.
**a.** bel          **b.** belle          **c.** bèle

voyelle ou un *h* muet.
**❸ b.** *Belle* est le féminin de l'adjectif masculin *beau* ; *bel* est la forme de l'adjectif masculin devant une
grave et qui ne double pas la consonne, à la différence de *muette, nette, cadette, sujette, violette,* etc.
**❶ b.** Le masculin de *locale* est *local.* **❷ a.** *Complet* est une des exceptions qui, au féminin, prend un accent

## Entraînement

**1 ▶ Accordez les adjectifs qualificatifs en gras avec chacun des noms.**

| | | | |
|---|---|---|---|
| **exact** | un résultat ... | une réponse ... | une somme ... |
| **noir** | une nuit ... | un pantalon ... | une chaussure ... |
| **réel** | une situation ... | un fait ... | une présence ... |
| **affectueux** | une mère ... | un animal ... | une chatte ... |
| **bon** | une ... blague | une ... claque | un ... coin |
| **beau** | un ... matin | une ... journée | une ... photo |

**2 ▶ Remplacez le nom en gras par celui entre parenthèses et accordez.**

**un film** (une aventure) fort captivant
**un effet** (une scène) spécial très visuel
**un plat** (une soupe) savoureux
**un combat** (une mêlée) bien confus
**un faux témoignage** (une déclaration)
**un petit bourg** (une ville) lointain

**un vent** (une brise) du nord souvent vif
**un record** (une performance) mondial
**un geste** (une démarche) lent
**un message** (une note) confidentiel
**un temps** (une matinée) gris et pluvieux
**un tissu** (une étoffe) uni et épais

**3 ▶ Accordez les adjectifs qualificatifs en gras, si nécessaire.**

As-tu déjà bu cette **affreux** potion **amer** qu'on appelle l'huile de foie de morue ? – La cantatrice a tenu la note **final** pendant quinze secondes. – Cette émission est bien trop **long** et **ennuyeux**. – Le clown porte une **étrange** perruque **roux**. – La route **forestier** est **pentu**. – Votre valise est bien **lourd**. – La **nouveau** comédienne apprend son texte. – Cette personne est bien **naïf**, elle croit tout ce que lui prédit son horoscope. – Il faut se garder d'une conclusion **hâtif** qui ne repose pas sur une analyse **concret** de la situation. – Le chirurgien opère le malade qui souffre d'une tumeur **malin**.

**4 ▶ Employez ces adjectifs avec un nom masculin, puis un nom féminin.**

| | | | | |
|---|---|---|---|---|
| flatteur | musical | régulier | naval | sec |
| boueux | fréquent | fou | délicieux | nouveau |
| rigoureux | attentif | nombreux | brutal | étroit |
| confus | ambitieux | quotidien | évocateur | ras |

SOLUTIONS
P. 210

# 12 LE PLURIEL DES ADJECTIFS QUALIFICATIFS

Les adjectifs qualificatifs s'accordent en nombre.

## Règle générale

• On forme généralement le pluriel des adjectifs qualificatifs en ajoutant un **-s** à la forme du singulier.

des réglages parfait**s** – des travaux manuel**s** – des saules pleureur**s**

• C'est notamment le cas de tous les adjectifs qualificatifs féminins.

des salles bruyante**s** – des assiettes creuse**s** – des destinations lointaine**s**

## Cas particuliers

• Les adjectifs qualificatifs terminés par **-s** ou **-x** au singulier ne prennent pas de marque du pluriel.

un détail préci**s** → des détails préci**s**    un hôtel luxueu**x** → des hôtels luxueu**x**

• L'adjectif bleu prend un **-s** au pluriel.

un drap bleu → des draps bleu**s**        une eau bleue → des eaux bleue**s**

• Les quelques adjectifs qualificatifs terminés par **-eau** au singulier prennent un **-x** au pluriel.

un nouveau jeu → de nouveau**x** jeux   un beau tir → de beau**x** tirs

• Les adjectifs qualificatifs terminés par **-al** au singulier forment le plus souvent leur pluriel en **-aux**.

un site régional → des sites région**aux** un plan mondial → des plans mondi**aux**

**Exceptions** :

*bancal, fatal, final, natal, naval* prennent simplement un **-s** au pluriel.

un lit bancal → des lits bancal**s**        un destin fatal → des destins fatal**s**
un point final → des points final**s**        un pays natal → des pays natal**s**
un chantier naval → des chantiers naval**s**

⚠ **Remarques**

**1** Banal a un pluriel en **-aux** dans les termes de féodalité.

des fours ban**aux** – des moulins ban**aux** – des pressoirs ban**aux**

Dans les autres cas, au sens de sans originalité, son pluriel est en **-s**.

des propos banal**s** – des compliments banal**s**

**2** Les adjectifs qualificatifs composés s'accordent lorsqu'ils sont formés de deux adjectifs.

des paroles aigre**s**-douce**s**
des personnes sourde**s**-muette**s**

Si l'un des deux termes de l'adjectif composé est un mot invariable (ou un adjectif pris adverbialement), ce terme reste invariable.

des petits pois extra-fin**s**
des veaux nouveau-né**s**
les accords franco-italien**s**

**3** Avec l'expression *avoir l'air*, l'adjectif peut s'accorder avec air ou avec le sujet de *avoir l'air* lorsqu'il s'agit de personnes. S'il s'agit de choses, l'accord se fait avec le sujet.

Les fillettes ont l'air dou**x** (ou dou**ces**).
Les voitures ont l'air neu**ves**.

# Quiz

**❶ Quel adjectif qualificatif complète la phrase ?**
Ces maisons ont l'air ... .
**a.** neuves                 **b.** neuf                 **c.** neufs

**❷ Quel adjectif qualificatif complète la phrase ?**
Nous dégustons un gâteau vraiment ... .
**a.** exquit                 **b.** exqui                 **c.** exquis

**❸ Quels adjectifs qualificatifs complètent la phrase ?**
Les effets ... de ce film ont plu aux ... spectateurs.
**a.** spéciaux – nombreux     **b.** spécials – nombreuses     **c.** spéciaus – nombreux

❶ **a.** L'adjectif précédé de l'expression *avoir l'air*, s'accorde avec le sujet lorsqu'il s'agit de choses.
❷ **c.** L'adjectif *exquis* se termine par un *s* même au masculin singulier ; au féminin singulier, il fait *exquise*.
❸ **a.** *Spécial* fait *spéciaux* au masculin pluriel ; il n'appartient pas aux exceptions : *finals, fatals, navals, natals*.

# Entraînement

**1 ▶ Écrivez ces noms en gras au pluriel et accordez.**

sortir un **torchon** propre                 prendre une sage **décision**
obtenir un **avantage** social               acheter une **armoire** ancienne
présenter un faux **papier**                 tenir un **propos** bénin
procéder à un **acte** légal                 gravir un **coteau** provençal
tailler un **buisson** touffu                présenter un **visage** jovial

**2 ▶ Écrivez correctement ces adjectifs en gras.**

des lits **jumeau**          des comptes **rond**        des mêlées **confus**
de **fraîche** soirées       des salades **grec**        des palais **épiscopal**
des notes **aigu**           des combats **naval**       des esprits **jaloux**
des repas **familial**       des abris **protecteur**    des matins **calme**
des quartiers **central**    des amis **loyal**          des édifices **monumental**
des faits **réel**           des gouffres **profond**    des jardins **privatif**

**3 ▶ Accordez correctement les adjectifs en gras.**

**Seul** les candidats **inscrit** pourront participer aux éliminatoires. – Ces statues de cire semblent plus **vrai** que nature. – Les footballeurs se battent sur le terrain ; des gestes aussi **brutal** sont **indigne** de joueurs **professionnel**. – Les serfs laissaient une partie de leur récolte lorsqu'ils utilisaient le four et le pressoir **banal**. – Le violoniste a parfaitement réussi les trois accords **final**. – Les auditeurs **attentif** ne perdent pas une **seul** des paroles de l'orateur. – Aujourd'hui, beaucoup de parents prennent des congés **post-natal**. – Ces raisonnements sont totalement **bancal**. – Ces chaussées **dangereux** devraient être **interdit** aux poids **lourd**.

**4 ▶ Écrivez correctement ces adjectifs en gras.**

des temples **franc-maçon**              des avions **long-courrier**
des députés **social-démocrate**         les **avant-dernier** rangs
des signes **avant-coureur**             des cuirs **extra-souple**
des paroles **doux-amer**                des prépositions **sous-entendu**

**SOLUTIONS P. 211**

# 13 LES PARTICIPES PASSÉS EMPLOYÉS COMME ADJECTIFS QUALIFICATIFS

La plupart des participes passés peuvent être employés comme des adjectifs qualificatifs. Ils s'accordent, en genre et en nombre, avec les noms auxquels ils se rapportent.

## Les verbes du 1er groupe

Les participes passés des **verbes du 1er groupe** (ainsi que *aller*) se terminent tous par **-é**.

saler → sal**é**       souder → soud**é**       entourer → entour**é**       aller → all**é**

### ⚠ Remarque

On peut confondre le participe passé d'un verbe du 1er groupe avec son infinitif, car, à l'oral, les terminaisons sont semblables.

des sols nivel**és**
Cet engin permet de nivel**er** les sols.

Pour faire la distinction, on peut remplacer le verbe du 1er groupe par un verbe du 2e ou du 3e groupe ; on entend alors la différence.

des sols entreten**us**
Cet engin permet d'entretenir les sols.

## Les verbes des 2e et 3e groupes

• Les participes passés des **verbes du 2e groupe** se terminent tous par **-i**.
remplir → rempl**i**       enfouir → enfou**i**       abolir → abol**i**

• Les participes passés des **verbes du 3e groupe** se terminent généralement par **-i** ou par **-u**.
servir → serv**i**       suivre → suiv**i**       vendre → vend**u**       taire → t**u**
Mais il peut exister des consonnes muettes en fin de participe passé ;
séduire → sédui**t**       surprendre → surpri**s**       éteindre → étein**t**
ou des formes particulières.
mourir → **mort**       naître → **né**       couvrir → **couvert**
Mettre ces participes au féminin permet de vérifier la présence, ou non, d'une consonne finale.
un public sédui**t** → une salle sédui**te**   un public surpri**s** → une salle surpri**se**
Sauf pour : *dissoudre* → du sucre dissou**s** – une matière dissou**te**

### ⚠ Remarques

**1** Comme l'adjectif qualificatif, le participe passé peut se trouver séparé du nom auquel il se rapporte par un adverbe.

une fête très/plutôt/parfaitement réuss**ie**

**2** Les participes passés *attendu, compris, non compris, y compris, entendu, excepté, passé, vu*, placés devant le nom, s'emploient comme des prépositions et restent invariables.

**Vu** les intempéries, les maçons ne travailleront pas aujourd'hui.
**Passé** les fêtes, les magasins sont déserts.

**3** Certains participes passés peuvent être employés comme noms (plus rarement au féminin). Dans ce cas, ils s'accordent en genre et en nombre.

handicaper → un (des) handicapé(s)
inscrire → un (des) inscrit(s)

# Quiz

**❶ Quel mot complète la phrase ?**

Le marché ... par le maquignon concerne un taureau de race charolaise.

a. conclu        b. conclus        c. conclut

**❷ Quel mot complète la phrase ?**

... les deux minutes de temps additionnel, l'arbitre siffle la fin de la partie.

a. Passées        b. Passé        c. Passés

**❸ Quel mot complète la phrase ?**

Les frais de transport ... par le client sont inclus dans la facture.

a. du        b. dû        c. dus

❶ a. Le participe passé du verbe *conclure* n'a pas de lettre finale muette (féminin : *conclue*). ❷ b. *Passé* placé devant un nom se comporte comme une préposition et reste invariable. ❸ c. Accord au pluriel avec le nom *frais*. À noter que, au masculin singulier, le participe passé du verbe *devoir* prend un accent circonflexe : *dû*.

# Entraînement

**1 ▶ Transformez comme dans l'exemple ; n'oubliez pas les accords.**

Ex. : louer une maison → une maison louée

| | | |
|---|---|---|
| garnir des casiers | accorder une permission | verrouiller la porte |
| confondre des couleurs | écrire un discours | régler un moteur |
| bien couper une veste | laver une voiture | briser des branches |
| repasser des chemises | épargner de l'argent | entrevoir une issue |

**2 ▶ Placez des noms de votre choix devant ces participes passés employés comme des adjectifs qualificatifs, en respectant les accords.**

| | | | | | |
|---|---|---|---|---|---|
| terminée | reçus | signées | attendu | rougies | restaurées |
| noircis | qualifiés | admis | bouillis | fendues | connus |

**3 ▶ Remplacez les infinitifs en gras par leur participe passé que vous accorderez.**

Beaucoup de fromages **produire** en France font le bonheur des consommateurs **avertir**. – **Voir** ses convictions, je doute qu'Arnaud accepte cette proposition. – **Passer** certaines températures, la chaleur devient insupportable. – Tout le monde trouvera une place, y **comprendre** les personnes retardataires. – Les habitants **satisfaire** ont réélu le maire pour la troisième fois. – L'hélicoptère des secouristes survole les villages **détruire**. – Séverin a préparé des saucisses **griller** pour ses invités.

**4 ▶ Remplacez les infinitifs en gras par leur participe passé que vous accorderez.**

*Un vagabond*

Une casquette à visière de cuir, **rabattre**, cachait en partie son visage **brûler** par le soleil et par le hâle. Sa chemise de grosse toile jaune, **rattacher** au col par une petite ancre d'argent, laissait voir sa poitrine velue. Il avait une cravate **tordre**, un pantalon de coutil bleu, **user** et **râper**, blanc à un genou, **trouer** à l'autre, une vieille blouse grise en haillons **rapiécer** d'un morceau de drap vert, à la main un énorme bâton noueux, les pieds sans bas dans des souliers **ferrer**, la tête **tondre** et la barbe longue.

Victor Hugo, *Les Misérables*.

SOLUTIONS
P. 211

# 14 — LES ADJECTIFS QUALIFICATIFS ET LES PARTICIPES PASSÉS ÉPITHÈTES OU ATTRIBUTS

Les adjectifs qualificatifs et les participes passés peuvent être épithètes ou attributs.

## Les épithètes

• Les adjectifs qualificatifs et les participes passés peuvent être employés comme **épithètes** des noms (ou pronoms) auxquels ils se rapportent ; ils appartiennent alors au groupe nominal et s'accordent avec le nom principal (ou pronom) de ce groupe.
L'épithète peut précéder ou suivre le nom et en être séparée par un adverbe.

• Pour trouver ce nom (ou pronom), il faut poser, devant l'adjectif qualificatif ou le participe passé, la question : « Qui est-ce qui est (sont) ? ».

Tu visites des **petits** édifices **romans** bien **restaurés**.
Qui est-ce qui sont **petits**, **romans**, **restaurés** ? **des édifices** → masculin pluriel

## Les attributs

• Lorsque les adjectifs qualificatifs et les participes passés sont séparés du nom sujet (ou pronom sujet) par un verbe, ils sont **attributs** du sujet de ce verbe *(être, demeurer, paraître, rester, sembler…)* avec lequel ils s'accordent en genre et en nombre.

L'émission fut **intéressante**.   M. Léonardi demeure **fidèle** à ses convictions.

• L'attribut se rapporte généralement au sujet du verbe, mais il peut également se rapporter au complément d'objet (souvent un pronom) avec lequel il s'accorde.

Les pâtes sont préparées avec passion par les cuisiniers italiens ; celui qui les déguste les trouve **délicieuses**.
Qui est-ce qui sont **délicieuses** ?   **les** (mis pour les pâtes) → féminin pluriel

---

### ⚠ Remarques

**1** L'adjectif qualificatif et le participe passé, épithète ou attribut, peuvent eux-mêmes avoir des compléments.

Elle porte des vêtements **passés** de mode.
Ces portraits sont **célèbres** dans le monde entier.

**2** Pour les 1<sup>re</sup> et 2<sup>e</sup> personnes du singulier et du pluriel, bien souvent seule la personne qui écrit sait quel accord il faut faire.

Je suis actif.
　　　　(un homme parle)
Nous sommes heureuses.
　　　　(des femmes parlent)

**3** Vous peut désigner une seule personne (formule de politesse). Dans ce cas, l'adjectif qualificatif ou le participe passé qui s'y rapporte reste au singulier.

« Vous serez **satisfait(e)** », déclare le vendeur.

# Quiz

**1** **Quel est l'adjectif qualificatif attribut de la phrase ?**

Les rares tableaux figuratifs de ce peintre sont visibles au musée de Nancy.

**a.** rares **b.** figuratifs **c.** visibles

**2** **Quels adjectifs qualificatifs complètent cette phrase ?**

Sandra effeuille les ... pétales ... de la marguerite.

**a.** longues – blanches **b.** longs – blancs **c.** longs – blanches

**3** **Combien y a-t-il d'adjectifs qualificatifs épithètes dans la phrase ?**

De nombreux satellites artificiels sont en orbite autour de notre bonne vieille Terre.

**a.** 3 **b.** 4 **c.** 5

**1** c. Seul le troisième adjectif est séparé du nom *tableaux* par le verbe *être.* **2** b. *Pétale* est un nom masculin ; les deux adjectifs épithètes sont à accorder au masculin pluriel. **3** b. Deux adjectifs sont épithètes de satellites et deux de *Terre.* Il n'y a pas d'adjectifs attributs.

# Entraînement

**1** ▶ **Accordez les adjectifs qualificatifs et les participes passés en gras.**

Les messages **enregistré** sur le répondeur seront **écouté** en fin de journée. – Des vapeurs **brûlant** s'échappent des durites **percé** ; allez chez un garagiste. – Les accidents d'avion sont peu **fréquent**, mais ils sont **catastrophique**. – Les salaires **mensuel** des femmes sont souvent **inférieur** à ceux des hommes, même si elles possèdent des qualifications **identique**. – Les pneus **gonflé**, la chaîne **graissé**, le guidon **relevé**, la selle bien **réglé**, ses bidons **rempli**, Laurent entreprend la **long** ascension du col de l'Izoard. – De **douloureux** insomnies **répété** rendent les nuits de Charles-Henri **interminable**. – Le lierre s'accroche aux murs par de **multiple** crampons **chevelu**.

**2** ▶ **Complétez les phrases par des adjectifs qualificatifs ou des participes passés de votre choix que vous accorderez.**

La plage était ... de touristes ... de profiter du soleil. – Après une ... halte dans l'oasis, la caravane retrouve le sable ... du désert. – Le proverbe prétend qu'un homme ... en vaut deux. – Cette entreprise s'installe dans de ... locaux. – Les ... embarcations sont ... au port. – La boulangerie est ... ; nous n'aurons pas de pain ... aujourd'hui. – Les employés ... emballent les appareils ... dans de ... cartons.

**3** ▶ **Accordez les adjectifs qualificatifs et les participes passés en gras ; vous préciserez leur fonction : épithète (E) ou attribut (A).**

La musicienne est **exigeant** pour elle-même ; elle reste **concentré** des heures **entier** à travailler les morceaux les plus **difficile**. – Les expéditions **spatial** sont désormais **habituel** ; les charges **transporté** sont de plus en plus **important**. – Depuis quelques années, les langues **étranger** sont **étudié** dès l'école **primaire**. – Une **violent** tempête **inattendu** a ruiné cette région **côtier**. – Géraldine est **perdu** parmi les ruelles **sombre** et **étroit** de cette ville **moyenâgeux**. – De **téméraire** trapézistes exécutent des figures **compliqué** devant les spectateurs **émerveillé**. – Les figurants **amateur** sont **attentif** aux conseils **avisé** du metteur en scène.

SOLUTIONS P. 212

# 15 · L'APPOSITION

Les adjectifs qualificatifs et les participes passés peuvent être placés en apposition.

## Les adjectifs et les participes apposés

• Lorsqu'ils sont séparés du nom par une ou deux virgules, l'adjectif qualificatif et le participe passé sont mis en **apposition**.
**Confortables,** ces voitures séduisent de nombreux conducteurs.
**Bien équipées**, ces voitures séduisent de nombreux conducteurs.
Ces voitures, **confortables,** séduisent de nombreux conducteurs.
Ces voitures, **bien équipées,** séduisent de nombreux conducteurs.

• Plusieurs adjectifs qualificatifs ou participes passés peuvent être placés en **apposition**.
**Confortables et économiques,** ces voitures séduisent de nombreux conducteurs.
Ces voitures, **confortables et économiques,** séduisent de nombreux conducteurs.

### ⚠ Remarques

**1** L'adjectif qualificatif et le participe passé mis en apposition sont souvent accompagnés d'un complément.

**Différentes de leurs concurrentes,** ces voitures séduisent de nombreux conducteurs.

**2** L'adjectif en apposition est également appelé adjectif épithète détaché.

## Les autres formes de l'apposition

L'apposition, qui apporte un complément d'information dans un rapport d'équivalence, peut également être :

• **un nom (ou un groupe nominal)**
M. Leroux, **le boulanger**, cherche vainement un apprenti.
M. Leroux, **le seul boulanger du quartier**, cherche vainement un apprenti.

• **un pronom (ou un groupe pronominal)**
M. Leroux, **lui-même**, cherche vainement un apprenti.
M. Leroux, **celui que tout le monde connaît**, cherche vainement un apprenti.

• **un infinitif**
M. Leroux n'a qu'une idée en tête, **chercher un apprenti**.

• **une subordonnée relative**
M. Leroux, **qui tient boutique dans le quartier**, cherche vainement un apprenti.

• **une subordonnée conjonctive**
M. Leroux ne pense qu'à une chose : **qu'un apprenti se présente**.

### ⚠ Remarque

Il ne faut pas confondre l'apposition et le complément de nom. L'apposition et le nom, auquel elle apporte un complément d'information, renvoient à la même réalité.

Le complément de nom concerne une réalité différente de celle du nom.

Apposition : la profession de boulanger

Complément de nom : la boulangerie de M. Leroux

# Quiz

**❶ Quels mots complètent cette phrase ?**

... par des vents ..., le voilier peine à rejoindre le port.

**a.** Ralenti – contraires  **b.** Ralentit – contraires  **c.** Ralentis – contraire

**❷ Quel est le mot mis en apposition dans la phrase ?**

Choisie par le jury, cette jeune fille est élue Miss France.

**a.** Choisie  **b.** jeune  **c.** élue

**❸ Par quel groupe de mots peut-on remplacer l'apposition en gras ?**

La Joconde, **tableau de Léonard de Vinci**, attire les visiteurs au musée du Louvre.

**a.** celle qui ressemble à Léonard de Vinci

**b.** qui représente la femme de Léonard de Vinci

**c.** célèbre tableau de Léonard de Vinci

❶ a. Le premier mot est mis en apposition du nom *voilier*, donc masculin singulier ; le second est épithète de *vents*. ❷ a. L'apposition *choisie* est accompagnée d'un complément, pour former un groupe adjectival. ❸ c. Dans la première réponse, on a simplement ajouté un adjectif épithète à l'apposition. Les autres propositions apportent des précisions qui ne figurent pas dans la phrase initiale.

# Entraînement

**1 ▶ Accordez les adjectifs qualificatifs et les participes passés en gras.**

Totalement **innocenté** par des témoins **digne** de foi, les suspects sont immédiatement **relâché**. – **Rassemblé** au bord du bassin, les supporters, **déchaîné**, encouragent les nageurs. – **Repu**, les lions s'abandonnent au sommeil. – **Providentiel**, les pluies ont permis aux nappes phréatiques de remonter. – **Recyclable**, ces produits permettent d'économiser de l'énergie. – Les manifestants, **partisan** d'un cessez-le-feu **immédiat**, défilent devant l'ambassade. – **Doux** et légèrement **sucré**, ces pâtisseries mettent l'eau à la bouche des gourmands. – **Placé** au congélateur, ces légumes seront toujours **disponible** pour calmer une **petit** faim.

**2 ▶ Accordez les adjectifs qualificatifs et les participes passés en gras.**

**Annoté**, **raturé** et même **taché**, ces copies sont **illisible**. – **Prêt** pour l'aventure, Damien rêve de s'engager dans la marine **marchand**. – **Prioritaire** de par leur handicap, ces personnes accèdent aux **premier** rangs. – **Paradisiaque**, ces îlots sont un refuge pour les **vrai** amateurs d'une nature **préservé** de toute pollution. – **Rare**, donc **précieux**, ces statuettes valent une somme **important**. – Ces ouvriers, désormais **syndiqué**, ont demandé à rencontrer leur employeur.

**3 ▶ Accordez les adjectifs qualificatifs et les participes passés en gras, puis déplacez les appositions au sein de la phrase.**

**Encensé** par tous les critiques, cette pièce de théâtre connaît un **franc** succès. – Les piétons, **semblable** à une colonne de **minuscule** fourmis, s'acheminent vers la gare Saint-Lazare. – Ces **jeune** chiots, **abandonné** par des maîtres **indigne**, sont totalement **désemparé**. – **Acheminé** par avion, les lettres seront **distribué** en fin de semaine. – **Contrarié** par des vents **violent**, la montgolfière s'éloigne de sa base **habituel**. – **Rancunier**, Justine ne pardonnera jamais l'affront qu'elle a subi.

SOLUTIONS P. 212

# 16 LES PARTICULARITÉS DE L'ACCORD DES ADJECTIFS QUALIFICATIFS

Les adjectifs qualificatifs et les participes passés s'accordent en genre et en nombre avec le nom auquel ils se rapportent. Néanmoins, certaines particularités sont à connaître.

## Règles générales

• Lorsque **l'adjectif qualificatif** (ou le participe passé) est employé avec deux noms singuliers, il s'écrit au pluriel.
Le parc et le jardin sont désert**s**.          La place et l'avenue sont désert**es**.

• Lorsque l'adjectif qualificatif (ou le participe passé) est employé avec des noms de genres différents, on l'accorde au masculin pluriel.
La place et le parc sont désert**s**.

## Cas particuliers

• Après *des plus, des moins, des mieux, des moindres*, l'adjectif (ou le participe passé) qui suit se met au pluriel et s'accorde en genre avec le nom.
Cette affaire est des plus délicat**es**.
Ce joueur n'est pas des moins assidu**s** à l'entraînement.
Néanmoins, lorsque le mot auquel se rapporte l'adjectif est un infinitif, une proposition ou un pronom neutre, il reste au masculin singulier.
Trouver un taxi ici est des plus difficile.
C'est des plus regrettable que de devoir attendre.

• L'adjectif *possible* s'accorde quand il se rapporte directement au nom.
J'ai essayé toutes les solutions possible**s**.
Mais employé avec *le plus de, le moins de, le mieux, possible* est adverbe, donc invariable.
J'ai essayé le plus de solutions possible.   Il a fait le moins d'efforts possible.

• Les adjectifs *nu* et *demi*, placés devant le nom, sont invariables et s'y rattachent par un trait d'union.
Tu marches **nu**-pieds.            Ils vont partir dans une **demi**-heure.
Placés après le nom, *nu* s'accorde en genre et en nombre, *demi* s'accorde en genre.
Tu marches pieds **nus**.         Ils vont partir dans deux heures et **demie**.

### ⚠ Remarques

**1** *À nu* et à *demi* sont des adverbes, donc invariables.

avoir les épaules **à nu**
laisser une porte **à demi** fermée

*Nu* et *demi* peuvent être employés comme noms.

Cet artiste peint de beaux **nus**.
L'horloge sonne les **demies**.

**2** *Semi* et *mi*, éléments invariables, sont suivis d'un trait d'union.

Le ministre est en visite **semi**-officielle.
L'eau arrive à **mi**-hauteur du bassin.

**3** *Proche*, lorsqu'il signifie *à côté de* ou *qui est près d'arriver*, est variable.
Ces deux amies ont toujours été très proches.

L'expression *de proche en proche* est invariable.

Les eaux de la Saône s'étendaient **de proche en proche** au-delà des digues.

# Quiz

**❶ Quel adjectif qualificatif complète la phrase ?**

Comme il fait chaud, ces jeunes filles se promènent bras ... .

**a.** nus **b.** nu **c.** nues

**❷ Quel adjectif qualificatif complète la phrase ?**

Les brioches et le croissant, ... à point, me font vraiment envie.

**a.** dorées **b.** dorés **c.** doré

**❸ Quelle est la phrase correctement orthographiée ?**

**a.** Les enfants ont fait le plus de tours de manège possibles.

**b.** Les enfants ont fait le plus de tours de manège possible.

**c.** Les enfants ont fait le plus de tour de manèges possibles.

**❶ a.** *Nus* est adjectif épithète ; il s'accorde avec *bras*, ici au pluriel : les deux bras sont nus. **❷ b.** L'adjectif, mis en apposition, s'accorde avec les deux noms. Comme l'un d'eux est de genre masculin, l'adjectif sera au masculin pluriel. **❸ b.** Employé avec *le plus de*, *possible* est invariable. On peut dire : *le plus de tours de manège qu'il était possible.*

# Entraînement

**1 ▶ Accordez les adjectifs qualificatifs et les participes passés en gras.**

L'été, Fatima porte un chemisier et un pantalon **léger**. – Cette excursion et ce projet de voyage paraissent totalement **irréel**. – La chienne et son maître rentrent **malheureux** de la chasse ; ils sont **bredouille**. – Dylan a réagi brusquement ; les idées les plus **fou** ont dû lui traverser l'esprit. – **Arrosé** quotidiennement, la pelouse et le massif de rosiers n'ont pas souffert de la canicule. – Seulement quelques passagers, **confiant** dans les qualités du pilote, ont accepté de décoller malgré le brouillard. – **Joué** dans les régions de l'Est, la belote et le tarot exigent d'**excellent** qualités de mémoire.

**2 ▶ Accordez les adjectifs qualificatifs et les participes passés en gras.**

Des jeunes gens, à moitié **nu**, le torse **avantageux**, n'hésitaient pas à plonger sous les regards **admiratif** des touristes. – La statue, à **demi voilé**, laisse deviner ce qu'elle représente : un **magnifique** buste de femme. – À quatre heures et **demi**, nous partirons pour Béziers. – L'enfant traçait des **demi-cercle**. – Ces tourterelles sont à **demi mort** de froid ; recueillez-les. – Cette planche fait deux centimètres et **demi** d'épaisseur. – Des dispositifs **semi-automatique** permettent d'emballer des centaines de flacons de parfum en quelques minutes. – Les canaux **semi-circulaire** de l'oreille interne jouent un **grand** rôle dans l'équilibration du corps **humain**.

**3 ▶ Accordez les adjectifs qualificatifs et les participes passés en gras.**

**Pratiqué** modérément, la marche et le vélo sont **recommandé** aux personnes **âgé**. – Ces garnements ont fait toutes les sottises **possible** et **imaginable**. – Les touristes ont visité tout ce qu'il était **possible** de voir dans cette cité **médiéval**. – Certains utopistes rêvent du meilleur des mondes **possible**. – En fin de journée, de **possible** orages s'abattront sur la Gascogne. – Pour ne pas déranger ses camarades de chambre, Johnny fait le moins de mouvements **possible**. – Ces produits **semi-fini** passeront au laminoir pour subir de nouvelles transformations. – Sébastien avait treize ans et **demi** lorsqu'il entra au Conservatoire de Lyon. – Il est des plus **indiscret** que d'écouter aux portes. – **Persuasif**, David et Cécilia ont convaincu leurs amis.

SOLUTIONS P. 213

# 17 LES ADJECTIFS QUALIFICATIFS DE COULEUR

Les adjectifs qualificatifs de couleur obéissent à des règles d'accord particulières.

## Les adjectifs de couleur variables

Généralement, **les adjectifs qualificatifs de couleur** s'accordent lorsqu'il n'y a qu'un seul adjectif pour désigner la couleur.
un drapeau blanc / des draps blan**cs** – une feuille blan**che** / des robes blan**ches**

⚠ **Remarque**

Traditionnellement, *châtain* ne s'emploie qu'au masculin.
des cheveux **châtains** – une chevelure **châtain**

Aujourd'hui, il est possible d'accorder cet adjectif en genre.
une chevelure **châtaine**

## Les adjectifs de couleur invariables

• Quand l'adjectif de couleur est accompagné d'un autre adjectif ou d'un nom, il n'y a pas d'accord.
des yeux **bleu pâle**
des fleurs **jaune d'or**
des uniformes **vert olive**
une décoration **rouge coquelicot**

• Lorsque chacun des deux éléments est un adjectif de couleur, il n'y a pas d'accord et on place un trait d'union.
des draperies **jaune-orangé**
des pierres **bleu-vert**

• Les noms (ou les groupes nominaux) utilisés comme adjectifs pour exprimer, par image, la couleur restent invariables.
des serviettes de bain **ivoire**
des tuyaux **vert-de-gris**
des draperies **sang-de-bœuf**
une figure **vermillon**

**Exceptions :**
*Mauve, écarlate, incarnat, fauve, rose, pourpre,* qui sont assimilés à de véritables adjectifs qualificatifs, s'accordent.
des rubans mauve**s**        des étoffes écarlate**s**        des façades rose**s**

⚠ **Remarques**

**1** Lorsque les adjectifs sont coordonnés, ils demeurent invariables si l'objet décrit est de deux couleurs.
Les voitures **rouge et bleu** ne prendront pas le départ. (➞ les voitures bicolores)

En revanche, s'il y a des objets d'une couleur et d'autres d'une autre, on accorde les adjectifs.
Des voitures **rouges et bleues** s'alignent sur la ligne de départ. (➞ des voitures rouges et des voitures bleues)

**2** Lorsque l'adjectif est précédé du nom *couleur,* il reste invariable.
porter des vêtements couleur **bleu**
(➞ couleur du bleu)

**3** Lorsque la couleur est exprimée par un substantif, il n'y a pas d'accord.
des volets peints en **vert**
La veuve est habillée de **noir**.

## Quiz

**❶ Quel adjectif complète la phrase ?**

Les joueurs italiens portent des maillots ... .

**a.** bleus clairs **b.** bleu foncé **c.** bleus ciel

**❷ Quels adjectifs complètent cette phrase ?**

Pour écrire, choisiras-tu des feuilles ... ou des feuilles ... ?

**a.** violettes – orange **b.** violette – orange **c.** violettes – oranges

**❸ Quelle est l'expression correcte ?**

**a.** se protéger des rayons ultraviolets
**b.** porter des chemisiers gris perles
**c.** peindre des ciels outremers

## Entraînement

**1 ▶ Accordez les adjectifs qualificatifs en gras.**

Les grenouilles **vert** se dissimulent dans les **haut** herbes du bord de l'étang. – La directrice ne se rend jamais en réunion sans sa serviette **châtain foncé**, celle que lui ont offerte les secrétaires du bureau. – Les joues **cramoisi**, les yeux hors de la tête, cet homme pique une **violent** colère. – Les taureaux sont **excité** lorsqu'on agite devant leurs naseaux des capes **écarlate**. – L'actrice exhibait des mains aux ongles **incarnat** sous les yeux **étonné** des journalistes. – **Déterminé**, les joueurs cannois jetaient des regards **fauve** à leurs adversaires. – Dans les pages **rose** du dictionnaire, on trouve de **nombreux** locutions **latin** encore **employé** aujourd'hui.

**2 ▶ Accordez les adjectifs qualificatifs en gras.**

En Camargue, en fin de soirée, on admire le vol des flamants **rose**. – La ballerine prend le plus grand soin de ses chaussons **blanc**. – Les rideaux, couleur **rose**, s'harmonisent avec le plafond et les murs **peint** en **vert clair**. – Au début de la guerre de 14-18, certains soldats portaient des tenues **bleu horizon**. – La collection de livres **rouge et or** a attiré des millions de jeunes lecteurs. – Dans la salle de bains, M. Jarvier a posé des carreaux de faïence **corail** parfaitement **assorti** à la peinture **abricot** des boiseries. – Mme Raoul porte des bas couleur **chair**.

**3 ▶ Accordez les adjectifs qualificatifs en gras.**

M. Paulin caresse les poils **marron** de son cocker. – Lorsqu'on lui remit les Palmes académiques, Dominique admira longuement la rosette **violet**. – M. Garrier taille avec beaucoup de soin sa moustache **poivre et sel**. – Ces vases **vert-bouteille** jurent sur le linteau de la cheminée ; ils seraient mieux à leur place sur la commode. – Ces vestons **anthracite** sont **soldé** car ils sont largement **passé** de mode. – Au XIXe siècle, les bourgeois portaient volontiers des guêtres **café au lait**. – Les consuls romains arboraient des tuniques **pourpre**. – La jacinthe a des épis **bleu violet**. – La perle a des reflets **nacré**. – Dans les paniers, s'amoncellent des fruits **jaune**, **rouge**, **doré**.

SOLUTIONS P. 213

# 18 LES ADJECTIFS NUMÉRAUX

Les adjectifs numéraux cardinaux indiquent le nombre ; les ordinaux l'ordre.

## Les adjectifs numéraux cardinaux

• **Les adjectifs numéraux cardinaux** (ou noms de nombre) se placent devant le nom pour indiquer une quantité précise. Ils sont invariables.
– Certains adjectifs numéraux cardinaux sont simples.
**deux** centimes – **cinq** doigts – **sept** jours – **vingt** euros – **cent** mètres
– D'autres sont formés par juxtaposition ou par coordination.
**cinquante et une** marches – **mille cinq cent trente** litres

• *Vingt* et *cent* s'accordent quand ils indiquent un nombre exact de vingtaines ou de centaines.
deux cent**s** lignes | mais deux cent quarante lignes
quatre-vingt**s** ans | mais quatre-vingt-trois ans

### ⚠ Remarques

**1** On place un trait d'union entre les dizaines et les unités, sauf si elles sont unies par *et*.
quarante-trois kilomètres
soixante **et** un morceaux

**2** *Mille* est toujours invariable.
dix-huit **mille** spectateurs

**3** Devant *mille*, *cent* est invariable.
sept **cent** mille exemplaires

**4** Entre *mille* et *deux mille*, on dit indifféremment :
onze cents ou mille cent

**5** Il ne faut pas confondre les nombres avec les noms tels que *dizaine, centaine, millier, million, milliard*, qui s'accordent comme tous les noms.
deux douzaine**s** d'huîtres
trois centaine**s** de pommiers
cinq million**s** d'euros

**6** *Zéro* est un nom, il prend donc un *-s* quand il est précédé d'un déterminant pluriel.
deux zéro**s** après la virgule
faire zéro faute
→ ne faire aucune faute

## Les adjectifs numéraux ordinaux

**Les adjectifs numéraux ordinaux** s'accordent en genre et en nombre.
les première**s** places | les seconde**s** classes | les dernier**s** instants
Mais les adjectifs numéraux cardinaux employés comme des adjectifs numéraux ordinaux sont invariables.
la page **quatre cent** | le numéro **vingt**

### ⚠ Remarques

**1** Les noms désignant les parties d'un entier s'accordent avec les déterminants qui les précèdent.
deux moitié**s** – quatre quart**s** – cinq dixième**s**

**2** *Second* s'emploie pour désigner un être ou une chose qui termine une série de deux.
*Deuxième* s'emploie pour désigner un être ou une chose qui prend place dans une série de plus de deux.

## Quiz

**❶ Quel est le groupe correctement orthographié ?**
a. une machine capable de trier deux cents mille lettres à l'heure
b. une machine capable de trier deux cent mille lettres à l'heure
c. une machine capable de trier deux cent milles lettres à l'heure

**❷ Quelle est la bonne orthographe du nombre 1 444 ?**
a. mille quatre cent quarante-quatre
b. mille quatre cents quarante-quatre
c. mille quatre cent quarantes-quatre

**❸ Quelle est la bonne orthographe de 85 et de 80 ?**
a. quatre-vingts-cinq – quatre-vingt
b. quatre-vingt-cinq – quatre-vingts
c. quatres-vingts-cinq – quatres-vingts

❶ **b.** Devant *mille*, *cent* est toujours invariable. *Mille* est invariable. ❷ **a.** Dans ce cas, tous les nombres sont invariables. ❸ **b.** *Vingt* ne prend la marque du pluriel que lorsqu'il y a un nombre exact de vingtaines.

## Entraînement

**1 ▶ Écrivez ces nombres en lettres et faites-les suivre d'un nom de votre choix.**

23          46          55          77          108          500          1 368

**2 ▶ Écrivez en lettres les nombres en gras écrits en chiffres.**

Voici un magnifique chandelier à **7** branches. – L'haltérophile soulève sans effort apparent une barre de **180** kilos. – Après une heure de discussion, M. Cambon obtient une réduction de **85** euros sur l'ensemble de ses achats. – **450** kilomètres séparent ces deux villes. – M. Collet élève **320** bovins sur plus de **270** hectares de prairies. – M. Davin a commandé **700** litres de fioul domestique. – Le doyen des habitants de Héricourt est âgé de **99** ans.

**3 ▶ Écrivez les mots en gras comme il convient.**

Il y a une **vingtaine** d'années, la sidérurgie lorraine a licencié des **millier** de travailleurs ; seules quelques **centaine** ont retrouvé du travail sur place. – Les jeunes marins ont fait leur apprentissage sur un **quatre**-mâts, à six **mille** kilomètres de leur port d'attache. – Des **million** d'insectes bourdonnaient aux oreilles des coupeurs de cannes à sucre. – Les **neuvième** rencontres internationales de jeux vidéo se dérouleront à Barcelone. – Ce magasin a déjà vendu les trois **cinquième** de son stock. – Ces acteurs débutants tiennent les **second** rôles. – Cette année, Mme Brun enseigne le français aux **troisième**.

**4 ▶ Écrivez en lettres les nombres en gras écrits en chiffres.**

Le budget de cette commune s'élève à **45 500 000** euros. – M. Mornand a vendu **40 000** bouteilles de jus de pomme. – Ce pont est interdit aux poids lourds de plus de **35** tonnes. – Actuellement, les forages pétroliers dépassent les **6 000** mètres. – Cet été, **2 400 000** touristes ont visité le château de Versailles. – Il est difficile d'imaginer une distance de **500 000** années-lumière.

SOLUTIONS
P. 214

# LES ADJECTIFS INDÉFINIS

Les adjectifs (ou déterminants) indéfinis sont nombreux et difficiles à classer.

## Les principaux adjectifs indéfinis

• **Chaque**, adjectif indéfini, marque le singulier, sans distinction de genre.
**chaque** jour　　　　　　**chaque** nuit

• **Aucun** – souvent accompagné de la négation *ne* – s'emploie au singulier.
Il **ne** me laisse **aucun** répit.　　　Il **ne** laisse **aucune** trace.
Néanmoins, aucun s'emploie parfois au pluriel devant des noms qui n'ont pas de singulier ou qui prennent au pluriel un sens particulier.
La police **ne** constate **aucuns** agissements.
L'ennemi **n'**exerce **aucunes** représailles.

• **Pas un(e)** exprime une idée négative ; il est toujours singulier et peut être renforcé par seul(e).
**Pas une voiture** de plus de quatre ans n'échappe au contrôle technique.
**Pas une seule voix** ne s'est élevée pour contredire l'orateur.

• **Nul, tel**, adjectifs indéfinis, s'accordent en genre, et parfois en nombre, avec le nom.
**Nulle** difficulté ne l'arrêtera.　　　**Nuls** préparatifs ne suffiront.
Pour confectionner cette robe, il faut **telle** longueur de tissu.
Que **tel** ou **tel** numéro soit tiré au sort, je ne gagnerai pas.

• **Maint**, adjectif indéfini qui exprime un grand nombre indéterminé, s'emploie au singulier mais surtout au pluriel.
Tu as vu ce film en **mainte** occasion. – Il nous a téléphoné à **maintes** reprises.

• **Différents**, **divers**, **plusieurs** devant des noms pluriels sont des adjectifs indéfinis qui indiquent un nombre relativement important. Seuls les deux premiers s'accordent en genre.
Il a parlé à **différentes**/**diverses** personnes. – Je resterai **plusieurs** semaines.

### ⚠ Remarques

**1** Lorsqu'il est adjectif qualificatif (au sens de sans valeur), *nul* s'accorde normalement avec le nom.
Les risques sont **nuls**.
Entre ces deux produits, la différence de prix est **nulle**.

**2** Lorsqu'il est adjectif qualificatif (au sens de *pareil, semblable, si grand...*), *tel* s'accorde normalement avec le nom.
Qui peut bien tenir de **tels** propos en de **telles** occasions ?

**3** *Nul, tel* sont des pronoms indéfinis lorsqu'ils sont sujets singuliers.
**Nul** n'est censé ignorer la loi.
**Tel** est pris qui croyait prendre.

**4** L'expression *tel quel* s'accorde avec le nom auquel elle se rapporte.
Je laisserai la maison **telle quelle**.

Il ne faut pas confondre l'expression *tel(les) quel(les)* avec *tel(les) qu'elle* que l'on peut remplacer par *tel qu'il*.
Elle laissera la maison telle qu'elle l'a trouvée.
→ ... l'appartement tel qu'il l'a trouvé.

## Quiz

**❶ Quel adjectif indéfini complète la phrase ?**

J'ai essayé à ... reprises de vous téléphoner : en vain !

**a.** maint　　　　　**b.** mainte　　　　　**c.** maintes

**❷ Quels mots complètent la phrase ?**

Ces vêtements sont infroissables ; ils peuvent être portés ... .

**a.** tels quels　　　**b.** tel quel　　　　**c.** tel qu'elle

**❸ Quel est l'adjectif indéfini de la phrase ?**

Je n'ai nulle envie de monter sur ce manège bien trop violent.

**a.** nulle　　　　　**b.** bien　　　　　**c.** trop

❶ **c.** *Maintes* s'accorde avec le nom *reprises*, féminin pluriel. ❷ **a.** L'expression *tel quel* s'accorde avec le mot auquel elle se rapporte ; ici, *ils* (ces *vêtements*). ❸ **a.** *Bien* et *trop* sont des adverbes.

## Entraînement

**1 ▶ Écrivez correctement les mots en gras.**

De **chaque** tribune, de **chaque** rangée de fauteuils, des cris d'encouragement s'élevaient pour soutenir l'équipe de France. – Vous ne trouverez **nul** part un aussi joli panorama. – Les enquêteurs en sont persuadés, il n'y a **aucun** doute, cette piste est la bonne. – Il n'y a pas **divers** solutions pour se rendre sur cette île ; il faut prendre un bateau. – Dans ce pays, on trouve des sources en **maint** endroits.

**2 ▶ Écrivez correctement les mots en gras.**

On dit souvent **tel** père, **tel** fils, mais plus rarement **tel** fille : pourquoi ? – À l'impossible **nul** n'est tenu. – Pour résoudre cette énigme, il doit bien y avoir **plusieurs** possibilités. – **Nul** n'est prophète en son pays. – **Aucun** valise n'est aussi lourde que la tienne. – **Chaque** fois qu'elle épluche des oignons, Mélanie pleure. – Comme son client n'a encore versé **aucun** honoraires, l'avocat lui réclame un acompte.

**3 ▶ Écrivez correctement les mots en gras et donnez leur nature grammaticale.**

**Maint** démarches administratives s'avèrent au bout du compte **inutile**, faute d'avoir rempli avec **maint** précisions les formulaires ad hoc. – Comment pourrait-on se lasser d'une **tel** musique ? – Les bulletins **nul** seront décomptés à part. – Je découvre entre ces deux portraits **maint** traits de ressemblance. – Dans cet immeuble, **chaque** appartement possède un balcon. – **Aucun** société humaine ne peut se passer de règles de vie. – Pourquoi les belligérants n'ont-ils entamé **aucun** pourparlers de paix ? – La récolte de pommes ne sera perturbée par **aucun** intempéries.

**4 ▶ Écrivez correctement les mots en gras.**

**Tel quel**, ces lignes de pêche, mal **monté**, ne vous permettront pas de prendre un poisson. – À Pompéi, beaucoup de villas sont **resté tel quel** ; l'éruption du Vésuve les a figées dans sa gangue de cendres. – Vanessa, je la retrouve **tel qu'elle** a toujours été. – **Tel quel**, cette œuvre apparaît comme celle d'un artiste sincère. – **Pas un** seule revue n'est parvenue au kiosque à journaux en cette matinée. – Une tisane avant de se coucher, il n'y a rien de **tel** pour passer une bonne nuit. – **Tel quel**, ces toiles ne peuvent être **vendu** ; il faudra d'abord les restaurer.

SOLUTIONS P. 214

# 20 LES ACCORDS DANS LE GROUPE NOMINAL

Le groupe nominal (parfois appelé syntagme nominal) est un ensemble de mots organisé autour d'un nom principal (appelé parfois nom-noyau).

## Les déterminants du nom

Les mots qui accompagnent le plus souvent les noms sont **les déterminants** ; généralement ce sont eux qui indiquent le nombre et le genre du nom. Ce sont :

• **des articles**
le, la, l', les, un, une, des, au, du, de l', de la, aux

• **des adjectifs possessifs**
mon, ma, ton, ta, son, sa, notre, votre, leur, mes, tes, ses, nos, vos, leurs

• **des adjectifs démonstratifs**
ce, cet, cette, ces

• **des adjectifs interrogatifs et exclamatifs**
quel, quelle, quels, quelles

• **des adjectifs indéfinis**
nul, maint, tout, aucun, chaque, plusieurs, même, autre...

• **des adjectifs numéraux cardinaux**
deux, trois, cinq, quinze, trente, cent, mille...

• **des adjectifs numéraux ordinaux**
premier, cinquième, dix-huitième, centième...

> ⚠ **Remarque**

Certains déterminants sont combinables.

les mêmes paroles          les trois coups          tous vos projets          cet autre parcours

## Les autres constituants du groupe nominal

Le nom peut être accompagné d'autres mots qui en précisent le sens :

• **des adjectifs qualificatifs**
des regards **indiscrets**     un abonnement **annuel**     de **belles** maisons
(Les adjectifs qualificatifs s'accordent toujours avec le nom principal.)

• **des compléments du nom** (compléments déterminatifs) toujours placés après le nom.
mes ours **en peluche**     ce téléphone **à touches**     des étés **sans soleil**
(Les compléments de nom ne s'accordent pas avec le nom principal.)

• **des propositions subordonnées relatives**
la montagne **dont on aperçoit le sommet**     la chaîne **qui retransmet le tournoi**
(Le pronom relatif qui introduit une subordonnée relative a pour antécédent le nom principal.)

> ⚠ **Remarques**

**1** L'apposition est une expansion du nom d'un type un peu particulier puisqu'elle est séparée du nom par des virgules (voir leçon 15).

**2** Un mot peut être nominalisé s'il est précédé d'un article.

adjectifs : des absents
prépositions : des pour et des contre
verbes : les devoirs de français
adjectifs numéraux : des mille et des cents
adverbes : des petits riens
conjonctions : Il n'y a pas de « mais ».

# Quiz

**❶ Quel est le nom principal de ce groupe nominal ?**
De vieux meubles en chêne parfaitement conservés
**a.** vieux                    **b.** meubles                    **c.** chêne

**❷ Quel complément du nom remplace la subordonnée relative en italique ?**
Mme Robert possède un fauteuil *qui a des roulettes*.
**a.** de roulettes            **b.** pour roulettes            **c.** à roulettes

**❸ Complétez la phrase comme il convient.**
En 1969, pour la première fois, l'homme a posé un pied ... .
**a.** légers                    **b.** sur le sol lunaire
**c.** qui n'avait pas de chaussures

❶ **b.** On essaie de supprimer les mots proposés et on voit que *vieux* et *en chêne* peuvent être supprimés. ❷ **c.** Le sens impose la seconde réponse. ❸ **b.** La première réponse ne convient pas car l'adjectif *légers* est au pluriel alors que le nom qu'il qualifie, *pied*, est au singulier. Même si, grammaticalement, la troisième réponse est correcte, le sens conduit à la rejeter.

# Entraînement

**1 ▶ Écrivez les noms en gras au pluriel et faites les accords nécessaires.**

Vous admirez un **tableau** bien éclairé. – Cette **figue** est bien trop sèche ; elle est immangeable. – Un violent **vent** du nord balaie l'immense **plaine**. – L'**arbre** du **jardin** public perd ses feuilles. – Cette **photographie**, prise au téléobjectif, permet d'apprécier le moindre **détail** des monuments. – Avec une telle **calculatrice**, l'**opération** la plus compliquée est un **jeu** d'enfant. – La **grue** du **chantier** voisin soulève une **charge** de plus de dix tonnes : quelle **performance** exceptionnelle !

**2 ▶ Remplacez les adjectifs qualificatifs en gras par des compléments de nom.**

Les professeurs **retraités** donnent des cours aux élèves en difficulté. – Ce pilote **expérimenté** possède un brevet qui l'autorise à effectuer des vols **nocturnes**. – Les problèmes **actuels** préoccupent les hommes **politiques**. – Des préparatifs **guerriers** se déroulent à la frontière **sino-russe**. – Mme Trieu suit un traitement **antitussif**. – M. Malet est un homme **honorable** ; vous pouvez lui faire confiance.

**3 ▶ Copiez ces phrases en réduisant les groupes nominaux au seul nom principal.**

Ce sportif de haut niveau a battu un record vieux de dix ans. – Les randonneurs, imprudents et mal équipés, se réfugient sous un abri de fortune. – Le dompteur de tigres du Bengale agite son long fouet aux lanières de cuir. – Ce témoin de dernière minute parle avec un accent de sincérité évidente. – Le ministre de l'Éducation nationale réunit tous ses collaborateurs directs. – Quelques rares habitants de Lunéville envisagent un prochain déménagement.

**4 ▶ Copiez ces phrases en plaçant un complément de nom de votre choix.**

La **hauteur** ... mesure cinq mètres. – Un **groupe** ... assiste au **décollage** ... . – Que préférez-vous ? une **glace** ... ou un **sorbet** ... ? – Dans les **parcs** ..., on peut apercevoir des **rhinocéros** ... . – Les **pièces** ... sont difficiles à imiter. – Ce **coup** ... est urgent ; répondez immédiatement. – Plusieurs **groupes** ... se produiront sur la **scène** ... .

SOLUTIONS
P. 214

# LES VERBES

Le verbe est généralement l'élément essentiel de la phrase.

## Le verbe conjugué

Par leurs variations de formes (on dit alors qu'ils sont conjugués), **les verbes** apportent des indications précieuses sur les actions, les états, les attitudes, les intentions ou les modifications du sujet.
C'est autour du verbe que se constitue généralement la phrase.
Les flammes **dévoraient** les broussailles.          Tu **restes** à table.
Il arrive que le sujet ne soit qu'un simple indice grammatical de personne pour conjuguer le verbe.
**Il** pleut.          **Il** manque des pions.          **Il** fait beau.

## L'infinitif

• Lorsqu'ils ne sont pas conjugués, les verbes se présentent sous une forme neutre : **l'infinitif**. C'est ainsi qu'ils figurent dans les dictionnaires.
démonter – gagner – rougir – soutenir – apprendre

• L'infinitif permet au verbe d'avoir d'autres fonctions dans la phrase que celle d'élément essentiel.
J'adore **regarder** les feuilletons.          J'ai la chance de **vivre** à la campagne.

## Les trois groupes verbaux

• Le **1<sup>er</sup> groupe** comprend tous les verbes dont l'infinitif se termine par **-er** (sauf *aller*) ; le radical conserve la même forme pour toutes les conjugaisons.
marcher → radical unique : **march-**

• Le **2<sup>e</sup> groupe** comprend les verbes dont l'infinitif se termine par **-ir** et qui intercalent l'élément **-ss-** entre le radical et la terminaison pour certaines formes conjuguées. Le radical conserve la même forme pour toutes les conjugaisons.
réunir (en réunissant – nous réunissons) → radical unique : **réun-**

• Le **3<sup>e</sup> groupe** comprend tous les autres verbes.
Le radical de ces verbes est souvent modifié selon les modes, les temps, les personnes.
aller → je **vais** – elle **all**ait – tu **ir**as – il faut qu'ils **aill**ent

### ⚠ Remarques

**1** On appelle verbes pronominaux les verbes qui sont accompagnés d'un pronom personnel de la même personne que le sujet.
(À l'infinitif, on place le pronom *se*).
je **me** relâche – vous **vous** relâcherez

**2** Le verbe n'est pas le seul mot à pouvoir décrire une action ; parfois un groupe nominal peut lui être substitué.
Les artistes **entreront** en scène.
→ l'**entrée** en scène des artistes

# Quiz

❶ **Quel est l'intrus de cette liste ?**
revenir – contenir – mourir – secourir – pervertir
**a.** revenir    **b.** mourir    **c.** pervertir

❷ **Quel est l'infinitif de ce verbe ?**
tu vainquis – il vaincra – elle vainc – vainquons – vous avez vaincu
**a.** vainquer    **b.** vaincre    **c.** vainqueur

❸ **À quel groupe appartient le verbe conjugué de la phrase ?**
Ce chien ne saurait désobéir aux ordres de son maître.
**a.** 1er groupe    **b.** 2e groupe    **c.** 3e groupe

❶ **c.** *Pervertir* est le seul verbe du 2e groupe ; on dit : *pervertissant*. ❷ **b.** Le verbe *vainquer* n'existe pas et *vainqueur* est un nom. ❸ **c.** Le verbe conjugué est *saurait*, forme du verbe *savoir* au présent du conditionnel.

# Entraînement

**1 ▶ Encadrez les verbes conjugués et donnez leur infinitif.**

Au printemps, les végétaux renaissent. – Inutilisables, ces emballages ne resserviront pas. – Ce parking affiche complet. – Certaines familles adoptent des enfants orphelins. – Les techniciens se taisent lorsque les comédiens pénètrent sur le plateau. – Cette pierre émet un rayonnement radioactif. – Si vous vous hissez au sommet du col, vous verrez le lac des Cerces. – Pour fixer ce tableau, tu utilises une perceuse électrique. – Le jardinier vient d'arracher le liseron de sa pelouse.

**2 ▶ Encadrez les verbes conjugués et soulignez les verbes à l'infinitif.**

Quelque chose nous dit qu'il va se produire un événement inattendu. – Ton retard nous inquiète ; nous téléphonons aux amis chez lesquels tu étais en vacances. – De nombreux scientifiques cherchent à mettre au point un vaccin contre le sida. – Le médecin examinera longuement le malade avant de rédiger son ordonnance : deux cachets à avaler chaque matin. – Pour une fois, Yannick mit la table sans protester.

**3 ▶ Encadrez les verbes conjugués, donnez leur infinitif et leur groupe.**

Pour emporter tout son matériel, le géomètre utilisait une camionnette. – Les bulldozers entrent en action pour dégager les éboulis qui obstruent la route nationale. – Les vibrations fragilisent l'échafaudage qui menace de s'effondrer. – Nous n'apercevons plus la fusée Ariane qui a disparu derrière les nuages. – La pratique du parapente exige des réflexes à toute épreuve. – Le maire invitera les jeunes électeurs à s'inscrire d'urgence. – Je sors de la salle pour respirer un air plus sain.

**4 ▶ Complétez ces phrases avec des verbes de votre choix conjugués au présent de l'indicatif.**

Le facteur ... le courrier chaque jour, sauf le dimanche. – Nous ... les calculs pour être certains de ne pas avoir commis d'erreur. – Le gendarme ... l'automobiliste qui a commis un excès de vitesse. – Je ... les piles usagées de mon baladeur. – Vous ... vos achats avec une carte bancaire. – Je ne ... jamais hors des pistes bleues parfaitement balisées. – Les coureurs attardés ... comme des forcenés pour rejoindre le peloton.

orthographe grammaticale

SOLUTIONS
P. 215

# L'ACCORD DU VERBE

Le verbe s'accorde avec le sujet qui peut être un nom ou un pronom.

## Règle générale

**Le verbe s'accorde en personne et en nombre avec son sujet** qu'on trouve en posant la question « Qui est-ce qui ? » (ou « Qu'est-ce qui ? ») devant le verbe.
**Les élèves** quittent la salle.
Qui est-ce qui quitte ? **les élèves** → 3e personne du pluriel
Dans le groupe nominal sujet, il faut chercher **le nom** qui commande l'accord.
**Les élèves** du premier rang quittent la salle.
Qui est-ce qui quitte ? **les élèves** (du premier rang) → 3e personne du pluriel

## Les différents sujets du verbe

Le sujet est le plus souvent un nom, mais ce peut être aussi :
• **un pronom personnel**
**Ils** quittent la salle.

• **un pronom démonstratif**
Les élèves du premier rang quittent rapidement la salle ; **ceux** du dernier rang restent en place.
Les élèves du premier rang quittent la salle ; **cela** se passe dans le calme.

• **un pronom possessif**
Nos places sont attribuées ; **la mienne** se trouve au troisième rang.

• **un pronom indéfini**
Nos places sont attribuées ; **toutes** se trouvent au troisième rang.

• **un pronom interrogatif**
**Qui** quitte la salle ?
Dans ce cas, le verbe est toujours à la 3e personne du singulier.

• **une proposition subordonnée**
**Que le professeur ait rendu les copies** a surpris les élèves.
Dans ce cas, le verbe est toujours à la 3e personne du singulier.

• **un verbe à l'infinitif**
**Avoir** de bons résultats dans toutes les matières n'est pas facile.
Dans ce cas, le verbe est toujours à la 3e personne du singulier.

• **un pronom relatif** (voir leçon 23)
C'est toi **qui** quitteras la salle le dernier.

⚠ **Remarque**

On peut aussi trouver le sujet du verbe en l'encadrant avec « C'est ... qui » ou « Ce sont ... qui ».

Les élèves quittent la salle.
**Ce sont** les élèves **qui** quittent la salle.

# Quiz

**❶ Quel est le sujet du verbe ?**
Avant de couler le béton, les maçons ajustent le coffrage.
**a.** le coffrage          **b.** le béton          **c.** les maçons

**❷ Quel verbe complète cette phrase ?**
Les Parisiens ... utiliser des vélos en libre-service.
**a.** peut          **b.** peuvent          **c.** pourra

**❸ Quel sujet complète cette phrase ?**
Cette imprimante manque d'encre, mais ... fonctionne normalement.
**a.** celui-ci          **b.** celle-là          **c.** celles

❶ **c.** *Les maçons* est sujet du verbe conjugué *ajustent.* ❷ **b.** C'est le seul verbe à la 3ᵉ personne du pluriel. ❸ **b.** *Celle-là* est le seul pronom démonstratif sujet au féminin singulier.

# Entraînement

**1 ▶ Remplacez les pronoms personnels sujets par des noms (ou des groupes nominaux) de votre choix.**

Ils opèrent les malades. – Il couvre toute la conversation. – Elle allèche les gourmets. – Elles sonnent à toute volée. – Elle rend la monnaie aux clients. – Ils se succèdent à la barre du tribunal. – Elles jaunissent lorsque vient l'automne. – Il garantit l'authenticité de ce meuble ancien. – Ils confondent les couleurs. – Il relie les deux rives du fleuve. – Elle permet aux cosmonautes de rejoindre la station spatiale.

**2 ▶ Encadrez les sujets, soulignez le mot qui commande l'accord, puis écrivez les verbes en gras au présent de l'indicatif.**

Nous **écouter** des musiques de films ; l'une d'elles nous **plaire**. – Les avions de chasse **décoller** dans un bruit épouvantable. – Se chauffer au bois **s'avérer** parfois très économique. – La tour du Bois du Verne **compter** cinquante logements ; celle des Églantines n'**abriter** que des bureaux. – Les issues de secours **faciliter** l'évacuation du public. – Les émanations de gaz toxiques **indisposer** les passants.

**3 ▶ Écrivez les verbes en gras au présent de l'indicatif.**

Si ta moto est en panne, la mienne **rester** à ta disposition. – Qui **dévaler** les pistes à une telle vitesse ? Ce ne **pouvoir** être qu'un champion. – Ce cerf-volant **présenter** de magnifiques couleurs, mais celui-là **faire** claquer sa traîne. – Cet agriculteur **cultiver** des tomates en respectant l'environnement ; il les **vendre** sans difficulté. – Quiconque a beaucoup voyagé ne **voir** plus le monde de la même façon.

**4 ▶ Encadrez les sujets et écrivez les verbes en gras au présent de l'indicatif.**

Que l'autoroute soit bloquée n'**empêcher** pas les pompiers d'utiliser la voie d'urgence. – Qui **sonner** ainsi à la porte de l'immeuble ? – Les poids lourds de cette entreprise **emprunter** les nationales. – Qu'Olivier adore les bandes dessinées ne me **surprendre** pas du tout. – Ces pictogrammes **ressembler** à des hiéroglyphes ; me **demander** qui **pouvoir** les lire. – Parcourir à pied le désert du Sahara e⋯ entraînement intensif et des mois d'efforts. – Cet historien, spécialiste ⋯ internationales, **publier** un ouvrage sur l'indépendance d'Haïti.

# 23 LE SUJET *TU* – LE SUJET *ON* – LE SUJET *QUI*

On observe certaines règles concernant les sujets *tu, on* et *qui* qu'il faut retenir.

## Le sujet *tu*

À tous les temps, à la 2$^e$ personne du singulier (sujet *tu*), le verbe se termine par **-s**.
**Tu** convaincs tes partenaires.   **Tu** refusas cette proposition.
Si **tu** te souvenais du couplet de cette chanson, **tu** le chanterais sans réticence.
Lorsque **tu** pénètreras dans ce local, **tu** constateras qu'il y fait très chaud.

**1** Au présent de l'indicatif, *vouloir, pouvoir, valoir* prennent un **-x**.
Tu veux un délai supplémentaire.
Tu peux rapporter cet article.
Tu vaux largement ton adversaire.

**2** À l'impératif, le sujet de la 2$^e$ personne du singulier n'est pas exprimé et les verbes du 1$^{er}$ groupe ne prennent pas de **-s**.
Respire calmement.   Range tes affaires.

## Le sujet *on*

**On**, pronom sujet, peut être remplacé par un autre pronom de la 3$^e$ personne du singulier (il ou elle) ou par un nom sujet singulier (l'homme).
**On** gagne à tous les coups.   Il/Elle/L'homme gagne à tous les coups.

L'adjectif qualificatif et le participe passé qui se rapportent au sujet on sont généralement au masculin singulier.
On est toujours plus **exigeant** avec les autres qu'avec soi-même.
On serait bien **avisé** de respecter les limitations de vitesse.

Si on désigne explicitement plusieurs personnes (l'équivalent de *nous*), l'adjectif qualificatif et le participe passé peuvent être accordés au pluriel.
On n'est pas sûr**s** de pouvoir entrer.
Nous ne sommes pas sûr**s** de pouvoir entrer.

## Le sujet *qui*

Lorsque le sujet du verbe est le pronom relatif *qui*, celui-ci ne marque pas la personne. Il faut donc chercher son antécédent qui donne la personne et permet l'accord du verbe.
Les cascadeurs **qui** règl**ent** la poursuite des voitures prennent des risques.
Je ne ferai pas équipe avec toi **qui** redout**es** les descentes dangereuses.
C'est moi **qui** contrôler**ai** la pression de mes pneus.

Le pronom relatif *qui* peut également être complément du verbe de la subordonnée ; il est alors précédé 'une préposition (*à, de, pour...*).

La personne **à qui** vous destinez ce message ne répond pas.

Le candidat **pour qui** vous avez voté est élu facilement.

# Quiz

**❶ Quel verbe complète cette phrase ?**

Pourquoi ...-tu tourner à gauche ?

**a.** veut        **b.** veus        **c.** veux

**❷ Par quel sujet peut-on remplacer *on* ?**

De ce belvédère, on aperçoit le lac d'Annecy.

**a.** les touristes        **b.** le public        **c.** tu

**❸ Quel est l'antécédent du pronom relatif *qui* ?**

Ce joueur de tennis préfère les balles qui rebondissent bien.

**a.** joueur        **b.** tennis        **c.** balles

❶ **c.** À la 2ᵉ personne du singulier, la terminaison est généralement *s*, mais *vouloir* est une exception. ❷ **b.** *Le public* est le seul sujet à la 3ᵉ personne du singulier. ❸ **c.** Comme le verbe de la subordonnée est au pluriel, le sujet *qui* représente un nom pluriel.

# Entraînement

**1 ▶ Écrivez les verbes en gras aux quatre temps simples de l'indicatif.**

Tu **lacer** tes chaussures à crampons.

Tu **suivre** les instructions à la lettre.

Tu **fermer** le portail.

Tu **déchiffrer** ces manuscrits.

Tu **jeter** du pain aux canards.

Tu **manifester** des craintes.

Tu **vouloir** te reposer.

Tu **maudire** le sort contraire.

**2 ▶ Écrivez les verbes en gras au présent de l'indicatif.**

Brice, tu lui **reprocher** toujours ses retards et tu **avoir** raison. – Comme Leïla **faire** preuve d'une farouche volonté, tu l'**encourager** à persévérer. – Cette région **pouvoir** paraître inhospitalière à ceux qui ne la **connaître** pas. – M. London **éprouver** une reconnaissance sans borne envers les maîtres nageurs qui l'**avoir** sauvé d'une noyade certaine. – Les clients qui ne **souhaiter** pas attendre aux caisses ne **devoir** pas acheter plus de dix articles. – On ne **devoir** pas s'appuyer sur cette rampe, elle **être** trop fragile et on ne **savoir** jamais ce qui **pouvoir** arriver.

**3 ▶ Écrivez les verbes en gras au futur simple de l'indicatif.**

Quand le téléphone **sonner**, tu **répondre** sans tarder. – Est-ce votre frère qui vous **accompagner** ? – Dans quelques années, on **trouver** de nombreuses voitures possédant une boîte de vitesses automatique. – On ne **voir** pas la mer, mais on l'**entendre**. – Tu me **dire** quand tu **être** prêt pour nous accompagner à la piscine. – Tu nous **conduire** au centre de Paris où nous **découvrir** Notre-Dame et le Pont-Neuf. – Pour pénétrer dans le laboratoire, on **enfiler** une combinaison spéciale.

**4 ▶ Écrivez les verbes en gras au présent de l'indicatif.**

Lui qui **résoudre** habituellement tous les problèmes, **rester** sans voix devant cette équation. – Joachim **s'abonner** à un magazine qui **paraître** toutes les semaines. – Soyez indulgents pour ceux qui **jouer** en public pour la première fois. – Les réfugiés, fuyant la zone des combats, **porter** des haillons qui ne les **protéger** que médiocrement du froid. – C'est devenu la mode : on **questionner** Internet pour un oui ou pour un non. – Pour le tournage de ce film, on **rechercher** des figurants.

**SOLUTIONS P. 216**

# L'ACCORD DU VERBE : CAS PARTICULIERS (1)

Le verbe s'accorde avec le sujet en personne et en nombre. Cependant, il existe certaines particularités qu'il faut connaître.

## Cas particuliers (1)

• **Inversion du sujet** : le sujet se trouve placé après le verbe.
Les convives apprécient les plats que prépare **ce célèbre chef**.
C'est aussi le cas à la forme interrogative quand le sujet est un pronom personnel.
Quand arrivez-**vous** à destination ?

• Quand le sujet du verbe est **un adverbe de quantité** *(beaucoup, peu, combien, trop, tant)*, le verbe s'accorde avec le complément de cet adverbe.
Peu **de pays** autorisent la chasse à la baleine.
Beaucoup **de légumes** se consomment cuits à la vapeur.
Combien **de marins** souhaitent traverser seuls l'Atlantique ?
Trop **d'enfants** ne savent pas encore nager à l'âge de dix ans.
En Afrique, pourquoi tant **de personnes** meurent-elles encore du paludisme ?

• Quand un verbe a pour sujet **un collectif** *(un grand nombre de, un certain nombre de, une partie de, la majorité de, la minorité de, une foule de, la plupart de, une infinité de, une multitude, la totalité de...)* suivi de son complément, il s'accorde, selon le sens voulu par l'auteur, avec le collectif ou avec le complément. Il n'y a pas de règle précise.
Un banc de poissons s'approche du récif.
(le banc est considéré comme une seule entité)
Un banc de poissons s'approchent du récif.
(ce sont tous les poissons qui s'approchent)

• Lorsque le verbe dépend d'**une fraction au singulier** *(la moitié, un tiers, un quart...)* ou d'**un nom numéral au singulier** *(la douzaine, la vingtaine, la centaine...)* et s'il y a un complément au pluriel, l'accord se fait avec ce complément.
Le quart des pages de ce livre **étaient** illisibles.
Un millier de concurrents **prirent** le départ du triathlon de Sarlat.
Si l'auteur veut insister sur le terme quantitatif, le verbe reste au singulier.
Une douzaine d'huîtres **constituera** notre repas.

### ⚠ Remarques

**1** Dans une construction impersonnelle, le verbe s'accorde avec le sujet apparent (souvent *il*) mais pas avec le sujet réel qui, grammaticalement, est un COD.

Il existe deux issues.
sujet apparent — COD mais sujet réel

Il manque cinq euros.
sujet apparent — COD mais sujet réel

**2** Le sujet peut être séparé du verbe par un groupe de mots ou par des pronoms compléments (voir leçon 26).

**Les clientes**, dans cette parfumerie, trouvent tous les produits nécessaires à leur maquillage.
Ce produit paraît miraculeux ; **les clientes** le choisissent assez souvent.

# Quiz

**❶ Quel nom entraîne l'accord du verbe de la phrase ?**

Un quart des électeurs français se sont abstenus lors de l'élection présidentielle.

**a.** un quart　　　　　　**b.** des électeurs　　　　　　**c.** l'élection

**❷ Quelle forme verbale complète la phrase ?**

C'est dans les Alpes de Haute-Provence que ... les gorges du Verdon.

**a.** se trouvent　　　　　**b.** se trouvait　　　　　　**c.** se trouve

**❸ Quelle forme verbale complète la phrase ?**

En Afrique, trop d'habitants ... de maladies infectieuses.

**a.** souffre　　　　　　　**b.** souffres　　　　　　　**c.** souffrent

**❶ b.** Lorsque le verbe dépend d'une fraction au singulier, ici *un quart*, l'accord se fait avec le complément. **❷ a.** Le sujet du verbe est *les gorges du Verdon* ; accord à la 3ᵉ personne du pluriel. **❸ c.** Lorsque le sujet du verbe est un adverbe de quantité, ici *trop*, l'accord se fait avec le complément, ici *habitants*.

# Entraînement

**1 ▶ Écrivez les verbes en gras au présent de l'indicatif.**

À l'entrée du musée **s'aligner** des centaines de visiteurs. – Les feuilles de soins que **traiter** les agents de la Sécurité sociale **permettre** le remboursement des frais médicaux. – Personne ne **savoir** ce que **penser** les téléspectateurs de l'émission de jeux qu'ils **regarder** quotidiennement. – Les olives que **broyer** la meule du moulin à huile **provenir** des meilleures oliveraies. – Les papiers que **présenter** cet escroc **être** manifestement falsifiés. – Du fond de la salle **s'élever** un brouhaha qui **nuire** à la compréhension des paroles des chansons. – Où **aller**-je garer mon véhicule ? – Que **devenir** les marais où **nicher** les hérons ? – **Attendre**-vous une lettre ?

**2 ▶ Écrivez les verbes en gras au présent de l'indicatif.**

Le chantier **être** bien avancé car tout autour **s'affairer** les maçons, les menuisiers et les charpentiers. – On **entendre**, dans le silence du soir, le murmure des vagues que **couvrir**, de temps à autre, les cris des mouettes. – Beaucoup de gens **parler** du monstre du Loch Ness, mais peu **être** capables de le décrire avec précision. – Sur le rebord de la cheminée **trôner** les portraits des ancêtres de la famille. – D'où **venir** ces mangues ? – On **rénover** le quartier où **vivre** Vivian et Dorothée. – Il **flotter** des nappes de brouillard sur les étangs des Dombes. – L'ensemble des employés **s'habituer** aux nouveaux horaires de travail. – Pourquoi **secouer**-tu cette bouteille de jus de fruits ? – Il **stationner** plus de deux cents voitures sur ce parking.

**3 ▶ Écrivez les verbes en gras au présent de l'indicatif.**

Un certain nombre de casques de moto ne **satisfaire** pas aux normes de sécurité ; ils **être** à proscrire. – Trop de réclamations **affluer** sur le bureau du directeur ; quelque chose ne **fonctionner** pas dans cette entreprise. – Je ne **savoir** pas ce que me **rappeler** les odeurs de foin coupé ou de blé mûr. – Le supermarché, où **s'attarder** les derniers clients, **fermer** normalement ses portes à 22 heures. – La majorité des voitures **être** équipées d'un système de climatisation. – La multitude d'étoiles que **découvrir** le navigateur **constituer** toujours une surprise. – Une cinquantaine de mécaniciens **composer** l'environnement d'une écurie de Formule 1.

**SOLUTIONS P. 216**

# L'ACCORD DU VERBE : CAS PARTICULIERS (2)

Le verbe s'accorde avec le sujet en personne et en nombre. Cependant, il existe certaines particularités qu'il faut connaître.

## Cas particuliers (2)

• Lorsqu'un verbe a deux sujets singuliers, il se met au pluriel.
**La rivière** et **le torrent**, grossis par les pluies, déval**ent** la colline.

• Il arrive que deux sujets soient des personnes différentes. Dans ce cas,
– la 1<sup>re</sup> personne l'emporte sur la 3<sup>e</sup> :
**Sandra et moi** recherch**ons** un appartement à louer.
– la 2<sup>e</sup> personne l'emporte sur la 3<sup>e</sup> :
**Sandra et toi** recherch**ez** un appartement à louer.
Pour éviter les confusions, il faut reprendre les sujets par le pronom personnel équivalent.
**Sandra et moi, nous** recherch**ons** un appartement à louer.

• Lorsque deux sujets sont joints par *ainsi que, aussi bien que, autant que, comme, de même que, pas plus que...*, le verbe s'accorde avec les deux sujets, sauf si l'un d'eux est dominant.
L'Argentine, ainsi que le Brésil, appartienn**ent** au continent sud-américain.
Mais : La fatigue, autant que l'ennui, entraîn**e** des bâillements.

• Lorsque plusieurs sujets singuliers de la 3<sup>e</sup> personne sont joints par *ou, ni... ni*, le verbe s'accorde avec l'ensemble des sujets si l'idée de conjonction domine.
La neige **ou** le froid perturb**ent** la circulation routière.
**Ni** un train **ni** un autobus ne desserv**ent** cette bourgade.
Mais le verbe s'accorde avec le sujet rapproché si l'idée de disjonction prévaut.
Une embauche **ou** un refus **attend** le postulant au poste de magasinier.
**Ni** Mme Thomas **ni** M. Gérard n'**obtient** assez de suffrages pour être élu.
Les sujets sont toujours disjoints lorsqu'ils sont unis par des locutions telles que *ou plutôt, ou même, ou pour mieux dire*.
Un verrou, **ou même** des verrous, **sécuriseront** cette maison.

• Lorsque deux sujets sont joints par *moins que, plus que, plutôt que, et non*, le verbe s'accorde avec le premier sujet.
La patience, et non la précipitation, **permettra** d'achever ce travail.
Un marteau, plutôt qu'un tournevis, **est** nécessaire pour planter le clou.
La satisfaction du devoir accompli, plus que les honneurs, **réjouit** l'élu municipal.

• Quand le verbe a pour sujet un pronom tel que *tout, rien, ce*, qui reprend plusieurs noms, il s'accorde avec ce pronom.
La musique, le théâtre, le cinéma, l'opéra, **tout plaît** à Jordi.
Une tarte, une glace, un gâteau au chocolat, un sorbet, **rien** ne **satisfait** Rachel.

• Après *plus d'un*, le verbe se met au singulier ; après *moins de deux*, il se met au pluriel.
Plus d'un mathématicien **a** tenté de résoudre la quadrature du cercle.
Moins de deux tentatives **ont** suffi pour arrimer la montgolfière.

# Quiz

**❶ Quel verbe complète cette phrase ?**

Qui … le coup d'envoi ? L'arbitre de touche ou l'arbitre central ?

**a.** donne　　　　　　　　**b.** donnent　　　　　　　　**c.** donnerais

**❷ Quel verbe complète cette phrase ?**

Lors du tremblement de terre, les maisons, les ponts, les églises, tout … .

**a.** s'écroulèrent　　　　　**b.** s'écrouleront　　　　　**c.** s'écroula

**❸ Quel verbe complète cette phrase ?**

Plus d'un peintre … d'imiter la manière dont Claude Monet décomposait la lumière.

**a.** a tenté　　　　　　　　**b.** ont tenté　　　　　　　**c.** avaient tenté

# Entraînement

**1 ▷ Écrivez les verbes en gras au présent de l'indicatif.**

Rien ne **valoir** la douceur que **procurer** des vacances au cœur du Périgord. – Sortir un plat du congélateur et le placer dans le four micro-ondes ne **prendre** que quelques minutes. – Le nickel, aussi bien que le cuivre, **procurer** aux pays exportateurs des revenus non négligeables. – Le Loto, aussi bien que le Keno, **voir** peu de parieurs remporter le gros lot. – L'Espagne, comme la France, **accepter** l'emploi de langues régionales. – C'**être** pour ses enfants que M. Carret **installer** ces rayonnages. – Des compliments ou des reproches, rien ne me **surprendre** de ta part.

**2 ▷ Écrivez les verbes en gras au présent de l'indicatif.**

Tes amis et toi **faire** une pause sur l'aire d'autoroute. – Florian et Émilie **porter** les chandails que **tricoter** leur tante. – Ces champignons **être** appétissants pourtant personne n'**oser** les manger. – « On ne sait jamais », comme **dire** les anciens. – L'autoroute et la nationale **contourner** la ville depuis des années ; plus d'un habitant **apprécier** le calme. – La beauté des paysages et la douceur du climat **attirer** les touristes en Corse. – Les habitants de cet immeuble **proposer** un aménagement des parties communes. – Dès les premières gouttes, la place et l'esplanade **se vider**. – Il **rester** moins de deux personnes qui **connaître** l'entrée de ce souterrain. – Le chêne, pas plus que le hêtre, ne **conserver** ses feuilles en hiver.

**3 ▷ Écrivez les verbes en gras au futur simple de l'indicatif.**

Vous et moi **être** du même avis : ces rideaux bleus ne s'**harmoniser** pas avec la tapisserie. – Le regard de Mohamed et le son de sa voix **trahir** son émotion. – Moins de deux minutes **suffire** pour que cette côtelette soit grillée. – Un appel, un geste, un simple hochement de tête, rien ne **distraire** l'étudiant de ses révisions. – Morgane et moi **participer** au gala de danse contemporaine. – L'Australie et la Nouvelle-Zélande **disputer** la prochaine finale de la Coupe du monde de rugby. – Un morceau de pain et un fruit **calmer** ta faim. – La paix et non la guerre **régner** sur la Terre et l'ensemble des nations **cohabiter** harmonieusement. – Mme et M. Raynaud **réaliser** prochainement leur rêve : découvrir le Mexique.

SOLUTIONS P. 217

# 26 LES PRONOMS PERSONNELS COMPLÉMENTS

Les pronoms personnels compléments sont placés près du verbe. Mais quels que soient les mots qui le précèdent immédiatement, le verbe conjugué à un temps simple s'accorde toujours avec son sujet.

## Le, la, l', les

Les pronoms *le, la, l', les* placés devant le verbe sont des pronoms personnels de la 3ᵉ personne, généralement compléments d'objet directs du verbe.
Ce bijou, Loana **le** porte en sautoir.    Cette montre, tu **la** mets à l'heure.
Ce rubis, le bijoutier **l'**examine.    Ces bagues, vous **les** admirez.

### ⚠ Remarque

À l'impératif affirmatif, le pronom complément est placé immédiatement après le verbe auquel il est relié par un trait d'union.

Ce document, signez-**le**.
Cette émission, regarde-**la**.
Ces disques, écoute-**les**.

## Me, te, se, nous, vous

Devant les verbes pronominaux, on trouve aussi des pronoms personnels qui représentent la même personne que le sujet. Ils ne perturbent pas l'accord du verbe avec son sujet.
Je ne **me** dérange pas pour rien.    Tu **t'**ennuies à mourir.
Vous **vous** égarez dans la forêt.    Elles **se** maquillent.

### ⚠ Remarque

On rencontre également des pronoms personnels compléments du verbe.

Je **les** rejoins au stade.
Il **vous** retrouve au sous-sol.

## En, y

Les pronoms personnels *en* et *y* ne sont jamais sujets du verbe, mais compléments d'objet ou compléments de lieu du verbe.
De la salade, j'**en** mange souvent.    Ce pays, tu **y** vas souvent.

## Leur

*Leur*, placé près du verbe quand il est le pluriel de *lui*, est un pronom personnel complément qui demeure invariable.
Le moniteur de ski est prudent, on **lui** fait confiance.
Les moniteurs de ski sont prudents, on **leur** fait confiance.

### ⚠ Remarque

Il ne faut pas confondre leur pronom personnel avec *leur(s)*, adjectif possessif.

Ils **leur** demandent **leurs** adresses.
pr. pers. compl.    adj. possessif

## Quiz

**1 Quel pronom personnel complète la phrase ?**

Lorsque un chat miaule, il faut ... donner des croquettes.

a. le b. lui c. en

**2 Quels prénoms correspondent au pronom personnel en italique ?**

Julie et Nadia sont contentes ; Georgina *leur* a offert un cadeau.

a. Julie et Georgina b. Nadia et Georgina c. Julie et Nadia

**3 Quels pronoms personnels complètent la phrase ?**

Comme ses enfants adorent les fraises, Mme Laurent ... ... sert.

a. leur – en b. lui – y c. leurs – les

1 b. 2 c. Georgina est sujet du verbe *a offert* ; *leur* est complément d'objet indirect. 3 a. *Leur* pronom personnel est invariable, ce qui exclut la 3e réponse ; *lui* est un pronom de la 3e personne du singulier et ne peut représenter *les enfants*.

## Entraînement

**1 Écrivez les verbes en gras au présent, puis à l'imparfait de l'indicatif.**

Les cartes, je les **distribuer**.
Nous leur **envoyer** un SMS.
Les comptes, le caissier les **présenter**.
Les coupables, la police les **identifier**.
La pizza, on te la **préparer**.
Ton canari, tu le **soigner**.
M. Colin, vous le **remplacer**.
La boussole leur **indiquer** le nord.

**2 Écrivez les verbes en gras au présent de l'indicatif.**

Les noix, Boris les **casser** avec ses dents ; c'est d'une imprudence folle. – Les lions **se jeter** sur la malheureuse gazelle et la **dévorer**. – Lorsque les contribuables **payer** leurs impôts, le percepteur leur **délivrer** un reçu. – Les opérateurs ne **savoir** plus où donner de la tête ; tout le monde leur **demander** des renseignements. – Ces jeunes mariés **vouloir** ouvrir un compte ; le banquier leur **fixer** un rendez-vous. – Les annonces publicitaires des quotidiens, personne ne les **lire** d'un bout à l'autre.

**3 Répondez négativement à ces questions comme dans l'exemple.**

Ex. : Aimez-vous les romans policiers ? Non, nous ne les aimons pas.

Les premiers numéros de cette revue sont-ils encore en vente ? – As-tu donné à manger aux oiseaux ? – Le stade est-il réservé aux juniors ? – Les musées sont-ils ouverts ? – Cette publicité attire-t-elle les clients ? – Les forains démontent-ils leurs manèges ? – Le pompiste a-t-il rempli le réservoir d'essence ? – M. Gay montre-t-il sa collection de papillons à ses amis ? – La pétanque est-elle un sport olympique ?

**4 Écrivez les verbes en gras au présent de l'indicatif.**

Dès que les musiciens **apparaître**, le public les **applaudir**. – Le représentant **enregistrer** les commandes sur son ordinateur et il les **transmettre** au centre de distribution. – Les compagnies pétrolières **souhaiter** forer près des côtes, mais le bureau de géologie leur **conseiller** d'aller plus au large. – Comme tes amis **partir** à la Martinique, tu les **accompagner**. – Les naïfs **croire** à l'existence des soucoupes volantes ; comment leur prouver qu'ils **se tromper** ? – La réforme du championnat de France, les joueurs la **réclamer** depuis longtemps.



SOLUTIONS P. 217

# NOM OU VERBE ?

Il ne faut pas confondre les noms avec les formes conjuguées d'un verbe. Ils peuvent être homophones, mais leur orthographe est très souvent différente.

On ne **met** pas tous ses œufs dans le même panier.
Le gastronome n'apprécie que les **mets** raffinés.

## Confusion due à la prononciation

Ces homonymes peuvent être :

• **un nom et une forme conjuguée au présent de l'indicatif**
Le maire **ceint** son écharpe tricolore.          donner le **sein** à un enfant
Ils **mentent** avec aplomb.                        du sirop de **menthe**

• **un nom et une forme conjuguée à l'imparfait de l'indicatif**
Tu **laçais** tes chaussures.                        les **lacets** de chaussures
Il **filait** à vive allure.                         le **filet** à papillons

• **un nom et une forme conjuguée au passé simple**
Il **mit** trois minutes pour me rejoindre.          Aimez-vous la **mie** de pain ?
Nous **rîmes** aux éclats.                            les **rimes** d'un poème

• **un nom et une forme conjuguée au futur simple**
Les cuisiniers **napperont** les gâteaux.            broder un **napperon**
Je **couperai** le pain.                              le **couperet** de la guillotine

• **un nom et une forme conjuguée au présent du subjonctif**
Il faut que j'**aille** me laver.                    une pointe d'**ail** dans le gigot
Je crains qu'il **faille** renoncer.                 un relief de **failles**

• **un nom et le participe passé du verbe**
Je ne t'ai pas **cru**.                              les **crues** de la Loire
Farid est **né** un mardi.                           avoir le **nez** creux

### ⚠ Remarques

**1** Certains noms ont pour homonymes des verbes à l'infinitif.

On verse du **chlore** dans l'eau de la piscine.
Il faut **clore** cette aventure.

**2** Il existe quelques homographes que seul le sens permet de distinguer.

L'éleveur **trait** ses vaches deux fois par jour.
tracer un **trait** rouge

**3** Quelquefois, c'est l'agglutination du verbe conjugué et du pronom qui le précède qui est homophone d'un nom.

Ce médicament, nous ne l'**avions** pas pris.
L'**avion** atterrit.
Cette photo, tu l'**affiches** sur tous les murs.
J'admire l'**affiche** du spectacle.
Ces deux objets métalliques s'**attirent**.
le **satyre** de la mythologie grecque

## Comment éviter toute confusion ?

Pour distinguer ces homonymes, il est possible de conjuguer le verbe.

Elles se **piquent** (se piquaient) parfois les doigts.      le **pic** du Midi
Il se peut qu'il **fasse** (que nous fassions) un détour.    jouer à pile ou **face**

# Quiz

**❶ Quel mot complète la phrase ?**

Julien … toutes les lumières avant de sortir.

**a.** étain　　　　**b.** éteind　　　　**c.** éteint

**❷ Quels mots complètent la phrase ?**

La secrétaire choisit des timbres et … sur les enveloppes.

**a.** les cols　　　　**b.** les colle　　　　**c.** l'école

**❸ Par quel mot peut-on remplacer le mot en italique ?**

Surpris par un obstacle, le conducteur *freine* brusquement.

**a.** freinera　　　　**b.** arrêt　　　　**c.** chêne

❶ c. Au présent de l'indicatif, le verbe *éteindre* perd le *d* aux personnes du singulier. ❷ b. Le sens permet d'éliminer la 1re et la 3e réponse. ❸ a. Le verbe *freine* a un nom homonyme *le frêne*, un arbre de nos forêts.

# Entraînement

**1 ▶ Placez un article ou un pronom personnel devant ces mots.**

| | | | | | |
|---|---|---|---|---|---|
| … thon | … gèle | … fin | … appel | … coût | … tris |
| … tond | … gel | … feint | … appelle | … coud | … trie |
| … père | … salut | … faim | … veux | … cou | … tri |
| … paire | … salues | … envois | … vœux | … signalent | … pleures |
| … perd | … salue | … envoie | … vœu | … signal | … pleurs |

**2 ▶ Complétez ces couples de phrases avec des verbes et des noms homonymes.**

Il pleut ; un … serait le bienvenu.　　　　Pour … tes chaussures, prends une brosse.

Je porte un blouson de … .　　　　Ce rôti doit … au moins une heure.

Il a … son chagrin dans le travail.　　　　Ne vous allongez pas sous un … .

Pour … ton absence, j'appellerai Félix.　　　　Nous discutons sur le … .

**3 ▶ Complétez avec un nom homonyme du verbe entre parenthèses.**

(il essaie) À la dernière minute, le demi de mêlée marque un … entre les poteaux. – (il défie) Escalader ce col en trente minutes : le … est de taille. – (il signe) Le chasseur maladroit visa le … noir, mais tua le blanc ! – (il éteint) Mme Amaury collectionne les chopes en … . – (il bourre) Le jour du marché, tous les agriculteurs se rendaient au … . – (il craque) Ce cheval, c'est un vrai … ! – (il bout) Le littoral méditerranéen est menacé par les … rouges. – (il jouait) Dans le Jura, on fabrique encore des … en bois.

**4 ▶ Complétez avec une forme conjuguée homonyme du nom entre parenthèses ; vous préciserez à chaque fois l'infinitif du verbe.**

(le vin) Pour plonger de ce promontoire, tu … ton appréhension en fermant les yeux. – (la forêt) À la recherche d'eau, le sourcier … le sol. – (le flageolet) Au moindre bruit, les jambes de M. Loubet … . – (le soufre) M. Rivet … d'un début de bronchite. – (un cornet) Perdu dans la brume, le patron du chalutier … sans relâche. – (le prix) Bien que très affectée, Priscillia … un air détaché. – (la plaie) Avec son petit chapeau rose, Virginie … à tout le monde. – (une taie) Les convives parlent tous en même temps, seule Sylvie se … . – (le fond) Les petits ruisseaux … les grandes rivières.

SOLUTIONS
P. 218

# 28 LE PARTICIPE PASSÉ EMPLOYÉ AVEC L'AUXILIAIRE *ÊTRE*

Le participe passé employé avec l'auxiliaire *être* s'accorde en genre et en nombre avec le nom (ou le pronom) principal du groupe sujet du verbe.

## Conjugaison avec l'auxiliaire *être*

Se conjuguent avec l'auxiliaire *être* :
• **quelques verbes intransitifs** exprimant un mouvement ou un changement d'état *(aller, arriver, partir, rester, tomber, sortir, mourir, entrer, naître, retourner, venir, et ses dérivés, éclore, décéder)* ;
Les grêlons sont tombé**s** sur le verger.          La caravane est enfin parti**e**.

• **les verbes à la voix passive** ;
La croissance est tiré**e** par la consommation.
Les copies sont corrigé**es** par les examinateurs.

• **les verbes pronominaux** (voir leçon 34).
Les deltaplanes se sont posé**s** en douceur.          Mélodie s'est couché**e** tôt.

## Autres cas

• Quelques verbes, selon le sens (intransitif ou transitif), peuvent être conjugués avec l'auxiliaire *être* ou l'auxiliaire *avoir*.
Ils sont passé**s** nous voir.          Ils ont passé leur permis.
Elle est rentré**e**.          Elle a rentré sa voiture.

• Employé à un temps composé, le verbe *être* se conjugue avec l'auxiliaire *avoir* ; son participe passé est toujours invariable.
Ils ont **été** de bonne foi.          Nous avons **été** en difficulté.

### ⚠ Remarques

**1** Le participe passé employé avec *être*, qu'il soit à un temps simple ou à un temps composé, s'accorde toujours avec le sujet.

Henri est prévenu par téléphone.
Henri a été prévenu par téléphone.

Ninon est prévenu**e** par téléphone.
Ninon a été prévenu**e** par téléphone.

Les pompiers sont prévenu**s** par téléphone.
Les pompiers ont été prévenu**s** par téléphone.

Elles sont prévenu**es** par téléphone.
Elles ont été prévenu**es** par téléphone.

**2** Pour les 1$^{re}$ et 2$^{e}$ personnes – singulier et pluriel –, seule la personne qui écrit sait quel est l'accord.
Je suis né en juillet.
→ C'est un homme qui parle.
Tu es né**e** en juillet.
→ On parle à une femme.
Vous êtes né**s** en juillet.
→ On parle à des hommes.
Nous  sommes né**es** en juillet.
→ Ce sont des femmes qui parlent.

**3** Quand le sujet est le pronom *on*, on peut, ou non, accorder le participe passé (voir leçon 23).

# Quiz

**❶ Quel participe passé complète la phrase ?**

Les premières asperges de Touraine sont ... au marché de Rungis.

**a.** arrivé　　　　　**b.** arrivées　　　　　**c.** arrivés

**❷ Quelle forme verbale complète la phrase ?**

Julie et Mathias ... nettoyer le garage.

**a.** sont allées　　　　　**b.** sont aller　　　　　**c.** sont allés

**❸ Quelles formes verbales complètent la phrase ?**

Les pompiers ... à éteindre l'incendie et plusieurs hectares de forêt ... .

**a.** ne sont pas parvenus – ont été brûlés

**b.** ne sont pas parvenu – ont été brûlé

**c.** ne sont pas parvenu – ont été brûlée

❶ **b.** Le nom principal du groupe sujet (*les asperges*) est au féminin pluriel. ❷ **c.** Un des deux sujets est masculin, donc *allés*. ❸ **a.** Il faut chercher les sujets des deux verbes : *les pompiers et plusieurs hectares*, tous deux au masculin pluriel.

# Entraînement

**1 ▶ Accordez les participes passés des verbes en gras.**

Lorsqu'elles auront présenté toutes les autorisations, ces personnalités seront **admettre** dans la partie la plus secrète du site de Cadarache. – La neige est **tomber** sur la chaussée ; les véhicules qui sont **équiper** de chaînes peuvent circuler, les autres seront **obliger** d'attendre le passage du chasse-neige. – Les citernes ont été **vider** afin d'être **nettoyer**. – La galette était **réussir** et elle a été **apprécier** par tous ; c'est Tiphaine qui est **tomber** sur la fève et elle a été **couronner** reine.

**2 ▶ Conjuguez les verbes au présent, puis au passé composé de l'indicatif.**

**être** interrogé sur son emploi du temps　　　**être** découragé par le sort contraire

**être** débordé par le travail　　　**être** saisi d'effroi à la vue d'une araignée

**être** cloué au lit par la fièvre　　　**être** contrarié par le mauvais temps

**être** dénué du moindre euro　　　**être** froissé par les critiques

**3 ▶ Accordez les participes passés des verbes en gras.**

Nous serons **attendre** par nos amis à la descente du train. – Les arbres étaient **dépouiller**, les rivières étaient **geler**, la terre était **durcir** : c'était l'hiver. – Il se fait tard ; les passants sont **presser** de rentrer chez eux. – Que sont **devenir** les voitures qui disputaient le rallye de Monte-Carlo en 1950 ? – Ces enveloppes seront **décacheter** à la machine. – Les nageurs imprudents avaient sous-estimé la puissance des vagues ; ils furent **soulever**, **entraîner**, puis **rouler** jusqu'au rivage.

**4 ▶ Accordez les participes passés des verbes en gras.**

Ces jeunes lecteurs sont **captiver** par les aventures d'Harry Potter ; ils sont **transporter** dans un autre monde. – Cette revue est **tirer** à cent mille exemplaires, car elle est très **attendre**. – Les affiches de l'exposition Cézanne sont **placarder** sur tous les murs de la ville. – Désormais, la télévision est **arriver** jusque sous les yourtes mongoles. – Quand on voit Judith Pardo, on sait qu'une grande actrice est **naître**.

SOLUTIONS
P. 218

Le complément d'objet direct (COD) représente l'être, la chose, l'idée, l'intention sur lesquels porte l'action exprimée par le verbe.

## Règles générales

• Le COD se rattache directement au verbe, sans préposition. Un verbe qui admet un COD est un verbe transitif (voir leçon 93).
Ophélie rencontre **ses amies**.    J'oublie **que j'ai un rendez-vous**.

• Pour trouver le COD, on pose la question « qui ? » ou « quoi ? » après le verbe.
Ophélie rencontre qui ?    **ses amies**               → COD
J'oublie quoi ?            **que j'ai un rendez-vous** → COD
Pour ne pas confondre le COD avec l'attribut, il faut se souvenir que :
– le COD et le sujet évoquent des éléments distincts l'un de l'autre ;
Myriam renouvelle son abonnement. (son abonnement → COD)
– l'attribut du sujet et le sujet évoquent le même élément.
Myriam restera la dernière. (la dernière → attribut)
C'est pourquoi on ne trouve jamais de COD après les verbes d'état.
**Exception** : Pour les verbes de forme pronominale, le pronom personnel COD placé devant le verbe peut désigner la même personne.
Il se trompe. (Il trompe lui-même)

### ⚠ Remarques

**1** Le COD est généralement placé après le verbe et il n'est pas déplaçable, sauf s'il est repris par un pronom.
Le chauffeur redoute **la nuit**.
La nuit, le chauffeur **la** redoute.

**2** Le COD peut être placé avant le verbe :
– dans une phrase interrogative
**Que** voulez-vous **?**
– dans une phrase exclamative
**Quel beau tapis** avez-vous !

**3** En général, le COD ne peut être supprimé sans dénaturer le sens de la phrase. Mais, certains verbes peuvent être employés sans COD.
Il mange des tartines.        Il mange.

**4** Le COD peut être précédé d'un article partitif *(du, de la, de l')* qu'il ne faut pas confondre avec une préposition.
Il mange du foie.             Il souffre du foie.
On ne dit pas : « Il souffre le foie. »
→ *le foie* n'est pas COD dans ce cas.

## Les différents COD

• **un nom ou un groupe nominal**
Il cueille **les fleurs**.        Il cueille **les fleurs du jardin**.

• **un pronom** (personnel, démonstratif, possessif, indéfini, interrogatif, relatif)
Tu **le** prends.          Je prends **ceci**.          Je prends **le mien**.
Tu prends **tout**.        **Que** prends-tu ?          Voici le livre **que** tu prends.

• **une subordonnée**
Je devine **que tu aimes la lecture**.

• **un infinitif** (ou un groupe verbal à l'infinitif)
Nous voudrions **répondre**.

# Quiz

**① Quel est le COD de la phrase ?**

L'espion transmet en grand secret un message à son chef.

**a.** en grand secret      **b.** un message      **c.** à son chef

**② Quel est le COD manquant de la phrase ?**

Après avoir bien réfléchi, l'ingénieur entrevoit … .

**a.** une solution      **b.** pour le résultat      **c.** à ses collaborateurs

**③ Combien y a-t-il de COD dans cette phrase ?**

Lorsqu'il découvrit une vipère sous le rocher, Richard la saisit derrière la tête.

**a.** 1      **b.** 2      **c.** 3

**①** b. Il suffit de poser la question : L'espion transmet quoi ? Réponse : un message. **②** a. *Une solution* est le seul nom qui n'est pas introduit par une préposition. **③** b. *Une vipère* est COD du verbe *découvrit* ; *la* est un pronom personnel COD du verbe *saisit*.

# Entraînement

**1 ▶ Copiez ces phrases et n'encadrez que les COD.**

Les films comiques plaisent aux petits comme aux grands. – Nul ne prévoyait des réactions aussi spontanées de la part de Maxime. – Le troupeau de chèvres de M. Armand ne manque pas de fourrage. – Des châteaux forts dominent la vallée de l'Ariège. – Ce disque me plaît, mais je préfère de beaucoup celui-ci. – Les Islandais se baignent dans les sources d'eau chaude. – Cette personne a conservé une excellente mémoire. – Vous avez agité le flacon avant de l'ouvrir. – Les passagers attendent que les horaires s'affichent. – Le chevreuil surgit du fourré. – Le mont Blanc, que vous ne distinguez qu'avec peine, flotte dans le brouillard. – Tu ne triches jamais au jeu.

**2 ▶ Complétez ces phrases avec des noms (ou des groupes nominaux) COD.**

Les attractions émerveillent … . – Les phares éblouissent … . – Vous traduisez … . – La pelleteuse creuse … . – Le médecin ausculte … . – Avant la course contre la montre, le coureur reconnaît … . – Valérie retient … . – Le cuisinier et son aide épluchent … . – Les skieurs dévalent … . – Le tri valorise … . – Le tremblement de terre fragilise … .

**3 ▶ Copiez ces phrases, encadrez les COD et donnez leur nature entre parenthèses.**

Si tu ranges tes outils, il faut que tu fasses de la place. – Dès l'âge de quatre ans, on remarqua combien l'esprit de cet enfant était éveillé. – L'opération a réussi, Dimitri devrait remarcher. – Samuel écrit une longue lettre à ses amis du Québec. – J'aimerais que vous me rapportiez un perroquet d'Amérique du Sud. – Les physiciens installent un laboratoire d'observation en terre Adélie. – Quand je défricherai ce terrain, j'éviterai les vipères. – Tu as perdu tes clés, mais tu les retrouves bien vite.

**4 ▶ Remplacez les groupes en gras par des COD de votre choix.**

Il touche **à tout**. – Il a regardé **dans le fond du puits**. – Je réussis **à passer**. – Elle change **à vue d'œil**. – Le conducteur ralentit **à l'entrée du village**. – Tu comprends **à demi-mot**. – Le satellite émet **dans le monde entier**. – Ces joueurs de loto perdent **à tous les coups**. – Les mésanges pondent **dans leur nid**.

**SOLUTIONS P. 219**

# 30 IDENTIFIER LE COMPLÉMENT D'OBJET INDIRECT

Le complément d'objet indirect (COI) représente l'être, la chose, l'idée, l'intention vers lesquels se dirige l'action exprimée par le verbe.

## Règles générales

- Le COI se rattache au verbe par une préposition *(à, aux* ou *de)*, sauf s'il s'agit d'un pronom.
Ce collectionneur s'intéresse **aux timbres**.
Ce collectionneur se soucie **de ses timbres**.

- Pour trouver le COI, on pose généralement les questions « à qui ? », « de qui ? », « à quoi ? », « de quoi ? » après le verbe.
Ce collectionneur s'intéresse à quoi ?  **aux timbres**  → COI
Ce collectionneur se soucie de quoi ?  **de ses timbres**  → COI

### ⚠ Remarques

**1** Le COI est généralement placé après le verbe. Il n'est pas déplaçable, sauf s'il est repris par un pronom.
Le chauffeur résiste **à la fatigue**.
La fatigue, le chauffeur **lui** résiste.

**2** En général, le COI ne peut être supprimé sans dénaturer le sens de la phrase ou la rendre incompréhensible. Cependant, certains verbes peuvent être employés sans COI.
Il joue **du violon**.  Il joue.

**3** Lorsque le verbe se construit avec un COD et un COI, le COI est appelé complément d'objet second (COS) ou complément d'attribution.
Le Père Noël distribue **des jouets** (COD) **aux enfants** (COS).

Lorsque le verbe se construit avec deux COI, celui introduit par de est appelé COI et celui introduit par à COS.
Le Père Noël s'occupe **de la distribution des jouets** (COI) **aux enfants** (COS).

**4** Il ne faut pas confondre le COI, précédé d'une préposition, avec le COD précédé d'un article partitif *(du, de la, de l')*.
Il mange **de la viande**. (COD)
Il souffre **de l'estomac**. (COI)

## Les différents COI

- **un nom ou un groupe nominal**
Le géologue s'attend **à une éruption**.
Le géologue se préoccupe **de l'état du volcan**.

- **un pronom** (personnel, démonstratif, possessif, indéfini, interrogatif, relatif)
Je **lui** parle.  J'**en** parle.  Je parle **de cela**.  Je parle **des miens**.
Tu parles **aux autres**.  **À qui** parles-tu ?  Voici ce **dont** tu parles.

- **un infinitif** (ou un groupe verbal à l'infinitif)
Vous nous aidez **à déplacer ce meuble**.

- **une proposition subordonnée**
Le géologue se doutait **qu'il s'agissait d'une éruption**.

## Quiz

**❶ Quel est le COI manquant de la phrase ?**

Seules quelques personnes ont survécu ... .

**a.** par miracle          **b.** dans l'eau glacée          **c.** au naufrage

**❷ Quel est le COI de la phrase ?**

Cet automobiliste se fie uniquement aux indications de son GPS pour trouver la bonne direction.

**a.** uniquement          **b.** aux indications de son GPS

**c.** pour trouver la bonne direction

**❸ Combien y a-t-il de COI dans cette phrase ?**

Les touristes demandent un renseignement au guide ; celui-ci le leur donne volontiers.

**a.** 2          **b.** 3          **c.** 4

## Entraînement

**1 ▸ Copiez ces phrases et encadrez les COI.**

Les deux chefs d'entreprise parlent d'affaires. – On se souvient toujours des événements heureux de son existence. – L'araignée diffère de la mouche ; elle a huit pattes et non six. – Ses recherches, le savant les communique à toute la communauté scientifique. – Fumer nuit à ceux qui n'y ont pas encore renoncé. – Nelly répond immédiatement au SMS qu'elle reçoit. – Les concurrents dopés seront privés de compétitions pendant deux ans. – Le diplomate fait part de sa mission à ses supérieurs.

**2 ▸ Complétez avec des noms (ou des groupes nominaux) COI ou COS.**

La starlette sourit ... . – Le notaire propose un partage équitable ... . – Ce professeur enseigne les mathématiques ... . – Ce nouveau médicament apporte un espoir ... . – Mme Oresta renonce ... . – M. Laurent demande un découvert ... . – Tous les locataires se plaignent ... . – Le beau temps succède ... .

**3 ▸ Copiez ces phrases, encadrez les COI et donnez leur nature entre parenthèses.**

Les jeunes discutent souvent de leurs problèmes. – Le maçon s'attaque à un chantier d'une ampleur exceptionnelle. – La machine à laver est en panne ; il s'agit que vous la répariez. – Il faut économiser l'eau potable ; ce message s'adresse à tous. – Le chômeur ne manque pas de consulter les panneaux d'offres d'emploi. – M. Arditi s'est occupé de son déménagement.

**4 ▸ Encadrez les COD et soulignez les COS.**

Galilée a prouvé à ses détracteurs qu'il avait raison de prétendre que la Terre est ronde. – Maeva envoie un chèque à une association. – L'avant-centre passe le ballon à son ailier. – Pour son anniversaire, ses amies ont offert un sac à main à Mme Tardy. – Pour traverser, les enfants donnent la main à leurs parents.

**SOLUTIONS P. 219**

# LE PARTICIPE PASSÉ EMPLOYÉ AVEC L'AUXILIAIRE *AVOIR*

Le participe passé employé avec l'auxiliaire avoir ne s'accorde jamais avec le sujet du verbe.

Ce pull en coton a rétréci au lavage.　　　Ces chaussettes rayées ont rétréci au lavage.

## L'accord du participe passé avec l'auxiliaire *avoir*

Le participe passé employé avec l'auxiliaire *avoir* s'accorde avec le complément d'objet direct (COD) du verbe, seulement si celui-ci est placé avant le participe passé.

Pour trouver le COD, on pose la question « qui ? » ou « quoi ? » après le verbe.

Au concert, Grégory a retrouvé ses amis.
Grégory a retrouvé qui ?　　　**ses amis**
Comme le COD est placé après le verbe, il n'y a pas d'accord.

Ses amis, Grégory les a retrouvés au concert.
Grégory a retrouvé qui ?　　　**les** (mis pour **ses amis**)
COD placé avant le verbe ➞ accord

### ⚠ Remarques

**1** Si, dans une question, le COD est placé avant le participe passé, il s'accorde.

Quelles contraintes avez-vous rencontr**ées** ?
COD ➞ quelles contraintes

Combien de kilomètres as-tu parcour**us** ?
COD ➞ combien de kilomètres

**2** Il ne faut pas confondre le complément d'objet indirect (COI), qui peut être placé avant le participe passé, avec le COD.

Les spectateurs ont applaudi ; la pièce leur a plu.
La pièce a plu à qui ? à **leur**
(mis pour **les spectateurs**) ➞ COI

## Les pronoms COD

Placé devant le participe passé, le COD est le plus souvent un pronom qui ne nous renseigne pas toujours sur le genre ou le nombre.

Il faut donc chercher le nom que remplace le pronom pour bien accorder le participe passé.

- **pronom personnel**
Les chevrons, les charpentiers **les** ont pos**és**.
COD **les** (mis pour **les chevrons**) ➞ accord au masculin pluriel
La poutre, les charpentiers **l'**ont pos**ée**.
COD **l'** (mis pour **la poutre**) ➞ accord au féminin singulier

- **pronom relatif**
Les chevrons **que** les charpentiers ont pos**és** sont en chêne.
COD **que** (mis pour **les chevrons**) ➞ accord au masculin pluriel
La poutre **que** les charpentiers ont pos**ée** est en chêne.
COD **que** (mis pour **la poutre**) ➞ accord au féminin singulier

## Quiz

**❶ Quel participe passé complète la phrase ?**

La chanteuse a … les paroles de deux de ses chansons !

**a.** confondues　　　　**b.** confondue　　　　**c.** confondu

**❷ Quel participe passé complète la phrase ?**

Combien de litres d'essence le pompiste a-t-il … dans le réservoir ?

**a.** versé　　　　**b.** versés　　　　**c.** versée

**❸ Quels participes passés complètent la phrase ?**

Amandine a … les pêches après qu'elle les eut soigneusement … .

**a.** dégusté – pelé　　　　**b.** dégustées – pelées　　　　**c.** dégusté – pelées

❶ **c.** Le COD est placé après le participe passé, donc pas d'accord. ❷ **b.** Le COD *combien de litres d'essence* est placé avant le participe passé, donc pas d'accord. ❸ **c.** Le premier COD (*les pêches*) est placé après le participe passé, donc pas d'accord. Le second (*les*, mis pour *les pêches*) est placé avant le participe, donc accord.

## Entraînement

**1 ▶ Accordez, si nécessaire, les participes passés des verbes en gras.**

Les boucles d'oreilles que vous m'avez **offrir** me plaisent beaucoup. – L'assurance que Clément a **souscrire** couvre les dégâts des eaux. – J'espère que la date tu l'as bien **inscrire** sur le chèque, ainsi que le montant. – La sonde spatiale a **émettre** des signaux depuis le sol de Mars que la base de Cap Canaveral a **capter**. – Nathalie a **commettre** une maladresse et a **renverser** la salade de fruits. – Leur réputation, ces maîtres verriers l'ont **asseoir** sur un amour du travail bien fait. – Cette toile monumentale, Picasso l'a **peindre** en quelques jours ; c'est du moins ce que l'histoire raconte. – La récompense que tu m'avais **promettre**, je l'ai **attendre** longtemps mais je n'ai pas été **décevoir**. – Combien de paniers de cerises avons-nous **cueillir** ?

**2 ▶ Conjuguez les verbes en gras au passé composé et accordez les participes passés comme il convient.**

**acheter** des CD et les **écouter**　　　　**planter** des géraniums et les **arroser**

**préparer** une infusion et la **boire**　　　　**percevoir** des bruits et les **identifier**

**lutter** contre les courants et leur **résister**　　　　**retirer** les piles et les **remplacer**

**revoir** ses cousins et leur **parler**　　　　**seller** la jument et la **monter**

**3 ▶ Accordez, si nécessaire, les participes passés des verbes en gras.**

Les personnes que vous avez profondément **vexer** ne vous l'ont jamais **pardonner**. – Une ritournelle est **revenir** sur les lèvres d'Éva ; elle lui a **rappeler** son enfance. – Lorsque Mme Rossi a **prendre** sa retraite, elle a **regagner** son village natal. – Vous n'avez jamais **douter** du succès que remporterait ce spectacle. – Pendant combien de mois Marco Polo a-t-il **sillonner** les routes d'Asie à la recherche de la soie ? – Tu nous rends les documents que nous t'avions **prêter**. – La moto qu'a **réparer** le mécanicien est désormais comme neuve. – Cette nouvelle t'a **rassurer** et elle t'a **apporter** une bouffée d'espoir. – Pauline a **suivre** les instructions de montage à la lettre et il n'y a pas **avoir** de problème : tout a bien **fonctionner**. – Les livres qui couvrent les rayons de la bibliothèque, les as-tu tous **lire** ? – Quelle trajectoire la fusée a-t-elle **prendre** ? – Combien d'années la Seconde Guerre mondiale a-t-elle **durer** ?

SOLUTIONS
P. 220

# LE PARTICIPE PASSÉ SUIVI D'UN INFINITIF

Le participe passé suivi d'un infinitif obéit à certaines règles d'accord qu'il faut connaître.

## Règles générales

Le participe passé, employé avec l'auxiliaire *avoir*, ne s'accorde que si le COD, placé avant le participe passé, fait l'action exprimée par l'infinitif.

Les acteurs **que** j'ai vu**s** jouer formaient une troupe parfaitement homogène.
Recherche du COD → J'ai vu quoi ?　　　**que** (mis pour **les acteurs**)
Recherche de l'auteur de l'action de l'infinitif → Ce sont **les acteurs** qui jouent.
Comme le COD, placé avant le participe passé, fait l'action exprimée par l'infinitif, on accorde le participe passé avec ce COD.

La pièce **que** j'ai vu jouer a beaucoup ému le public.
Recherche du COD → J'ai vu quoi ?　　　**que** (mis pour **la pièce**)
Recherche de l'auteur de l'action de l'infinitif → Ce n'est pas **la pièce** qui joue.
Comme le COD, placé avant le participe passé, ne fait pas l'action exprimée par l'infinitif, on n'accorde pas le participe passé avec ce COD.

### ⚠ Remarques

**1** Si l'infinitif peut être suivi d'un complément d'agent introduit par la préposition *par*, le participe passé reste invariable.

La pièce que j'ai vu jouer **par les acteurs** a beaucoup ému le public.

**2** Si l'infinitif a un COD, on accorde le participe passé.

Ce sont ces acteurs que j'ai vu**s** jouer **une pièce de Tchekhov**.

## Autres cas

• Le participe passé *fait* suivi d'un infinitif est toujours **invariable**.
Sa moto, Martin l'a fait réparer.　　Ses articles, le journaliste les a fait relire.
En effet, le participe passé *fait*, suivi d'un infinitif, fait corps avec cet infinitif qui est considéré comme le COD de *fait*.
D'ailleurs, on peut toujours placer un complément d'agent :
Sa moto, Martin l'a fait réparer par le mécanicien du quartier.
Ses articles, le journaliste les a fait relire par un correcteur professionnel.

• Le participe passé *laissé* suivi d'un infinitif peut s'accorder si le COD, placé avant le participe passé, fait l'action exprimée par l'infinitif.
Voici les canaris que William a laissé**s** s'envoler.
Les canaris font bien l'action de s'envoler.
→ accord de *laissé* avec le COD
Voici les canaris que William a laissé élever par son oncle.
Ce ne sont pas les canaris qui élèvent, mais l'oncle.
→ pas d'accord de *laissé* avec le COD

### ⚠ Remarque

L'usage autorise désormais qu'on applique à *laissé* la même règle qu'à *fait*, c'est-à-dire de le considérer comme toujours invariable.

# Quiz

**❶ Quels participes passés complètent la phrase ?**

Les ouvriers n'ont pas ... les horaires que le chef d'atelier a ... imposer.

**a.** apprécié – voulu       **b.** apprécié – voulus       **c.** appréciés – voulus

**❷ Quel participe passé complète la phrase ?**

J'ignore quelle est la personne que j'ai ... sortir du magasin de sport.

**a.** vue       **b.** vu       **c.** vues

**❸ Quels participes passés complètent la phrase ?**

Les deux chiffres que vous avez ... ont ... le résultat de l'opération.

**a.** inversé – faussé       **b.** inversés – faussé       **c.** inversés – faussés

**❶ a.** Les deux participes sont invariables ; le premier parce que le COD est placé après le participe passé et le second parce le COD (*que, mis pour les horaires*) ne fait pas l'action exprimée par l'infinitif. **❷ a.** Le COD (*que, mis pour la personne*) fait l'action exprimée par l'infinitif, donc accord. **❸ b.** Le premier COD (*que, mis pour les chiffres*) est placé avant le participe passé, donc accord. Le second *le résultat* est placé après le participe passé, donc pas d'accord.

# Entraînement

**1 ▶ Écrivez correctement les participes passés des verbes en gras.**

Les enfants de Mme Royer, je les ai **voir** grandir lorsque j'habitais à Saint-Étienne. – Excuse-moi, mais la lessive je te l'ai **laisser** faire. – Gaston sursauta lorsque la personne qu'il avait **sentir** s'approcher lui posa la main sur l'épaule. – Ses cartes de visite, M. Pisani les a **faire** imprimer avant les fêtes de fin d'année. – La pièce détachée, le magasinier l'a **faire** envoyer par un coursier, la réparation étant urgente. – L'entraîneur est satisfait de ses joueurs ; il les a **laisser** savourer leur victoire.

**2 ▶ Écrivez correctement les participes passés des verbes en gras.**

La vaisselle que le plongeur a **laisser** sécher servira pour le prochain service. – Le médecin est débordé ; il s'excuse auprès des patients qu'il a **envoyer** consulter un confrère. – Cette chanson que tu as **entendre** chanter sera bientôt sur toutes les lèvres. – Les nuages filaient, je les ai **regarder** courir dans le ciel. – Les véhicules prioritaires que les gendarmes ont **laisser** circuler sur la voie de gauche arriveront rapidement sur les lieux. – Les lions, pourquoi le dompteur les a-t-il **laisser** rugir ?

**3 ▶ Écrivez correctement les participes passés des verbes en gras.**

Ces garnements, nous les avons **voir** trépigner ; heureusement leurs parents n'ont pas **céder**. – Le pompiste voulait regonfler les pneus de ma voiture ; je l'ai **laisser** faire. – Ses vacances furent si idylliques que Victoria ne les a pas **voir** passer. – La fusée que chacun a **voir** décoller emportait un satellite de télécommunication. – La date de péremption de ces surgelés est **dépasser**, Omar n'a pas **oser** les consommer.

**4 ▶ Écrivez correctement les participes passés des verbes en gras.**

Les pigeons **réunir** sous le marronnier, vous les avez **entendre** roucouler. – Ces ormes malades, le bûcheron les a **voir** mourir au fil des mois. – La personne que Thierry avait **croire** reconnaître portait des vêtements extravagants. – Cette issue, je l'ai **sentir** venir lorsque j'ai **comprendre** que le héros ne parviendrait pas à ses fins. – Ces tapis qu'on m'a **dire** venir de Turquie valent une fortune.

SOLUTIONS
P. 221

# 33 LE PARTICIPE PASSÉ PRÉCÉDÉ DE *EN* ET PARTICULARITÉS

Les participes passés obéissent à certaines règles d'accord qu'il faut connaître.

## Le participe passé précédé de *en*

Lorsque le COD du verbe est le pronom *en*, le participe passé reste invariable.
J'ai apporté des gâteaux et nous **en** avons mangé.

> ⚠ **Remarque**
>
> Le verbe précédé de *en* peut avoir un COD placé avant lui. Le participe passé s'accorde alors avec ce COD.
>
> Olivier est allé au Mexique ; je conserve les statuettes **qu'**il m'en a rapporté**es**.
> il a rapporté quoi ?
> **qu'** (mis pour **les statuettes**)
> → accord au féminin pluriel

## Autres cas

• Le participe passé des verbes impersonnels, ou employés à la forme impersonnelle, reste invariable.
La somme qu'il a manqué à Jordi n'était pas très importante.
Cette protection, il l'aurait fallu plus étanche.

• Avec certains verbes (*courir, coûter, dormir, peser, régner, valoir, durer, vivre*), le participe passé s'accorde avec le pronom relatif que si ce pronom est bien COD.
Les compliments que son attitude courageuse lui a valu**s** étaient mérités.
Il ne s'accorde pas si que est complément circonstanciel de valeur, de prix, de durée, de poids...
Les six mille euros que cette moto vous a coûté me paraissent bien exagérés.

• Les participes passés *dû, cru, pu, voulu* sont invariables quand ils ont pour COD un infinitif sous-entendu.
M. Louis n'a pas réalisé toutes les démarches qu'il aurait dû.
(COD sous-entendu : **effectuer**)
Mais on écrira :
M. Louis s'est entièrement libéré des sommes qu'il a du**es**.
Il a dû quoi ? COD → **qu'** (mis pour **des sommes**) → accord au féminin pluriel

• Lorsque le COD, placé devant le participe passé, est un collectif suivi de son complément, l'accord se fait soit avec le collectif, soit avec le complément, selon le sens voulu par l'auteur.
Si l'auteur veut insister sur le flot, véritable marée humaine, il écrira :
C'est un véritable flot de visiteurs que les gardiens du musée ont accueilli.
S'il veut insister sur les visiteurs, il écrira :
C'est un véritable flot de visiteurs que les gardiens du musée ont accueilli**s**.

• Le participe passé suivi d'un attribut d'objet direct s'accorde avec cet objet si celui-ci précède le participe passé.
La femme enfermée dans la malle, tout le public l'a cru**e** découpée en morceaux !
Ces escaliers, je les aurais voulu**s** moins raides.

# Quiz

**❶ Quel participe passé complète la phrase ?**

Nathalie a reçu de nombreux messages, mais elle n'en a ... que trois.

**a.** lu **b.** lus **c.** lue

**❷ Quel participe passé complète la phrase ?**

Les joueurs de l'équipe de France n'ont pas fait tous les efforts qu'ils auraient ... .

**a.** pus **b.** pu **c.** pue

**❸ Quels participes passés complètent la phrase ?**

Naïma a ... parler son cœur ; elle a ... ces chatons qui semblaient ... .

**a.** laissé – recueilli – abandonnés

**b.** laissée – recueillis – abandonné

**c.** laissé – recueillie – abandonné

❶ **a.** Le COD du verbe est le pronom *en*, il n'y a pas d'accord. **b.** Le participe passé a un COD sous-entendu placé après : les efforts qu'ils auraient pu (faire). ❸ **a.** Le COD (*parler son cœur*) est placé après le participe passé, il n'y a pas d'accord. Le COD (*ces chatons*) du deuxième participe passé est placé après lui ; pas d'accord. Le troisième participe passé est employé comme adjectif attribut, il s'accorde avec le nom.

# Entraînement

**1 ▶ Écrivez correctement les participes passés des verbes en gras.**

Les enfants ont **cueillir** des lilas dans le parc ; les brassées qu'ils en ont **rapporter**, ils les ont **mettre** dans des vases. Toute la maison en a été **embellir** et **parfumer**. – Simon aime les bandes dessinées ; il est content car il en a **recevoir** pour son anniversaire. – Voyez ces stylos à bille, j'en ai **acheter** une pleine boîte. – Toutes ces raisons, la secrétaire les a **examiner** et **peser** en toute conscience avant de prendre sa décision. – Les trente minutes que Mathilde a **courir** l'ont **essouffler**. – Des livres policiers, Ghislaine en a **lire** des dizaines. – La tempête qu'il y a **avoir** a **empêcher** les marins de prendre la mer.

**2 ▶ Écrivez correctement les participes passés des verbes en gras.**

Lorsque Mme Davy est **aller** visiter la Pologne, la description qu'elle en a **faire** à ses neveux les a **ravir**. – M. Monet a **rendre** mille services à ses voisins. Ceux-ci ne lui en ont jamais **rendre**. – Tu collectionnes les histoires drôles pour distraire tes amis et tu en as déjà **remplir** un plein carnet. – Il paraît qu'il y a des lynx en liberté dans le Jura, mais je n'en ai jamais **rencontrer**. – M. Bouquin a **ramasser** des chanterelles et il en a **préparer** un bon plat. – Ces spaghettis sont excellents, mais Apolline les eût **préférer** moins salés. – Le peu de mots que l'homme a **prononcer** n'a pas **permettre** de déterminer sa nationalité. – Je ne connais pas les pays que vous avez **visiter**.

**3 ▶ Écrivez les verbes en gras au passé composé et accordez.**

La température qu'il **faire** toute la journée, **fatiguer** les pensionnaires de cette maison de retraite. – Les dangers que ces cascadeurs **courir** étaient démesurés. – La première mêlée, le pilier de Bourgoin l'**vivre** comme un cauchemar. – Pendant les quatre-vingts jours qu'**durer** le voyage de Phileas Fogg, le gaz dans la chambre de Passepartout **continuer** à brûler. – La gloire que son courage lui **valoir permettre** à Lindbergh d'être accueilli en héros après la première traversée de l'Atlantique.

**SOLUTIONS P. 221**

Le participe passé d'un verbe pronominal obéit à certaines règles d'accord.

## Règles générales

Le participe passé d'un verbe employé à la forme pronominale s'accorde en genre et en nombre avec le COD quand celui-ci est placé avant le participe passé.
• Souvent, ce COD est un pronom personnel de la même personne que le sujet ; on peut alors dire que le participe passé s'accorde avec le sujet du verbe.
Ces blessés **se** sont vite rétablis.    Rose s'est brûlée légèrement.

• Mais le verbe peut avoir un COD et le pronom réfléchi peut être complément d'attribution. Le participe s'accorde alors avec le COD placé avant lui.
Rose s'est brûlé **les mains**.        Ce sont les mains que Rose s'est brûlées.

### ⚠ Remarques

**1** Le participe passé employé dans la conjugaison d'un verbe essentiellement pronominal s'accorde en genre et en nombre avec le sujet.
Les preuves se sont évanouies.
Les perdreaux se sont envolés.

**2** Le participe passé du verbe *s'arroger* ne s'accorde jamais avec le sujet. Il s'accorde avec le COD lorsque celui-ci est placé avant lui.
Elles s'étaient arrogé des titres.
Ce sont les titres qu'elles s'étaient arrogés.

## Autres cas

• Lorsque le participe passé d'un verbe pronominal est suivi d'un infinitif, on applique les mêmes règles que pour le participe passé employé avec l'auxiliaire *avoir* suivi d'un infinitif (voir leçon 32).
Elles se sont fait faire un brushing.
Ils se sont laissés retomber.        Elles se sont laissé coiffer.

• Le participe passé employé dans la conjugaison d'un verbe pronominal à sens réciproque s'accorde avec le sujet du verbe si le pronom personnel réfléchi a valeur de COD.
Les boxeurs **se** sont affrontés.        Les bouchers **se** sont servis de couteaux.

• Le participe passé employé dans la conjugaison d'un verbe pronominal à sens passif s'accorde toujours avec le sujet du verbe.
Les robes soldées se sont arrachées.

### ⚠ Remarque

Si le pronom personnel réfléchi a valeur de COI, on distingue trois cas :

– Il n'y a pas de COD → le participe passé reste invariable
Les événements se sont succédé.

Principaux verbes suivant cette règle :
*se succéder, se parler, se plaire, se nuire, se ressembler, se suffire, s'en vouloir, se convenir, se mentir...*

– Il y a un COD placé après le participe → le participe passé reste invariable
Les adversaires se sont reproché leurs erreurs.

– Il y a un COD placé avant le participe → le participe passé s'accorde avec le COD
Voici les erreurs que les adversaires se sont reprochées.

# Quiz

**❶ Pour quel verbe le participe passé est-il toujours invariable ?**
**a.** se sourire  **b.** se promener  **c.** s'évader

**❷ Quel participe passé complète la phrase ?**
Les concurrents du marathon de Paris se sont ... rendez-vous sur la ligne de départ.
**a.** donnée  **b.** donnés  **c.** donné

**❸ Quels participes passés complètent la phrase ?**
..., les chauffeurs routiers se sont ... une pause.
**a.** Fatigués – accordé  **b.** Fatigués – accordés  **c.** Fatigué – accordé

❶ **a.** Le verbe *se sourire* est intransitif, il n'a jamais de COD. Le pronom personnel *se* est COI. ❷ **c.** Il y a un COD (*rendez-vous*) après le participe passé, donc on ne fait pas l'accord. ❸ **a.** Le premier participe passé est placé en apposition ; il s'accorde avec le nom *routiers*. Pour le second, il y a un COD, *une pause*, mais il est placé après le participe passé, donc pas d'accord.

# Entraînement

**1 ▶ Conjuguez les verbes de ces expressions au passé composé.**

**se laver** les mains
**se laver** soigneusement
**s'allonger** au soleil
**se retirer** une épine du pied
**se retirer** sur la pointe des pieds

**se réserver** pour la fin
**se réserver** un moment de repos
**se servir** une tranche de viande
**se servir** pour la seconde fois
**se nourrir** de fruits

**2 ▶ Accordez correctement les participes passés des verbes en gras.**

Rasant les lampadaires, les papillons se sont **brûler** les ailes. – Les locataires se sont **donner** beaucoup de mal pour nettoyer la cave commune. – Regardez les mains que le pompier s'est **brûler** en tentant d'éteindre l'incendie. – Les randonneurs se sont **chercher** un abri pour la nuit. – Les faux papiers que l'espion s'est **fabriquer** sont grossièrement **imiter**. – Mme Dupont s'est **assurer** contre les dégâts des eaux. – Les volleyeuses françaises se sont **assurer** une confortable avance au score. – Nous nous sommes **plaire** à admirer le vol gracieux des flamants roses. – À l'instant le plus palpitant du film, l'image s'est **brouiller**. – La hyène s'est **acharner** sur le cadavre de la malheureuse gazelle. – Avant d'entrer en scène, les comédiennes se sont **maquiller** le visage. – La panthère s'est **laisser** capturer sans résistance.

**3 ▶ Accordez correctement les participes passés des verbes en gras.**

L'avocat et son client se sont **donner** rendez-vous devant le Palais de Justice. – La Joconde, Adrien se l'était **imaginer** beaucoup plus imposante. – Lorsque Marianne et Doris se sont **rencontrer**, elles se sont **sourire**. – Les professeurs se sont **déclarer** **enchanter** par les résultats de leurs élèves. – Ces jeunes filles se sont **promettre** de retourner en vacances ensemble. – Les cueilleurs de fruits se sont **faire** payer leurs heures supplémentaires. – Les parachutistes se sont **assurer** du bon fonctionnement de leur matériel. – Sa retraite, M. Combe se l'est **constituer** au fil des années. – **Frapper** par une mystérieuse maladie, ces hommes se sont **affaiblir** de jour en jour. – La crème dont tu t'es **enduire** le corps te protègera du soleil.

**SOLUTIONS P. 222**

# 35 FORMES VERBALES EN -É, -ER OU -EZ

On peut hésiter entre les formes verbales aux terminaisons homophones en [e].

## Confusion due à la prononciation

Lorsqu'on entend le son [e] à la fin d'un verbe du 1er groupe, plusieurs terminaisons sont possibles :

- **-er** si le verbe est à l'infinitif ;
Nous allons **fermer** la porte.    Pour **fermer** la porte, pousse le verrou.

- **-é** s'il s'agit du participe passé ;
Nous avons **fermé** la porte.    La porte **fermée**, tu peux être tranquille.

- **-ez** s'il s'agit de la terminaison de la 2e personne du pluriel du présent de l'indicatif ou de l'impératif.
Vous **fermez** la porte brusquement.    **Fermez** la porte.

### ⚠ Remarque

Le participe passé terminé par **-é** peut s'accorder, s'il est employé :
– comme adjectif épithète
garder les volets ferm**és**
– comme adjectif attribut
Les volets sont ferm**és**.
– comme adjectif placé en apposition
Ferm**ée**, la porte ne claque pas.

– avec l'auxiliaire *être*
Les fenêtres seront ferm**ées** par le vent.
– avec l'auxiliaire *avoir* et si le COD est placé avant le participe passé
Les fenêtres, les as-tu bien ferm**ées** ?

## Comment éviter toute confusion ?

Pour distinguer les diverses terminaisons des verbes du 1er groupe, on peut remplacer la forme pour laquelle on hésite par un verbe du 2e ou du 3e groupe ; on entend alors la différence.

- **infinitif**
Nous allons **fermer** la porte. → Nous allons **ouvrir** la porte.
Pour **fermer** la porte, pousse le verrou.
→ Pour **ouvrir** la porte, pousse le verrou.

- **participe passé**
Nous avons **fermé** la porte. → Nous avons **ouvert** la porte.
La porte **fermée**, tu peux être tranquille.
→ La porte **ouverte**, tu peux être tranquille.

- **2e personne du pluriel**
Vous **fermez** la porte brusquement. → Vous **ouvrez** la porte brusquement.

### ⚠ Remarques

**1** Même si le sens n'est pas toujours respecté, il est préférable, par souci d'efficacité, de choisir toujours le même verbe pour effectuer cette substitution.

**2** Lorsque les verbes *aller, devoir, pouvoir, falloir* sont suivis d'un verbe, celui-ci est toujours à l'infinitif.
Il va/doit/peut/faut **fermer** la porte.

# Quiz

**❶ Quelle forme verbale complète la phrase ?**
Tu t'isoles pour ... de la musique.
**a.** écouter  **b.** écouté  **c.** écoutez

**❷ Quelle forme peut remplacer la forme en italique ?**
Le cheval a *sauté* la première haie du parcours.
**a.** franchir  **b.** franchi  **c.** franchisser

**❸ Quelles formes verbales complètent la phrase ?**
Pour ... ce tableau, ... une perceuse électrique.
**a.** accroché – utilisé  **b.** accrocher – utilisez  **c.** accrochez – utiliser

❶ **a.** On essaie de remplacer par un verbe du 3ᵉ groupe : *entendre*, donc infinitif. La préposition *pour* est toujours suivie d'un infinitif. ❷ **b.** Le participe passé d'un verbe du 1ᵉʳ groupe est remplacé par un participe passé d'un verbe du 2ᵉ groupe. ❸ **b.** On essaie de remplacer par des verbes du 3ᵉ groupe : Pour *pendre* ce tableau, *prenez* une perceuse électrique.

# Entraînement

**1 ▶ Complétez ces phrases avec -é (-ée, -és, -ées), -er ou -ez.**

L'autobus coinc... dans les encombrements a de la peine à avanc... . – M. Cormier est très honor..., car on vient de lui attribu... le Mérite agricole. – Ce cascadeur a risqu... sa vie pour les besoins d'un film. – Tu as décachet... l'enveloppe pour constat... qu'elle était vide ! – Pendant des siècles, les pirates ont écum... les mers afin d'abord... les navires marchands et les pill... . – Ce rideau est démod... ; il faut le chang... . – Comment canalis... un tel flot de spectateurs ? – La bâche est déroul... pour protég... le court de tennis. – La France doit import... des tonnes de pétrole pour que tous les véhicules puissent roul... et que les logements soient chauff... . – Vous encoll... les murs, puis vous pos... le papier peint. – Pour mang... un yaourt, il faut utilis... une cuillère et non une fourchette. – Les coureurs dop... sont immédiatement exclus de la compétition. – Les visiteurs sont fascin... par la virtuosité de ce peintre. – Rien ne sert de critiqu..., il faut propos... une solution.

**2 ▶ Remplacez *faire* ou *fait* par un des verbes proposés que vous écrirez à l'infinitif ou au participe passé.**

**effectuer – provoquer – fabriquer – peser – rédiger – décider**
Morgane ne veut rien **faire** avant d'avoir étudié toutes les solutions. – L'ouragan a **fait** des dégâts considérables dans la forêt landaise. – Pour **faire** un violon, il faut des heures de patience. – Pour **faire** un saut parfait, ce perchiste prend beaucoup d'élan. – Vous ne pourrez pas déplacer cette malle, elle doit **faire** au moins deux cents kilos. – Lucas a **fait** son rapport en utilisant un traitement de texte.

**3 ▶ Copiez ces phrases en remplaçant les mots en gras par un verbe du 1ᵉʳ groupe que vous écrirez à l'infinitif ou au participe passé.**

Suite à un accident, la voie de droite est un espace **neutre**. – Pour **prendre en photo** ce paysage, tu utilises un appareil numérique. – Nous dansons sur une musique **qui a du rythme**. – Tu décides de **faire tes achats** pendant la période des soldes. – Les meilleurs résultats seront **mis en valeur**. – Les noms polonais ne sont pas faciles à **mettre en mémoire**.

SOLUTIONS
P. 222

# PARTICIPE PASSÉ OU VERBE CONJUGUÉ ?

À l'oral ou à l'écrit, il n'est pas rare d'hésiter entre le participe passé et le verbe conjugué. Il faut donc savoir distinguer ces formes.

## Confusion due à la prononciation

Lorsqu'on entend le son [i] ou le son [y] à la fin d'une forme verbale, il peut s'agir :
• du verbe conjugué qui prend alors les terminaisons de son temps ;
**présent de l'indicatif**
*finir* → Je fin**is** mon travail.          *sourire* → Je sour**is** aux anges.
**passé simple**
*courir* → Je cour**us** lentement.          *partir* → Je part**is** à l'aube.

• du participe passé terminé par *-i* ou *-u*.
*finir* → J'ai fin**i** mon travail.          *sourire* → J'ai sour**i** aux anges.
*courir* → J'ai cour**u** lentement.          *partir* → Je suis part**i** à l'aube.

⚠ **Remarque**

Le participe passé peut éventuellement s'accorder.  |  des travaux fin**is**
Une récompense est attendu**e**.

## Comment éviter toute confusion ?

Pour distinguer ces formes, on peut les remplacer par une autre forme verbale.
• Si c'est possible, il s'agit alors d'un verbe conjugué :
Alban **dormit** sur ses deux oreilles.          → Alban **dormait** sur ses deux oreilles.
Jules César **connut** la gloire.          → Jules César **connaissait** la gloire.

• Dans le cas contraire, il s'agit du participe passé en *-i* ou en *-u*.

⚠ **Remarques**

**1** Certains participes passés se terminent par *-is* ou *-it* au masculin singulier.

un candidat admi**s**
un château maudi**t**

Pour ne pas se tromper, on remplace par un nom féminin et on fait l'accord ; on entend alors la lettre finale.

une candidate admi**se**
une région maudi**te**

**2** Les participes passés *dû, mû, crû* (verbe *croître*), *recrû* (verbe *recroître*) ne prennent un accent circonflexe qu'au masculin singulier.

Ayant perdu sa boussole, l'explorateur a **dû** rebrousser chemin.
Ce moulin fonctionne **mû** par la force du vent.
Les arbres ont **crû** rapidement.

**3** Les participes passés *cru* (verbe *croire*), *recru* (*harassé*), *accru* (verbe *accroître*), *décru* (verbe *décroître*) ne prennent jamais d'accent circonflexe.

Il a **cru** voir la terre.
Il est **recru** de fatigue.
Ce commerçant a **accru** son bénéfice.
Le niveau des eaux a **décru** rapidement.

## Quiz

**❶ Quelle forme verbale complète la phrase ?**

En répondant au hasard, tu as … une bonne occasion de te taire.

**a.** perdu          **b.** perdus          **c.** perdut

**❷ Quelles formes verbales complètent la phrase ?**

Les genoux …, le gymnaste … son dernier saut.

**a.** fléchit – amorti          **b.** fléchis – amortis          **c.** fléchis – amortit

**❸ Quelles formes verbales complètent la phrase ?**

Après avoir … les instructions, tu les as … à la lettre.

**a.** lut – suivis          **b.** lu – suivies          **c.** lues – suivi

❶ **a.** La présence de l'auxiliaire *avoir* impose un participe passé qui ne s'accorde pas (COD placé après). ❷ **c.** Le premier mot est un participe passé employé comme adjectif, donc accord. Le second est le verbe *amortir* à la 3ᵉ personne du singulier. ❸ **b.** Le premier mot est un participe passé employé avec *avoir* ; le COD est placé après, donc pas d'accord. Le second est le participe passé de *suivre* ; le COD est placé avant, donc accord.

## Entraînement

**1 ▶ Conjuguez les verbes de ces expressions au présent, au passé simple, puis au passé composé de l'indicatif.**

**franchir** le gué          **sortir** sous la pluie          **plaire** à chacun

**dormir** comme un loir          **vivre** un rêve          **servir** à boire

**rougir** de honte          **apprendre** l'arabe          **intervenir** à temps

**2 ▶ Écrivez les verbes en gras au présent de l'indicatif.**

Ferdinand **a réagi** dans la précipitation ; il **a eu** tort. – Le maçon **a bâti** ce hangar en huit jours. – Connaissez-vous le nom de cet animal qui **a glapi** ? – Une épidémie de poliomyélite **sévissait** dans le nord du Niger. – Dans la savane, le lion **a rugi** longuement. – J'**ai rejoint** mes amis sur l'esplanade de la Baille. – Tu **as noirci** des pages et des pages avant d'arriver à la version définitive. – Il y **avait** beaucoup de vent, néanmoins l'avion **a atterri** en douceur. – Le témoin **a décrit** les faits avec précision. – La gendarmerie **a interdit** l'accès à ce pont endommagé. – Willy **traduira** un roman policier américain. – À mon retour de vacances, j'**ai garni** mon réfrigérateur. – En assistant aux essais du grand prix, tu **as vécu** une expérience inoubliable.

**3 ▶ Complétez avec le participe passé ou la forme conjuguée au présent de l'indicatif des verbes en gras. Vous justifierez la forme conjuguée en écrivant l'imparfait.**

Le hall d'exposition du Salon du Livre **s'agrandir** d'année en année. – Grâce au trampoline, l'acrobate **rebondir** à une hauteur fantastique. – Ce terrain, **conquérir** sur la mer, est transformé en polder. – Ophélie **nourrir** son hamster avec des carottes bien fraîches. – Un bien mal **acquérir** ne profite jamais. – L'augmentation de salaire **promettre** a bien été versée. – Le message, **transmettre** par Internet, **parvenir** à des centaines de destinataires en un clic de souris. – Lorsque je me souviens de cette histoire, j'en **rire** encore. – Cette mauvaise nouvelle **refroidir** quelque peu l'atmosphère. – Tu as **lire** la question avec attention et tu as **savoir** répondre.

SOLUTIONS P. 223

# 37 EST – ES – ET – AI – AIE – AIES – AIT – AIENT / A – AS – À

Plusieurs formes des verbes avoir et être sont homophones. Il faut savoir les distinguer.

## est – es – et – ai – aie – aies – ait – aient

**Il ne faut pas confondre :**
• *est, es* : formes des 3e et 2e personnes du singulier de l'auxiliaire *être* au présent de l'indicatif.
On écrit *est, es* quand on peut les remplacer par les formes d'un autre temps simple de l'indicatif.

José **est** courageux.    → José **était** courageux.
Tu **es** courageux.    → Tu **étais** courageux.

La présence du pronom personnel de la 2e personne du singulier indique la terminaison.

• *et* : conjonction de coordination reliant deux groupes de mots ou deux parties d'une phrase.
On peut remplacer la conjonction *et* par *et puis*.

José est courageux **et** intrépide.  →  José est courageux **et puis** intrépide.

• *ai* : 1re personne du singulier au présent de l'indicatif de l'auxiliaire *avoir*.
On écrit *ai* quand on peut remplacer par une autre personne du présent de l'indicatif.

J'**ai** du courage.      → Nous **avons** du courage.

• *aie, aies, ait, aient* : formes du verbe *avoir* au présent du subjonctif.
Pour éviter toute confusion, il faut d'abord identifier le mode subjonctif. Pour cela, il suffit de changer de personne.

Il faut que j'**aie** du courage. → Il faut que nous **ayons** du courage.
Il faut que tu **aies** du courage. → Il faut que nous **ayons** du courage.
Il faut que le pompier **ait** du courage. → Il faut que vous **ayez** du courage.
Il faut que les pompiers **aient** du courage. → Il faut que vous **ayez** du courage.

Il faut ensuite bien distinguer les différentes personnes en repérant les pronoms ou les noms sujets.

## a – as – à

**Il ne faut pas confondre :**
• *a, as* : formes des 3e et 2e personnes du singulier de l'auxiliaire *avoir* au présent de l'indicatif.
On écrit *a, as* quand on peut les remplacer par les formes d'un autre temps simple de l'indicatif.

Élodie **a** froid.   → Élodie **avait** froid.
Tu **as** froid.   → Tu **avais** froid.

La présence du pronom personnel de la 2e personne du singulier indique la terminaison.

• *à* : préposition.

Élodie va **à** la piscine.            Élodie est **à** l'heure.
Élodie utilise une machine **à** calculer.     Élodie parle **à** Naïma.

# Quiz

**❶ Quels mots complètent la phrase ?**

Comme la mer … calme, tu … tenté par une sortie en planche à voile.

**a.** est – es          **b.** et – est          **c.** ai – aies

**❷ Quels mots complètent la phrase ?**

Il … juste que les personnes qui travaillent la nuit … des repos compensatoires.

**a.** et – ai          **b.** est – aient          **c.** es – aies

**❸ Quels mots complètent la phrase ?**

Bien que j'… une raquette neuve, je n'… pas remporté ce tournoi de tennis !

**a.** ai – ai          **b.** est – aient          **c.** aie – ai

# Entraînement

## 1 ▶ Complétez avec *es, est* ou *et*.

Comme l'électricité … coupée, le réfrigérateur … le congélateur se sont arrêtés ; la viande … les légumes risquent d'être avariés. – La répétition du gala de danse … terminée, il … temps de quitter la salle de sport … de rentrer. – La rue principale de ce village médiéval … étroite … tortueuse. – La Garonne … en crue, elle charrie des eaux rapides … boueuses. – La parole … d'argent … le silence … d'or. – Il … difficile de faire rouler un ballon de rugby car il … ovale. – Quand tu … de bonne humeur, ton entourage … ravi … tout se passe bien. – L'informaticien … devant son écran … il tente de chasser les virus. – Cette maison … à vendre, mais tu n'… pas intéressé.

## 2 ▶ Complétez avec *as, a* ou *à*.

Le voyageur … composté son billet … l'entrée de la gare. – Pourquoi …-tu peur de descendre seul … la cave ? – Le plagiste … rentré tous ses parasols car il … peur que le mistral les renverse. – Il y … … peine deux minutes que tu … reçu le message et tu … déjà répondu. – Tu … tourné … droite sans mettre ton clignotant ; tu … commis une imprudence et tu seras … l'amende. – Le supermarché … fermé ses portes … vingt-deux heures. – Tu … le choix entre une glace … la vanille ou un chou … la crème. – Ce que tu … … nous dire … une grande importance … nos yeux. – Cette tache résiste … tous les produits, … tous les lavages, … tous les procédés transmis de bouche … oreille par les grands-mères.

## 3 ▶ Complétez avec *ai, aie, aies, ait* ou *aient*.

J'… trouvé la pièce qui manquait à ma collection ; j'… eu la chance que le brocanteur l'… mise de côté. – Avant que les fruits … mûri, le vent les a tous jetés à terre. – Comment se fait-il que tu n'… jamais lu de livres d'Albert Camus ? – Les Kenyans sont les seuls qui … la capacité de courir des heures en haute altitude. – Tu trouveras la définition de ce mot pour autant que tu … un dictionnaire à ta disposition. – J'… attendu que la caissière … enregistré tous mes articles pour payer. – Les locataires s'opposent à ce que des inconnus … accès aux caves particulières.

**SOLUTIONS P. 224**

# TOUT – TOUS – TOUTE – TOUTES

*Tout* peut prendre différentes formes qu'il faut reconnaître pour effectuer correctement les accords.

## Confusion due à la prononciation

**Il ne faut pas confondre :**

• ***tout*** : déterminant indéfini quand il se rapporte à un nom auquel il s'accorde en genre et en nombre. Il est généralement suivi d'un second déterminant.

**tout** le jour      **toute** cette journée      **tous** les mois      **toutes** les semaines

• ***tout*** : pronom indéfini quand il remplace un nom. Il est alors sujet ou complément du verbe.

Au singulier, *tout*, pronom, est employé seulement au masculin.

Au pluriel, *tout* devient *tous* ou *toutes* (on entend la différence entre ces deux formes).

**Tout** devrait être terminé à vingt heures. → **Tous** veulent assister au concert.
→ Ces chansons, on les connaît **toutes**.

• ***tout*** : adverbe, le plus souvent invariable, quand il est placé devant un adjectif qualificatif ou un autre adverbe. On peut alors le remplacer par *tout à fait*.

Les spectateurs sont **tout** étonnés. → Les spectateurs sont **tout à fait** étonnés.
La salle est **tout** étonnée.           → La salle est **tout à fait** étonnée.
L'orchestre joue **tout** doucement. → L'orchestre joue **tout à fait** doucement.

• ***tout*** : peut être un nom précédé d'un déterminant.

Le jeu de ces musiciens forme un **tout** agréable.

### ⚠ Remarques

**1** Quand on hésite entre le singulier et le pluriel pour certaines expressions, on place un déterminant entre *tout* et le nom.

rouler **tous** feux éteints
rouler **tous** les feux éteints
aimer de **tout** cœur
de **tout** son cœur

**2** Quand *tout* adverbe est placé devant un adjectif qualificatif féminin commençant par une consonne (en particulier un *h* aspiré), il s'accorde par euphonie, c'est-à-dire pour que la prononciation soit plus facile.

La brioche est **toute** froide.
Les spectatrices sont **toutes** surprises.

Les adjectifs commençant par un *h* aspiré sont peu nombreux : *hardie, honteuse, hagarde, hérissée, hachée...*

**3** Pour certaines phrases, il faut bien étudier le sens pour reconnaître la nature de *tout*.

En remplaçant *tout* par *tout à fait*, on peut souvent faire la distinction :

– **entre le pronom et l'adverbe ;**

Ces étudiants sont **tout** attentifs.

(*tout à fait* attentifs → adverbe)

Ces étudiants sont **tous** attentifs.

(*tous* sont attentifs → pronom)

– **entre l'adverbe et le déterminant.**

Nous avons fait un **tout** autre choix.

(*tout à fait* autre → adverbe)

À **toute** autre ville, je préfère Paris.

(à *n'importe quelle* ville → déterminant)

# Quiz

**❶ Quel mot complète la phrase ?**

... émues, ces jeunes candidates attendent les résultats de l'examen.

**a.** Tout        **b.** Toutes        **c.** Toute

**❷ Quelle est la nature grammaticale du mot en italique ?**

Ces robes me plaisent, mais elles sont *toutes* trop chères.

**a.** déterminant indéfini      **b.** adverbe      **c.** pronom indéfini

**❸ Quels mots complètent la phrase ?**

Comme ... les places assises sont prises, les retardataires resteront ... debout.

**a.** tout – tout      **b.** toutes – tout      **c.** toutes – tous

❶ **a.** On est sûr de la réponse en faisant la substitution : *Entièrement* (tout à fait) émues... *Tout* est donc ici un adverbe invariable. ❷ **c.** Le pronom indéfini remplace le nom *robes*. On peut dire : Ces vêtements me plaisent, mais ils sont tous trop chers. ❸ **c.** Le premier mot (*toutes*) est un déterminant qui s'accorde avec *places* ; le second (*tous*) est un pronom qui remplace les retardataires.

# Entraînement

**1 ▶ Complétez ces phrases avec *tout, toute, tous, toutes*.**

Ce produit donne ... satisfaction. – Nous continuerons envers et contre ... . – Les Trois Mousquetaires avaient pour devise : « Un pour ... et ... pour un ». – Je ne céderai pas, un point, c'est ... . – M. Laurent a peint ses volets, une fois pour ... . – La dépanneuse arrive ... de suite. – ... est bien qui finit bien. – C'est ... vu ; je n'entrerai pas dans cette fournaise où ... les participants s'entassent. – Depuis 1945, ... les femmes françaises peuvent voter, mais ce fut un combat de ... les jours pour imposer cette mesure. – Ces fleurs se fanent très vite ; ... leurs pétales jonchent le sol. – Une telle situation, tu as ... intérêt à la régler. – Comme le moteur ne démarre plus, il faudra changer ... les bougies. – Dans ce magazine, vous trouverez ... les programmes de ... les chaînes.

**2 ▶ Complétez ces phrases avec *tout, toute, tous, toutes*.**

Comme il a plu, les bancs sont ... mouillés. – ... les autoroutes sont saturées ; ... les vacanciers sont ... partis en même temps. – Le voyage fut agréable, mais ... a une fin. – Cet homme est, à ... égards, de bon conseil. – Mehdi préfère le rap à ... autre musique. – À ... les lieux qu'il a visités, M. Jardin préfère la douceur de sa Bourgogne natale. – Pourquoi Delphine téléphone-t-elle ... en conduisant ? Elle prend ... les risques. – Ce n'est pas ... à fait ce que tu croyais ; il faudra encore marcher trois heures ! – En juin, les pensionnaires de ce foyer vont ... partir en voyage. – Ce jeune homme, c'est ... le portrait de son père.

**3 ▶ Remplacez les mots en gras par ceux entre parenthèses et accordez.**

Les ouvriers goudronnent tous **les trottoirs** (les rues). – **Le chanteur** (la mariée) était tout de blanc vêtu. – Tout tremblant, **le nageur** (la nageuse) sortit de l'eau. – Avant de prononcer son premier discours à la tribune, **le député** (la députée) est tout ému. – M. Saunier se procure tout **le matériel** (les outils) nécessaire à l'aménagement de son jardin. – Tous **ces vêtements** (ces vestes) sont à porter au pressing. – **Les acteurs** (les actrices) de ce film, je les ai tous trouvés excellents. – Tout appétissant que soit **ce gâteau** (cette glace), tu préfères manger un fruit.

**SOLUTIONS**
**P. 224**

# 39

# MÊME – MÊMES

Même peut prendre différentes formes qu'il faut savoir reconnaître.

## Confusion due à la prononciation

**Il ne faut pas confondre :**

• *même* : adjectif ou déterminant indéfini quand il se rapporte à un nom (ou un pronom) avec lequel il s'accorde en nombre. Il a alors le sens de *pareil, semblable*.

Ces deux tables ont les **mêmes** pieds ; elles sont de la **même** époque.
Ces deux mélodies commencent par les **mêmes** notes.
Lorsque *même* se rapporte à un pronom, il lui est relié par un trait d'union.
M. Chevrier prépare lui-**même** ses confitures.
Nous tapisserons nous-**mêmes** les murs de notre appartement.
Les informaticiens eux-**mêmes** ne purent détruire ce virus.

• *même* : adverbe invariable, quand il modifie le sens :
– d'un verbe ;
Les vrais collectionneurs achètent **même** les tableaux de peintres inconnus.
– d'un adjectif ;
Ce produit fait disparaître les taches, **même** les plus importantes.
– ou quand il est placé devant le nom précédé de l'article.
**Même** les navires de fort tonnage ne se risquent pas en mer aujourd'hui.
Dans ces cas, on peut remplacer *même* par un autre adverbe : *également, aussi, y compris, exactement...*

• *même* : pronom quand il est précédé d'un article et qu'il remplace un nom.
Ton pull me plaît, je veux le **même**. Ta veste me plaît, je veux la **même**.
Tes pulls me plaisent, je veux les **mêmes**. Tes bottes me plaisent, je veux les **mêmes**.

### ⚠ Remarques

**1** *Vous-même* s'écrit avec ou sans *-s* selon que cette expression désigne plusieurs personnes ou une seule personne (singulier de politesse).
Marie et toi avez fait vous-**mêmes** toutes les démarches.
Avez-vous vous-**même** vérifié ce travail ?

**2** *Même* est également adverbe dans certaines expressions : *à même, tout de même, de même, même si, quand même...*
Personne n'est **à même** de donner la bonne réponse.
Malgré les incertitudes, nous partirons **tout de même**.
**Même si** vous rencontrez des obstacles, vous franchirez cette barre rocheuse.

**3** Il ne faut pas confondre :
– *même,* adverbe invariable, placé après un nom ;
Les maîtres nageurs **même** ne se baignent pas dans cette mer démontée.
(On peut dire : **Même** les maîtres nageurs ne se baignent pas.)

– *même,* adjectif placé également après le nom avec lequel il s'accorde.
Les maîtres nageurs **mêmes** sont à leur poste.
(*Même* a alors le sens de *identique à*)

Cet emploi est très rare.

# Quiz

**❶ Quels mots complètent la phrase ?**

Les ... causes produisent toujours les ... effets.

**a.** même – même **b.** mêmes – mêmes **c.** mêmes – même

**❷ Quel mot complète la phrase ?**

Toutes les voies sont interdites à la circulation, ... les autoroutes.

**a.** même **b.** mêmes **c.** elle-même

**❸ Quels mots complètent la phrase ?**

Les bricoleurs posent ...-... les étagères et les tableaux de leur appartement.

**a.** eux-même **b.** elles-même **c.** eux-mêmes

# Entraînement

**1 ▶ Complétez ces phrases avec *même* ou *mêmes*.**

Avec les ... lettres on peut écrire des mots totalement différents : ce sont des anagrammes. – Les querelles, ... les plus futiles, dégradent l'amitié. – ... les chameaux ont souffert de la soif lors de la traversée du désert : c'est dire s'il faisait chaud. – Tous les candidats repasseront l'épreuve du code, ... ceux qui n'ont commis que trois erreurs. – Ces jumeaux ont les ... traits et surtout les ... intonations de voix. – Ce comique est irrésistible, ses histoires ne sont jamais les ... . – Les avions sont si bruyants qu'on les entend décoller ... à plusieurs kilomètres. – La télévision a pénétré ... dans les pays les plus reculés de la planète. – Désormais, les praires et les coques sont introuvables, ... sur les littoraux les moins fréquentés.

**2 ▶ Complétez ces phrases avec *même* ou *mêmes*.**

Les héritiers devront venir eux-... signer les actes chez le notaire. – En Islande, on peut ... voir des coulées de lave à peine refroidies. – Ces personnes handicapées mènent une vie ordinaire et participent ... à des compétitions sportives. – Les aborigènes d'Australie chassent avec les ... armes que leurs ancêtres. – L'interprète comprend les Brésiliens, ... ceux qui ont un accent portugais épouvantable. – Chacun doit savoir que les ... causes produisent souvent les ... effets. – Leur démarche a enfin abouti ; ils ont ... obtenu plus qu'ils ne l'espéraient. – Ces bâtiments ... n'ont pas résisté à la violence de l'explosion. – ... en mauvais état, ces voitures anciennes sont recherchées par les collectionneurs.

**3 ▶ Complétez ces phrases avec *même* ou *mêmes*.**

Les castors bâtissent eux-... des barrages qui perturbent le cours des rivières. – ... lorsque les platanes semblent sains, ils peuvent abriter des champignons. – Ces jeunes bénévoles ont nettoyé le square du quartier, ils ont ... repeint les bancs publics. – Toutes les réformes, ... les plus urgentes, ne pourront être effectuées dans l'immédiat. – En Thaïlande, les élèves des écoles secondaires portent les ... vêtements. – En Alsace, ... les plus petits balcons sont fleuris tout au long de l'année.

**SOLUTIONS P. 225**

# QUEL(S) – QUELLE(S) – QU'ELLE(S)

*Quel* peut prendre différentes formes qu'il faut reconnaître pour effectuer correctement les accords.

## Confusion due à la prononciation

**Il ne faut pas confondre :**

• *quel* : adjectif interrogatif, qui s'accorde avec le nom qu'il accompagne.
Il peut être épithète :
De **quel** quartier êtes-vous originaire ?
De **quelle** ville êtes-vous originaire ?
**Quels** livres avez-vous lus récemment ?
**Quelles** revues avez-vous lues récemment ?
ou attribut :

| | |
|---|---|
| **Quel** est ce bruit ? | **Quelle** est cette mélodie ? |
| **Quels** sont ces bruits ? | **Quelles** sont ces mélodies ? |

• *quel* : adjectif exclamatif, qui s'accorde avec le nom qu'il accompagne.
Il peut être épithète :

| | |
|---|---|
| **Quel** bel immeuble ! | **Quelle** belle maison ! |
| **Quels** beaux immeubles ! | **Quelles** belles maisons ! |

ou attribut :

| | |
|---|---|
| **Quel** fut ton étonnement ! | **Quelle** fut ta surprise ! |
| **Quels** furent vos applaudissements ! | **Quelles** furent vos émotions ! |

• *qu'elle(s)* : contraction de *que elle(s)*, pronom relatif ou conjonction de subordination suivi d'un pronom personnel féminin.

– pronom relatif
La cliente est décidée, voici le modèle **qu'elle** a choisi.
Les clientes sont décidées, voici le modèle **qu'elles** ont choisi.

– conjonction de subordination
La limite, il est probable **qu'elle** a été franchie.
Les limites, il est probable **qu'elles** ont été franchies.
En remplaçant le pronom personnel féminin *elle* par le pronom personnel masculin *il*, on entend alors la différence.
Le client est décidé, voici le modèle **qu'il** a choisi.
Les clients sont décidés, voici le modèle **qu'ils** ont choisi.
Le repère, il est probable **qu'il a** été franchi.
Les repères, il est probable **qu'ils** ont été franchis.

⚠ **Remarque**

Le pronom relatif *lequel* s'accorde lui aussi en genre et en nombre avec son antécédent.

Voici le plat dans **lequel** le cuisinier servira les hors-d'œuvre.

Voici l'assiette dans **laquelle** le cuisinier servira les hors-d'œuvre.
Voici les ramequins dans **lesquels** le cuisinier servira les hors-d'œuvre.
Voici les coupelles dans **lesquelles** le cuisinier servira les hors-d'œuvre.

# Quiz

**❶ Complétez la phrase comme il convient.**

Avec ... voiture ce coureur a-t-il remporté le championnat du monde ?

**a.** quel      **b.** qu'elle      **c.** quelle

**❷ Complétez la phrase comme il convient.**

... temps ! La Loire déborde et on craint ... inonde les bas quartiers d'Orléans.

**a.** Quel – qu'elle      **b.** Quels – qu'elles      **c.** Quelle – quelle

**❸ Complétez la phrase comme il convient.**

Depuis ... est en place, l'interdiction de fumer dans les lieux publics est-elle respectée ?

**a.** quelle      **b.** quel      **c.** qu'elle

❶ **c.** *Quelle* est un déterminant interrogatif qui s'accorde avec *voiture* ; on peut le remplacer par un autre déterminant. ❷ **a.** Le premier mot est un déterminant exclamatif qui s'accorde avec *temps* (masculin singulier). Le second est la contraction de *que elle*. On remplace *La Loire* par *Le Rhône*, et l'on entend : on craint *qu'il* inonde […]. ❸ **c.** On remplace *l'interdiction* par *le refus* et l'on entend : Depuis *qu'il* est en place […]

# Entraînement

**1 ▶ Complétez ces phrases avec *quel(s)*, *quelle(s)* ou *qu'elle(s)*.**

Ce vase chinois que vous avez rapporté de Pékin : ... merveille ! – ... que soit son talent, ce sculpteur ne parvient pas à vendre ses œuvres. – ... sont les montagnes que nous apercevons au loin ? – Ces adresses, je suis bien certaine ... sont fausses parce que la rue Texier n'existe pas ! – ... sont ces villages désertés par leurs habitants ? – Mandy a les mains toutes poisseuses, la poire ... mange est trop juteuse. – Dans ... tiroir avez-vous rangé votre carnet de chèques ? – ... sont vos goûts cinématographiques ? – De ... façon vas-tu procéder pour retirer l'objet qui s'est glissé sous l'armoire ? – Admirez avec ... grâce et ... sang-froid ce funambule se déplace sur son fil.

**2 ▶ Remplacez les mots en gras par ceux entre parenthèses ; accordez.**

Sur quels **indices** (preuves) le détective s'appuie-t-il pour découvrir la vérité ? – Ce potage (**pâtes**), qu'il est salé ! – Cette tour futuriste, quelle **hauteur** (dimensions) impressionnante ! – **Ce** (Cette) journaliste est bien renseigné ; les informations qu'il possède intéresseront ses lecteurs. – Vous devrez indiquer à quel **moment** (date) vous avez résilié votre abonnement téléphonique. – Quelle **pharmacie** (médecin) est de service cette nuit ? – L'imitateur a fait rire le **public** (assistance) ; il pense qu'il s'est retiré satisfait. – Ce **véhicule** (voiture) accidenté, il faut qu'il soit rapidement remorqué. – Ce **magasin** (boutique), il est probable qu'il va être fermé.

**3 ▶ Écrivez les noms en gras au pluriel et faites les accords nécessaires.**

Dans quelle **revue** peut-on lire un reportage sur les baleines à bosse ? – Quel magnifique **tableau** ! Qui l'a peint ? – Le match est indécis ; on ne peut pas dire quel sera le **vainqueur**. – Cette dentellière a confectionné des napperons d'une finesse rare ; quel **don** ! – La **patineuse** est si élégante qu'elle semble se déplacer sans effort. – Quel est le **siège** le plus confortable dans cet avion ? – Les citoyens d'aujourd'hui jouissent du **droit** pour lequel beaucoup ont sacrifié leur vie. – Voici la **planche** à voile avec laquelle vous avez appris à virer de bord.

SOLUTIONS P. 225

# 41 SE (S') – CE (C') – CEUX / SONT – SON

Il existe des formes homophones (*se – ce – ceux* ou *sont – son*) qu'il faut distinguer.

## se (s') – ce (c') – ceux

**Il ne faut pas confondre :**

• *se (s')* : pronom personnel réfléchi de la 3ᵉ personne qui fait partie d'un verbe pronominal.
On peut le remplacer par un autre pronom personnel réfléchi : *me* ou *te* en conjuguant le verbe.
Paquita **se** couche tôt.   → Je **me** couche tôt.

• *ce* : déterminant démonstratif placé devant un nom ou un adjectif.
On peut le remplacer par un autre déterminant démonstratif si on change le genre ou le nombre du nom.
**ce** mouvement         → **cette** impulsion         → **ces** mouvements
Un adjectif qualificatif peut parfois s'intercaler entre le déterminant et le nom.
**ce** brusque mouvement   → **cette** brusque impulsion

• *ce (c')* : pronom démonstratif, souvent placé devant le verbe *être* (ou *devoir, pouvoir*) ou un pronom relatif.
**C'**est à Tours que Balzac est né.   **Ce** sont des tapis persans.
**Ce** devait être une grande aventure.   **Ce** peut être un nouvel épisode.
J'ai dormi un peu, **ce** qui m'a reposé.   Dormir, voici **ce** dont j'ai le plus besoin.

• *ceux* : pronom démonstratif, représente un nom masculin pluriel.
On peut le remplacer par *celui* en mettant le nom au singulier.
Les kiwis sont **ceux** que je préfère. → Le kiwi est **celui** que je préfère.

⚠ **Remarque**

Devant une voyelle ou un *h* muet, *ce* et *se* s'écrivent *c'* et *s'*.

## sont – son

**Il ne faut pas confondre :**

• *sont* : forme conjuguée de l'auxiliaire *être* à la 3ᵉ personne du pluriel du présent de l'indicatif.
On écrit *sont* quand on peut le remplacer par une autre forme conjuguée de l'auxiliaire *être* à la 3ᵉ personne du pluriel : *étaient, seront, furent...*
Tous les espoirs **sont** permis.     → Tous les espoirs **étaient** permis.

• *son* : déterminant possessif singulier.
Il peut être remplacé par un autre déterminant possessif. Il est placé devant un nom ou un adjectif et indique l'appartenance.
**Son** espoir est déçu.    → **Ton** espoir est déçu.    → **Le sien** est déçu.

⚠ **Remarque**

*Son*, déterminant possessif masculin, peut être placé devant des noms (ou des adjectifs) féminins commençant par une voyelle ou un *h* muet.

**son** arrivée
**son** habitude
**son** abondante chevelure
**son** heureuse décision

# Quiz

**①** **Quels mots complètent la phrase ?**

En prenant le départ de la transat, Marco ne ... doute pas de ... qui l'attend.

**a.** se – ceux      **b.** ceux – se      **c.** se – ce

**②** **Quels mots complètent la phrase ?**

Seuls ... qui n'essaient pas ne ... trompent jamais.

**a.** ceux – se      **b.** ce – ce      **c.** se – ceux

**③** **Quels mots complètent la phrase ?**

Le chanteur a repris ... dernier tube et les spectateurs ... aux anges.

**a.** son – sont      **b.** sont – sont      **c.** son – son

*dernière chanson et les spectateurs étaient ravis.*
Le second est un pronom personnel réfléchi. **❸ a.** On essaie des substitutions : Le chanteur a repris sa
pronom démonstratif. On peut transformer le début de la phrase ainsi : Seul *celui* qui n'essaie pas […].
**❶ c.** On peut transformer la phrase ainsi : Tu ne *te* doutes pas de *cela*. **❷ a.** Le premier mot est un

# Entraînement

**1** ▶ **Conjuguez les verbes de ces expressions au présent, puis au passé composé de l'indicatif.**

**se reposer** dans ce chalet    **se rendre** au cinéma    **s'engager** franchement
**se perdre** dans les ruelles    **se confier** à un ami    **s'agripper** au câble

**2** ▶ **Écrivez les noms en gras au pluriel et accordez comme il convient.**

Ce **lustre**, c'est une authentique **œuvre** d'art. – Du haut de ce **balcon**, vous pouvez regarder le défilé. – Ce **livre**, c'est un **roman** traduit du russe. – Ce **naturaliste** s'est spécialisé dans l'étude des batraciens. – Le **jardinier** se sert d'un motoculteur pour labourer ce **massif**. – L'**ingénieur** dirige le percement de ce tunnel. – Ce **chariot** s'est embourbé et il faudra le dégager à l'aide d'un tracteur. – Ce qui devait arriver, arriva ; ce **maladroit** s'est coupé. – L'**enfant** se laisse séduire par ce **jeu** vidéo.

**3** ▶ **Complétez ces phrases avec** *ce, c', se, s'* **ou** *ceux*.

... téléphérique n'est pas fait pour ... qui ont le vertige. – La Galerie des Glaces est ... qu'il y a de plus magnifique à Versailles. – Nous nous retrouvons avec ... que le hasard avait déjà placés devant nous. – Les deux délégations de diplomates ... quittent sans avoir conclu un accord. – Pour ... faire entendre, le dirigeant syndical utilise ... porte-voix. – Dans ... gouffre ... trouvent des stalagmites de taille imposante. – Il faut ... méfier car ... champignon n'est peut-être pas comestible.

**4** ▶ **Complétez ces phrases avec** *sont* **ou** *son*.

Antonio nous confirme que dans ... pays les terres ... fertiles. – Le clown a déchiré ... pantalon en courant et les enfants ... ravis. – Ces vieilles demeures ... en ruine depuis qu'elles ... inhabitées. – Les files d'attente ... si longues que les clients ... mécontents. – Margot a choisi ... futur métier : elle sera vétérinaire car ... amour des animaux est réel. – Les coquelicots ... rouges alors que les pervenches ... bleues. – Ces films ... sous-titrés en français ; les malentendants ... satisfaits. – Félix est parti en coup de vent et il a oublié ... sac de sport ; ... entraîneur le réprimande pour ... étourderie.

SOLUTIONS
P. 225

# 42

## CES – SES / C'EST – S'EST – SAIT – SAIS

Il existe des formes homophones comme *ces – ses* ou *c'est – s'est – sait – sais* qu'il faut savoir distinguer.

### ces – ses

**Il ne faut pas confondre :**

• *ces* : déterminant démonstratif, placé devant un nom ou un adjectif.
Il peut être remplacé par un autre déterminant démonstratif si on met le nom au singulier.

On admire **ces** vitrines.　　　→ On admire **cette** vitrine.
On admire **ces** modèles.　　　→ On admire **ce** modèle.

• *ses* : déterminant possessif, placé devant un nom ou un adjectif.
Il peut être remplacé par un autre déterminant possessif si on met le nom au singulier.

Benoît range **ses** vêtements.　→ Benoît range **son** vêtement.
Benoît range **ses** chemises.　　→ Benoît range **sa** chemise.

> ⚠ **Remarque**
>
> Pour choisir entre le déterminant possessif *ses* ou le déterminant démonstratif *ces*, il faut bien examiner le sens de la phrase.
> Martin feuillette **ses** (**ces**) livres.
>
> S'il s'agit de livres qui lui appartiennent, on écrit :
> Martin feuillette **ses** livres.
>
> S'il s'agit de livres qui sont disposés sur les rayons de la librairie, on écrit :
> Martin feuillette **ces** livres.

### c'est – s'est – sait – sais

**Il ne faut pas confondre :**

• *c'est* : auxiliaire *être* précédé du pronom démonstratif élidé *c'* (*ce*).
Il peut souvent être remplacé par l'expression *cela est*.
Marcher sans chaussures sur le corail, **c'est** (**cela est**) dangereux.

• *s'est* : auxiliaire *être* précédé du pronom personnel réfléchi élidé *s'* (*se*).
Il peut être remplacé par *me suis* ou *se sont* en conjuguant l'auxiliaire *être*.
Tristan **s'est** baigné dans un lagon bleu. → Je **me suis** baigné dans un lagon bleu.

• *sait* (*sais*) : formes conjuguées du verbe *savoir* aux personnes du singulier du présent de l'indicatif.
Elles peuvent être remplacées par d'autres formes conjuguées de ce verbe.
Mélodie **sait** nager.　→ Mélodie **saura** nager.
Je **sais** nager. → Je **savais** nager.　　　　Tu **sais** nager. → Tu **as su** nager.

> ⚠ **Remarque**
>
> Pour ne pas confondre *ses* ou *ces* avec *c'est* ou *s'est*, on peut remplacer par *c'était* ou *s'était*.
>
> C'est (C'était) un film à succès.
> Benoît s'est (s'était) perdu.

# Quiz

**❶ Par quels mots peut-on remplacer le groupe en italique ?**

*Ces trottoirs sont glissants ;* prenez vos précautions.

**a.** Ce trottoir est glissant **b.** Ses trottoirs sont glissants

**c.** Mes trottoirs sont glissant

**❷ Quels mots complètent la phrase ?**

Voilà ce que j'ai trouvé, mais je ne … pas si … la bonne solution.

**a.** c'est – sait **b.** sait – s'est **c.** sais – c'est

**❸ Quels mots complètent la phrase ?**

Le mécanicien ne … pas pourquoi le moteur … arrêté brusquement.

**a.** sais – c'est **b.** sait – s'est **c.** c'est – c'est

**❶ a.** Le premier mot est un déterminant démonstratif qui peut être remplacé par un autre déterminant démonstratif. Le groupe a été passé au singulier. **❷ c.** On essaie des substitutions : je ne *savais* pas si *c'était* la bonne solution. **❸ b.** On remplace : Le mécanicien ne *savait* pas pourquoi le moteur *s'était* arrêté.

# Entraînement

**1 ▶ Complétez ces phrases avec *ses* ou *ces*.**

… truffes sont parfumées, mais elles sont hors de prix ; néanmoins le chef cuisinier en achètera quelques-unes pour préparer … spécialités afin de satisfaire … clients. – Sur … entrefaites, l'actrice arrive avec … admirateurs ; … gardes du corps ne contrôlent plus … manifestations qui témoignent de sa popularité. … caprices font la joie des magazines spécialisés. – Le berger laisse paître … moutons dans … pâturages verdoyants. – … chansons plaisent beaucoup à M. Olivier, mais pas du tout à … enfants. – Ce danseur maîtrise parfaitement chacun de … gestes.

**2 ▶ Complétez ces phrases avec *ses* ou *ces*.**

Ce jeune enfant vient de perdre … premières dents de lait. – Le coiffeur reçoit toujours … clients avec le sourire. – M. Vernay est trop âgé pour changer … habitudes, il fait toujours … comptes en francs ; tous … amis se moquent de lui. – Johan et … camarades sont montés sur … manèges ; ils ont eu très peur et Johan a même perdu … clés qui sont tombées de … poches. – Dans … bois, Cédric va cueillir des myrtilles avec … frères. – Regardez … oiseaux migrateurs ; bientôt ce sera l'hiver avec … gelées, … chutes de neige, et aussi … belles fêtes et … cadeaux. – Le désert déroule à l'infini … sables brûlants. – … vendeurs accueillent un client et s'efforcent de répondre à toutes … questions. – Le comptable enregistre toutes … factures sur son ordinateur.

**3 ▶ Complétez ces phrases avec *s'est, c'est, sait* ou *sais*.**

Le clown … étalé de tout son long sur la piste, mais il ne … pas fait mal. – J'ai trouvé un résultat, mais je ne … pas si … la bonne solution. – Tu ne … pas ce que tu veux ; … vraiment difficile de te comprendre. – La secrétaire … imprimer les textes avec la nouvelle imprimante laser ; … très rapide. – Flore … confiée à sa meilleure amie car elle a du chagrin ; elle … qu'elle peut compter sur elle. – Anatole … égaré dans les couloirs ; il ne … plus où il se trouve. – Tu … tenir ta langue, … pourquoi on n'hésite pas à te confier des secrets. – Personne ne … comment cet animal … fossilisé dans les profondeurs des océans.

**SOLUTIONS P. 226**

# ONT – ON – ON N'

Il existe des formes homophones comme *ont – on – on n'* qu'il faut savoir distinguer.

## Confusion due à la prononciation

**Il ne faut pas confondre :**

• *ont* : forme conjuguée de l'auxiliaire *avoir* à la 3e personne du pluriel au présent de l'indicatif.

On écrit *ont* quand on peut le remplacer par une autre forme de l'auxiliaire *avoir* à la 3e personne du pluriel : *avaient, auront, eurent...*

Les canards **ont** les pattes palmées. → Les canards **avaient** les pattes palmées.

• *on* : pronom personnel indéfini de la 3e personne du singulier, toujours sujet d'un verbe.

On écrit *on* quand on peut le remplacer par un autre pronom personnel de la 3e personne du singulier ou un nom sujet singulier.

**On** voit un vol de canards. → **Il/Elle/Le naturaliste** voit un vol de canards.

• *on n'* : quand *on* est placé devant un verbe commençant par une voyelle ou un *h* muet, on n'entend pas la différence entre la forme affirmative et la forme négative.

À la forme affirmative, on fait la liaison à l'oral :

**On** (n)aperçoit des canards.          **On** (n)héberge des canards.

À la forme négative, la première partie de la négation est élidée.

**On n'**aperçoit pas de canards.          **On n'**héberge pas de canards.

Si on remplace *on* par un autre pronom personnel, on entend alors la différence (*ne* → *n'*).

**Il** aperçoit des canards.          **Il** héberge des canards.
**Il n'**aperçoit pas de canards.          **Il n'**héberge pas de canards.

### ⚠ Remarques

**1** *Ont* est aussi la forme de l'auxiliaire *avoir* lorsqu'un verbe est conjugué à la 3e personne du pluriel au passé composé.

Les canards **ont** pris leur envol.
Les canards **avaient** pris leur envol.

**2** Le pronom personnel indéfini *on* est souvent employé à la place du pronom personnel *nous*, surtout à l'oral.

**On** sort vite. **Nous** sortons vite.

Dans ce cas, si *on* désigne plusieurs personnes, il entraîne néanmoins un accord du verbe au singulier.

Dans un souci de cohérence grammaticale, il est préférable de ne pas accorder le participe passé lorsque le sujet est *on*, même si l'accord est parfois toléré.

**On** est sorti vite. **Nous** sommes sorti(e)s vite.

Dans un même texte, on n'emploiera pas à la fois *on* et *nous*.

**3** On écrit :

des on-dit et le qu'en dira-t-on.

# Quiz

**❶ Quel mot complète la phrase ?**

Avec ce vélo révolutionnaire, ... escalade les cols à une allure fantastique.

**a.** on        **b.** ont        **c.** on n'

**❷ Quels mots complètent la phrase ?**

Lorsqu'... cueille des roses, ... s'aperçoit qu'elles ... des épines !

**a.** on – ont – on        **b.** on – on – ont        **c.** ont – on – on

**❸ Quels mots complètent la phrase ?**

Quand ... observe le ciel, ... imagine pas le nombre d'étoiles et surtout leur éloignement.

**a.** on – on        **b.** on n' – on        **c.** on – on n'

❶ **a.** On peut placer un autre sujet devant le verbe : *ce coureur ; il*. ❷ **b.** On peut effectuer des substitutions : Lorsqu'*il* cueille une rose, *il* s'aperçoit qu'elle a des épines. ❸ **c.** On peut effectuer des substitutions : Quand *il* observe le ciel, *il* n'imagine pas […].

# Entraînement

**1 ▶ Remplacez le pronom sujet *on* par un autre pronom sujet ou un nom sujet de votre choix.**

**On** s'efforce de colmater les brèches de la digue. – **On** a aboli les privilèges dans la nuit du 4 août 1789. – **On** étend le linge au soleil. – Quand **on** s'unit pour accomplir une tâche, **on** a le sentiment d'être plus efficace. – **On** s'assoit au fond du car et **on** place nos bagages sous les sièges. – **On** frémit à l'idée qu'une étincelle aurait pu embraser la forêt. – **On** a réintroduit certains animaux dans les Alpes car leur espèce était en voie de disparition, mais **on** n'est pas certain qu'ils se reproduiront. – **On** reconnaît ses véritables amis dans l'adversité. – **On** confond parfois les sapins et les épicéas.

**2 ▶ Complétez ces phrases avec *ont* ou *on*.**

Quand ... oublie de composter son billet de train, ... est en infraction et ... doit prévenir le contrôleur. – Quand ... reçoit un message, la moindre des choses est d'y répondre. – ... a toujours du plaisir à bavarder avec ceux qui ... les mêmes goûts que nous. – Les rafales ... secoué le chalet ; les volets ... claqué et quelques vitres ... volé en éclats. – Les pays qui ... la chance de vivre en démocratie ne sont pas si nombreux. – Aujourd'hui, ... récupère les journaux, les cartons, les papiers et ... les recycle. – Les ingénieurs ... étudié la possibilité d'implanter une usine de cosmétiques dans la région. – ... épluche les carottes, ... les coupe et ... les met dans une casserole. – Sur les quais, les grues ... soulevé les conteneurs et les ... placés dans la cale du cargo.

**3 ▶ Écrivez les noms en gras au pluriel et accordez.**

Ce **plat** a un aspect peu appétissant ; on n'ose pas le manger. – Cet **objet** a de la valeur, on en prendra soin. – Il pleut sur le circuit et le **spectateur** a les pieds dans l'eau. – La **baguette** cuite au feu de bois a gardé sa saveur d'autrefois. – Cet **artisan** a de qui tenir, ses parents étaient déjà d'habiles charpentiers. – Ce **chien** a le museau au ras du sol pour suivre la trace du lièvre. – Le **technicien** a du mal à garder son sérieux devant les pitreries de l'acteur. – Le **météorologiste** a prévu une zone de basses pressions sur la presqu'île de Quiberon. – Ce **sportif** a exclu toute idée de dopage.

SOLUTIONS
P. 227

# 44

# C'EST – CE SONT / C'ÉTAIT – C'ÉTAIENT / SOI – SOIT – SOIS

Il existe plusieurs formes du verbe *être* qu'il faut savoir distinguer.

## c'est – ce sont / c'était – c'étaient / ce fut – ce furent

• Les verbes *être*, *devoir être*, *pouvoir être*, précédés de *ce* (*c'*), se mettent au pluriel s'ils sont suivis d'un sujet réel à la 3e personne du pluriel ou d'une énumération ; sinon ils sont au singulier.

Max, **c'est** un bon joueur.          Max et Luc, **ce sont** de bons joueurs.
**C'était** encore un chanteur inconnu.  **C'étaient** encore des chanteurs inconnus.
**Ce fut** une victoire facile.          **Ce furent** des victoires faciles.
Erwan joue de trois instruments : **ce sont** la guitare, le banjo et la contrebasse.
Max, **ce doit être** un bon joueur. Max et Luc, **ce doivent être** de bons joueurs.
Max, **ce peut être** un bon joueur. Max et Luc, **ce peuvent être** de bons joueurs.
Dans une langue moins soutenue, on admet l'accord au pluriel ou au singulier.

• Lorsque le pronom qui suit *c'est* est *nous* ou *vous*, le verbe *être* reste au singulier.
**C'est nous** qui allons repeindre les portes et les fenêtres.
**C'est vous** que le directeur a retenu pour aller travailler en Italie.

• Si le nom qui suit *c'est* est précédé d'une préposition, le verbe *être* reste au singulier.
**C'est de** ces projets que je veux vous entretenir.

## soi – soit – sois

**Il ne faut pas confondre :**
• *soi* : pronom personnel réfléchi de la 3e personne du singulier qui ne marque ni le genre ni le nombre. Il se rapporte à un sujet singulier indéterminé.
Pour réussir, il faut faire preuve de confiance en **soi**.
Lorsque le sujet est précis, on emploie *lui*.
M. Walter fait preuve de confiance en **lui**.

• *soit* : conjonction de coordination marquant l'alternative.
Ce soir, il prendra **soit** le métro, **soit** l'autobus pour rentrer chez lui.
On peut toujours remplacer *soit* par *ou bien*.
Ce soir, il prendra **ou bien** le métro, **ou bien** l'autobus pour rentrer chez lui.

• *soit, sois* : formes du singulier du présent du subjonctif du verbe *être*.
Il faut que je **sois** à l'abri. Il faut que tu **sois** à l'abri. Il faut que Léa **soit** à l'abri.

⚠️ **Remarques**

**1** *Soi* est souvent renforcé par *même*.
Il faut respecter les autres comme **soi-même**.

On peut le remplacer par un autre pronom personnel réfléchi en modifiant la phrase.

Nous respectons les autres comme nous-mêmes.

**2** *Soi-disant* est toujours invariable, même employé comme adjectif.

Ils sont venus **soi-disant** pour nous parler.
Les **soi-disant** déménageurs ont abîmé les meubles.

# Quiz

**❶ Quel mot complète la phrase ?**

Certains prétendent que ... les Brésiliens les meilleurs footballeurs du monde.

**a.** s'est          **b.** ce sont          **c.** c'est

**❷ Quel mot complète la phrase ?**

Ce tableau, tout le monde s'accordait pour dire que ... un vrai chef-d'œuvre.

**a.** ce sont          **b.** c'étaient          **c.** c'était

**❸ Quel mot complète la phrase ?**

Il ne faut pas que les verres en cristal ... placés au lave-vaisselle.

**a.** soit          **b.** sois          **c.** soient

---

❶ **b.** Le sujet réel est *les Brésiliens*, donc 3ᵉ personne du pluriel. ❷ **c.** Le sujet réel est *un vrai chef-d'œuvre*, donc 3ᵉ personne du singulier. ❸ **c.** Auxiliaire *être* au présent du subjonctif, 3ᵉ personne du pluriel.

# Entraînement

**1 ▶ Complétez ces phrases avec *c'est* ou *ce sont*.**

Jouer une valse de Chopin à l'âge de dix ans, ... un bel exploit ! – Mes vrais amis, ... ceux qui me soutiennent. – Stéphanie est ravie, car elle vient d'être embauchée ; ... un emploi temporaire, mais elle pense qu'il sera prolongé. – Les poulets élevés en plein air, ... les meilleurs affirment les gastronomes. – Prendre son petit-déjeuner au lit, ... agréable mais il ne faut pas trop remuer sous peine de catastrophe !

**2 ▶ Complétez ces phrases avec *c'était* ou *c'étaient*.**

Gaétan eut beau se dépêcher, lorsqu'il arriva à la mairie, ... fermé. – Mathilde regrette *Un gars, une fille* et *Caméra café* : ... ses émissions préférées. – À ceux qui prétendent que ... de nouvelles mélodies, le mélomane fit écouter la *Symphonie du Nouveau Monde* de Dvorák. – Ce que j'aimais dans ce village de montagne, ... le calme, le silence et la quiétude qui s'en dégageaient. – Le martinet, ... la menace que l'on brandissait autrefois sous le nez des enfants désobéissants.

**3 ▶ Complétez ces phrases avec *ce fut* ou *ce furent*.**

Le jour du carnaval, ... les pirates qui se firent le plus remarquer : ils étaient splendides. – Quand l'arbitre refusa un but aux Nantais, ... un tonnerre de protestations dans le stade. – Quelle audace ! ... un superbe exploit que de faire un tour du monde en ballon sans escale. – La chute du mur de Berlin et la fin de l'URSS, ... des événements marquants de la fin du XXᵉ siècle. – Après les grondements, ... un déluge de pierres et de cendres qui s'abattit sur les flancs du volcan. – La non application des accords d'Oslo, ... une occasion manquée de paix au Moyen-Orient.

**4 ▶ Complétez ces phrases avec *soi, soit* ou *sois*.**

Lorsqu'il pleut à verse, il vaut mieux rentrer chez ... . – On n'est jamais si bien servi que par ...-même. – Dans ce magasin, on peut examiner ...-même tous les articles. – Quand on vous confie un secret, il faut le garder pour ... . – Joël Rattoni sera sélectionné ... comme arrière, ... comme demi de mêlée. – Bien qu'il ... un peu clair, j'achèterai ce pantalon. – Un mètre cube d'eau, c'est 1 000 dm³, ... 1 000 litres. – Les ingénieurs regrettent que le satellite ne ... pas placé sur la bonne orbite.

SOLUTIONS
P. 227

# 45

# SI – S'Y / NI – N'Y

Il existe des formes homophones comme si – s'y / ni – n'y qu'il faut savoir distinguer.

## si – s'y

**Il ne faut pas confondre :**

• **si** : adverbe ou conjonction de subordination, qui peut être remplacé par un autre adverbe ou une autre conjonction.
La température est **si** basse que l'eau gèle.
→ La température est **tellement** basse que l'eau gèle.
Nous sortirons **si** la sirène retentit.
→ Nous sortirons **parce que** la sirène retentit.

• **s'y** : qui peut se décomposer en *se y* (on place l'apostrophe par euphonie). Il est toujours placé devant un verbe, car le **s'** fait partie d'un verbe pronominal. Le **y** est pronom adverbial ou personnel.
Dans ce lac, on **s'y** baigne volontiers.
Au bureau, Martial **s'y** rend à pied.
On peut remplacer *s'y* par *m'y* ou *t'y* en conjuguant le verbe.
Dans ce lac, tu **t'y** baignes volontiers.
Au bureau, je **m'y** rends à pied.

## ni – n'y

**Il ne faut pas confondre :**

• **ni** : conjonction négative qui relie deux éléments (noms ou propositions).
M. Bourdon ne sait **ni** ce qui s'est passé **ni** qui a appelé les pompiers.
La poule n'a **ni** dents **ni** oreilles.
On peut parfois remplacer *ni* par *et* :
M. Bourdon ne sait **ni** ce qui s'est passé **et** qui a appelé les pompiers.
ou par *pas* :
La poule n'a **pas** de dents et **pas** d'oreilles.

• **n'y** : qui peut se décomposer en *ne y* (on place l'apostrophe par euphonie). Le **n'** est la première partie d'une négation dont on peut trouver la deuxième partie dans la suite de la phrase. Le **y** est pronom adverbial ou personnel.
Sur les routes verglacées, les conducteurs **n'y** roulent que très lentement.
Sans ses lunettes, grand-père **n'y** voit rien.

⚠ **Remarque**

Parfois, la première conjonction *ni* est remplacée par une autre conjonction négative.
Cette chanson n'est **ni** originale **ni** mélodieuse.

Cette chanson n'a **rien** d'original **ni** de mélodieux.

Je n'irai **ni** sur la Lune **ni** sur Mars.
Je n'irai **jamais** sur la Lune **ni** sur Mars.

# Quiz

**❶ Quels mots complètent la phrase ?**

Les calculs sont … compliqués que, sans une calculatrice, tu … arriveras pas.

**a.** s'y – ni       **b.** si – ni       **c.** si – n'y

**❷ Quels mots complètent la phrase ?**

Pourquoi M. Ferrand n'a-t-il vérifié … la pression des pneus … le niveau d'huile ?

**a.** ni – ni       **b.** ni – n'y       **c.** n'y – ni

**❸ Quelle est la réponse à cette question ?**

Ce naturaliste s'intéresse-t-il à la sauvegarde des chauves-souris ?

**a.** Oui, il si intéresse.       **b.** Non, il n'y intéresse pas.

**c.** Oui, il s'y intéresse.

**❶ c.** On effectue le remplacement suivant : Les calculs sont *tellement* compliqués […] que tu *n'*arriveras pas *à les faire*. **❷ a.** On effectue le remplacement suivant : Pourquoi M. Ferrand n'a-t-il *pas* vérifié la pression des pneus (et) *pas* le niveau d'huile ? *Ni* est une conjonction de coordination négative qui relie deux éléments. **❸ c.** On emploie le pronom *y* pour éviter une répétition (Oui, il s'intéresse à la sauve-garde des chauves-souris.)

# Entraînement

**1 ▶ Complétez ces phrases avec *si* ou *s'y*, *ni* ou *n'y*.**

Le manteau de la cheminée du salon est … haut qu'un homme … tient aisément debout. – … les films comiques … les dessins animés n'intéressent Carine, elle préfère un bon roman. – Le bruit de fond est gênant, mais peu à peu on … habitue. – Sur Mars, l'homme … est jamais allé car il … a … eau … oxygène. – Le tracteur s'engage dans un chemin défoncé par les pluies et … embourbe. – Pourquoi le tigre est-il un animal … cruel ? – Dans les grandes villes de Colombie de nombreux enfants n'ont … famille … domicile, ils vivent dans la rue. – Lorsque Émeline a un travail à faire, elle … met avec ardeur. – … le douanier réclame les passeports, vous devrez les lui remettre. – Comme il … a … panneaux indicateurs … feux tricolores, les automobilistes sont désemparés.

**2 ▶ Supprimez les répétitions de ces phrases comme dans l'exemple.**

Ex. : Mme Stern apprécie beaucoup l'Ardèche, elle se repose tous les étés en Ardèche.
→ Mme Stern apprécie beaucoup l'Ardèche, elle s'y repose tous les étés.

Le labyrinthe est complexe, il ne faut pas se risquer dans le labyrinthe. – La fête foraine bat son plein, les jeunes se rendent en nombre à la fête foraine. – Sur la terrasse de l'immeuble, l'électricien s'installe sur la terrasse de l'immeuble pour réparer la parabole. – Au boulodrome, tous les amateurs de pétanque se retrouvent au boulodrome. – La règle du hors-jeu, les attaquants se plient avec réticence à la règle du hors-jeu. – La barre fixe, le gymnaste se suspend d'un bond à la barre fixe.

**3 ▶ Supprimez les répétitions de ces phrases comme dans l'exemple.**

Ex. : Atteindre la cible, l'archer n'arrive pas souvent à atteindre la cible.
→ Atteindre la cible, l'archer n'y arrive pas souvent.

Habiter au rez-de-chaussée, Mme Rey ne voit que des avantages à habiter au rez-de-chaussée. – Changer de profession, le photographe n'est pas opposé à changer de profession. – Rester au fond de l'eau plus d'une heure, ce plongeur n'arrivera pas à rester au fond de l'eau plus d'une heure. – Une boulangerie vend du pain, on ne trouve pas de médicaments dans une boulangerie.

SOLUTIONS P. 227

# 46

# SANS – SENT – S'EN – C'EN / DANS – D'EN

Il existe des formes homophones qu'il faut savoir distinguer.

## sans – sent – sens – s'en – c'en

**Il ne faut pas confondre :**

• **sans** : préposition qui marque l'absence, le manque. Elle est souvent le contraire de la préposition *avec*.

C'est un immeuble **sans** ascenseur.    Gérald sort de l'eau **sans** trembler.

On écrit *sans* quand on peut remplacer par *avec*, ou par *sinon, pour, en* dans certaines expressions.

C'est un immeuble **avec** ascenseur.    Gérald sort de l'eau **en** tremblant.

• **sent**, **sens** : formes du verbe *sentir* aux trois personnes du singulier du présent de l'indicatif.

Ce lutteur ne **sent** plus sa force.      Je ne **sens** plus ma force.

On écrit *sent* ou *sens* quand on peut remplacer par une autre forme du verbe *sentir* : *sentait, sentais, sentira, sentirai, sentiras, sentent...*

Ce lutteur ne **sent** plus sa force. → Ce lutteur ne **sentait** plus sa force.

Je ne **sens** plus ma force. → Je ne **sentirai** plus ma force.

• **s'en** : contraction de *se en*. **S'** est la forme élidée du pronom personnel réfléchi *se*, et **en** un pronom adverbial.

Ce lutteur est très fort et il ne **s'en** aperçoit pas.

On écrit *s'en* quand on peut remplacer par *m'en, t'en* en conjuguant le verbe.

Je suis fort et je ne **m'en** aperçois pas. Tu es fort et tu ne **t'en** aperçois pas.

• **c'en** : contraction de *ce en*.

**C'** est la forme élidée du pronom démonstratif *ce,* et **en** un pronom adverbial.

Vous faites du bruit, **c'en** est trop.      Du foie gras ? **c'en** est, bien sûr.

### ⚠ Remarque

Après *sans*, le nom est généralement au pluriel.

Admirez ce ciel **sans** nuages. → S'il y en avait, il n'y aurait pas qu'un seul nuage.

Sinon, on écrit le nom au singulier.

Voilà une bien triste journée **sans** soleil. → Il ne peut y avoir qu'un soleil.

## dans – d'en

**Il ne faut pas confondre :**

• **dans** : préposition qui peut être remplacée par une autre préposition : *à l'intérieur de, parmi, chez...*

Je m'entraîne **dans** un gymnase. → Je m'entraîne **à l'intérieur** d'un gymnase.

• **d'en** : contraction de *de en*. **D'** est la forme élidée de la préposition *de,* et **en** un pronom personnel (ou premier terme d'une locution prépositive : *en face, en haut, en bas...*). Elle est généralement placée devant un verbe à l'infinitif.

Du pain, je viens **d'en** couper deux tranches.

Le code de la route, il convient **d'en** respecter les règles.

# Quiz

**❶ Quels mots complètent la phrase ?**

Comme il fait froid, Margot ... veut d'être sortie ... son bonnet.

**a.** sans – c'en          **b.** s'en – sans          **c.** sent – s'en

**❷ Quels mots complètent la phrase ?**

Quand il pénètre ... la cuisine, Norbert ... la bonne odeur de la tarte aux amandes.

**a.** d'en – sans          **b.** dans – s'en          **c.** dans – sent

**❸ Quels mots complètent la phrase ?**

... une seconde mi-temps exceptionnelle, ... sera fini des chances de l'équipe de France.

**a.** Sens – s'en          **b.** Sans – c'en          **c.** Sent – sans

❶ **b.** On effectue le remplacement suivant : [...] tu *t'en* veux d'être sortie avec ton bonnet. ❷ **c.** On effectue le remplacement suivant : Quand il pénétra à l'intérieur de la cuisine, Norbert sentit l'odeur [...]. ❸ **b.** On effectue le remplacement suivant : *Avec* une seconde mi-temps exceptionnelle, ce sera la fin des chances de l'équipe de France.

# Entraînement

**1 ▶ Complétez ces phrases avec *sans*, *s'en* ou *sent*.**

Le pêcheur ... sa ligne se tendre ; une truite doit être au bout. – Le vent agite violemment l'arbre ; les feuilles ... détachent. – L'accusé se rassit ... avoir répondu aux questions du juge. – Le nageur ... ses forces décliner ; heureusement que la côte n'est plus très loin. – Le dentiste anesthésie la dent ; ainsi le patient ne ... rien. – ... se décourager, le savant recommence ses expériences et ... ... douter il a fait une découverte intéressante. – Le malade a un peu de fièvre ; il ne faut pas ... effrayer, déclare le médecin. – Réconciliés, ces deux camarades ... vont bras dessus, bras dessous. – ... leçons supplémentaires, Delphine ne réussira pas son permis de conduire. – Le skieur ... la neige s'effriter ; il ne s'engagera pas sur cette piste devenue dangereuse.

**2 ▶ Complétez ces phrases avec *sans*, *s'en*, *sent*, *sens* ou *c'en*.**

... est fait, la famille Flandre n'ira pas en Espagne cette année, mais elle ... remettra, elle ira au bord du lac d'Annecy. – ... une réaction d'orgueil des joueurs en deuxième mi-temps, ... sera fini des chances de l'équipe de France. – Caroline mange des spaghettis à ... barbouiller le menton. – Les spectateurs ... vont à regret, tant le concert fut une réussite. – Valérien a acheté un VTT ... garde-boue. – ... paix et ... justice, il n'y a pas de vie sociale possible. – M. Guichard est capable de trouver la racine carrée d'un nombre ... utiliser de calculatrice ; comment fait-il ?

**3 ▶ Complétez ces phrases avec *dans* ou *d'en*.**

Nous programmons une excursion ... le Périgord, nous essaierons ... rapporter des souvenirs. – Tu resteras ... le massif du Mont-Blanc pendant plusieurs jours ; tu t'efforceras ... gravir les principaux sommets. – Les véhicules sont bloqués ... les bouchons ; il n'est pas possible ... sortir. – Quand le bébé dort ... sa chambre, Vanina est chargée ... assurer la garde. – Le poste de télévision est placé ... le salon, ainsi tout le monde en profite. – L'ambiance n'est pas bonne ... la troupe ; chacun tente ... imposer à l'autre !

**SOLUTIONS P. 228**

# QUELQUE(S) – QUEL(S) QUE – QUELLE(S) QUE

Il existe des formes homophones comme *quelque(s) – quel(s) que – quelle(s) que* qu'il faut savoir distinguer.

## Confusion due à la prononciation

**Il ne faut pas confondre :**

• *quelque(s)* : déterminant indéfini qui s'écrit en un seul mot et qui s'accorde en nombre.

Il arrivera dans **quelque** temps.     Il arrivera dans **quelques** heures.

**Quelques** exemplaires de cet album sont encore disponibles.

Il faut retenir l'orthographe de quelques expressions :

en quelque sorte – quelque part – quelque chose – quelque peine à – quelque peu

• *quel(les) que* : regroupement de deux mots, un adjectif indéfini attribut et une conjonction de subordination.

**Quel que** soit le parcours, tu l'accompliras.

Dans ce cas, *quel* s'accorde avec le sujet qui se trouve après le verbe *être* (ou *devoir être, pouvoir être*) au présent du subjonctif.

**Quel que** soit ton projet, nous le respecterons.

**Quelle que** soit ta décision, nous la respecterons.

**Quels que** doivent être tes projets, nous les respecterons.

**Quelles que** puissent être tes intentions, nous les respecterons.

• *quelque* : adverbe lorsqu'il se trouve placé devant un adjectif ; il est alors invariable.

**Quelque** mouillés que soient ces vêtements, il faudra les enfiler.

**Quelque** appétissants que soient ces gâteaux, je n'en reprendrai pas.

On peut le remplacer par un autre adverbe.

**Aussi** mouillés que soient ces vêtements, il faudra les enfiler.

**Aussi** appétissants que soient ces gâteaux, je n'en reprendrai pas.

### ⚠ Remarques

**1** On peut parfois confondre l'adverbe et le déterminant placé devant un adjectif suivi d'un nom.

**Quelques** bons élèves devront passer cet examen.

**Quelque** bons élèves que soient ces étudiants, ils devront passer cet examen.

On supprime l'adjectif. Si cette suppression est possible, *quelque* est en rapport avec le nom, donc il s'accorde.

**Quelques** élèves devront passer l'examen terminal.

Si c'est impossible, *quelque* est adverbe et reste invariable.

On n'écrit pas : « Quelque élèves que soient ces étudiants, ils devront passer l'examen terminal. »

**2** *Quelques-uns* et *quelques-unes* sont des pronoms indéfinis pluriels ; les pronoms singuliers étant *quelqu'un* et *quelqu'une* (plus rare).

**3** Lorsqu'il a le sens de *parfois*, *quelquefois* s'écrit en un seul mot.

M. Marrou va **quelquefois** à la pêche.

# Quiz

**1** Quel mot complète la phrase ?

M. Saunier a découvert ... empreintes de dinosaures dans les monts du Lyonnais.

a. quelques **b.** quelque **c.** quelles que

**2** Quelle est la nature grammaticale du mot en italique ?

*Quelque* musclés que soient ces athlètes, ils ne pourront pas soulever les 200 kg.

a. déterminant indéfini **b.** conjonction de coordination **c.** adverbe

**3** Quel mot complète la phrase ?

Les avions décolleront ... soient les conditions météorologiques.

a. quelques **b.** quelles que **c.** quel que

**1 a.** Placé devant un nom, *quelques* est un déterminant qui s'accorde. **2 c.** *Quelque* peut être remplacé par un autre adverbe : *Aussi.* **b.** Placé devant le verbe *être* au présent du subjonctif, *quelles que* s'écrit en deux mots ; *quelles* s'accorde avec le sujet *les conditions météorologiques.*

# Entraînement

**1** ▶ **Complétez ces phrases avec *quelque(s), quel(s) que* ou *quelle(s) que*.**

... soient les émissions qu'ils regardent, les enfants sont attentifs. – Ce candidat sera sans doute tombé dans ... piège tendu par l'examinateur. – Il n'y avait pas dans son attitude ... affectation ; tout était naturel en lui. – ... alpinistes, bien imprudents, n'ont pas respecté les consignes de sécurité. – ... soit l'heure du départ de l'avion, vous aurez le temps de prendre votre petit-déjeuner. – Nous avons perçu ... animosité dans votre attitude. – ... soit l'endroit où tu te trouves, tu es rarement satisfaite ; c'est désespérant. – Défaits à la dernière minute, les basketteurs français ont ... regrets.

**2** ▶ **Remplacez les mots en gras par ceux entre parenthèses et faites les accords nécessaires.**

Ce vendeur est à l'aise avec **le public** (la clientèle), quel qu'il soit. – Quel que soit **le temps** (la saison), les chalutiers appareillent dès l'aube. – Quel que soit **le prix** (la valeur) de ce bijou, prends-en grand soin. – Quels que soient **les effets** (les conséquences) du réchauffement de la planète, nous sommes tous concernés. – Ces commerçants acceptent **les modes** (les modalités) de paiement, quels qu'ils soient. – Quel que soit **ton résultat** (ta performance), ta qualification pour la finale du 400 mètres est assurée. – Je vous invite à vous inscrire à **un concours** (une compétition), quel qu'il soit. – Quelle que soit **la fin** (les dernières minutes) du film, nous sommes certains qu'elle sera heureuse. – Quelque cruel que soit **le sort** (les événements), Faustin aura la volonté de réagir.

**3** ▶ **Écrivez les noms en gras au pluriel et accordez.**

Quelque perfectionné que soit ce **portable**, il doit être rechargé assez souvent. – Quelque discrète que soit cette **personne**, elle ne passera pas inaperçue. – Quelque fonctionnel que soit cet **appartement**, il n'en demeure pas moins très sombre. – Quelque chanceux soit-il, ce **joueur** ne gagnera pas le gros lot. – Quel que soit le **programme** de ce soir, je ne le regarderai pas. – Quelque tendre que soit cette **escalope**, elle n'a cependant aucun goût. – Quelque **légume** que vous consommiez, ce sera un bienfait pour votre santé.

103

SOLUTIONS P. 228

# 48 LA – L'A – L'AS – LÀ / SA – ÇA – ÇÀ

Il existe des formes homophones comme *la – l'a – l'as – là* ou *sa – ça – çà* qu'il faut savoir distinguer.

## la – l'a – l'as – là

**Il ne faut pas confondre :**

• *la* : article ou pronom personnel complément, qui peut être remplacé par *une, le* ou *les*.
**La** piscine, Alice **la** fréquente chaque semaine.
→ **Le** stade, Alice **le** fréquente chaque semaine.

• *l'a* : contraction de *la a* ou de *le a*, qui peut être remplacée par *l'avait, l'aura*.
La piscine, Alice **l'a** fréquentée pendant un an.
→ La piscine, Alice **l'avait** fréquentée pendant un an.

• *l'as* : contraction de *la as* ou de *le as*, qui peut être remplacée par *l'avais, l'auras*.
La piscine, tu **l'as** fréquentée pendant un an.
→ La piscine, tu **l'avais** fréquentée pendant un an.

• *là* : adverbe de lieu, qui peut souvent être remplacé par *ici* ou *-ci*.
C'est **là** que j'ai appris à nager.
→ C'est **ici** que j'ai appris à nager.
*Là* est parfois accolé à un pronom démonstratif ou à un nom.
Ce bassin est profond ; dans celui-**là** on a pied.
→ Ce bassin est profond ; dans celui-**ci** on a pied.
Cet objet-**là** possède une valeur inestimable.
→ Cet objet-**ci** possède une valeur inestimable.

## sa – ça – çà

**Il ne faut pas confondre :**

• *sa* : déterminant possessif de la 3e personne du singulier, qui peut être remplacé par un autre déterminant *son, ses*...
Un bon chasseur ne sort pas sans **sa** chienne.
→ Un bon chasseur ne sort pas sans **son** chien.

• *ça* : pronom démonstratif, qui peut souvent être remplacé par *cela* ou *ceci*.
J'ai regardé le feuilleton, mais je n'ai pas trouvé **ça** passionnant.
→ J'ai regardé le feuilleton, mais je n'ai pas trouvé **cela** passionnant.

• *çà* : adverbe de lieu, qui ne se rencontre que dans l'expression *çà et là* où il signifie *ici*.
On observe, **çà** et là, quelques affiches.
→ On observe, **ici** et là, quelques affiches.

# Quiz

### ❶ Quels mots complètent la phrase ?
... vendeuse annonce ... dernière proposition de prix : c'est ... ou rien !
**a.** Là – ça – sa **b.** La – sa – ça **c.** L'a – sa – çà

### ❷ Quelle est la réponse à la question ?
M. Verne a-t-il déjà rempli sa déclaration d'impôts ?
**a.** Non, il ne l'a pas encore remplie. **b.** Oui, il la remplie.
**c.** Non, il ne là pas encore remplie.

### ❸ Quelle est la nature des mots en italique ?
*La* lave dévale les flancs du volcan de *la* Soufrière ; devant *ça*, on reste impuissant.
**a.** article – pronom personnel – déterminant possessif
**b.** déterminant possessif – pronom démonstratif – adverbe de lieu
**c.** article – article – pronom démonstratif

❶ **b.** On effectue les remplacements : *Le vendeur annonce son prix : c'est cela ou rien !* ❷ **a.** On effectue un changement de temps : *Non, il ne l'avait pas encore remplie.* ❸ **c.** Les deux premiers sont des articles placés devant des noms. *Ça* est un pronom démonstratif qui peut être remplacé par *cela*.

# Entraînement

### 1 ▶ Complétez ces phrases avec *la*, *l'a*, *l'as* ou *là*.
Arnaud se mit en colère et, ...-dessus, il prit la porte et s'en alla. – ... où il y a de ... gêne, il n'y a pas de plaisir. – Ce médicament, tu ... avalé d'un trait : alors ..., tu nous étonnes ! – Bien que ... vedette arbore une robe fort décolletée, personne ne ... remarquée ! – ... lettre « J » n'existait pas au Moyen Âge, l'Académie française ne ... introduite officiellement qu'en 1762. – À cette heure-..., il est possible que ... porte de l'immeuble soit fermée. – Dès que les convives eurent quitté ... table, ... serveuse ... débarrassée. – D'après ... carte, ... forteresse se trouve ... ou au sommet de ... colline.

### 2 ▶ Complétez ces phrases avec *sa*, *ça* ou *çà*.
En cherchant bien, nous avons pu trouver ... et là quelques champignons. – ... fait deux mois qu'il n'a pas plu sur cette région ; comment les scientifiques expliquent-ils ... ? – Une histoire pareille, ... ne s'invente pas ! – Gabriel est satisfait, ... formation professionnelle lui a permis de trouver rapidement un emploi. – Le comportement violent de ce sportif a entaché ... réputation. – Sur les hauts plateaux tibétains, apparaissent ... et là des troupeaux de yacks. – Si ... ne t'ennuie pas, je souhaite que notre rendez-vous soit reporté. – En mangeant des spaghettis, Roman a taché ... cravate. – Réparer soi-même ... voiture, ... peut revenir moins cher, mais c'est aussi moins sûr !

### 3 ▶ Écrivez les verbes en gras au passé composé. Faites attention à l'accord des participes passés.
La facture, Mme Blot la **règle** avec sa carte bancaire. – Cette robe, tu ne la **portais** pas souvent. – Son inspiration, Cézanne la **puisait** en contemplant la montagne Sainte-Victoire. – Sa clé USB, Yolande la **charge** surtout avec ses photos de vacances. – Julie dormait profondément ; la sonnerie la **réveille** en sursaut. – La visite de Marion à la tour Eiffel ne la **déçoit** pas.

SOLUTIONS P. 228

# 49 PRÊT(S) – PRÈS / PLUS TÔT – PLUTÔT

Il existe des formes homophones comme *prêt(s) – près* ou *plus tôt – plutôt* qu'il faut savoir distinguer.

## prêt(s) – près

**Il ne faut pas confondre :**

- *prêt* (*prêts*) : adjectif qualificatif, qui s'accorde avec le nom qu'il accompagne. Si on substitue au nom masculin un nom féminin, il peut être remplacé par la forme du féminin, *prête* (*prêtes*).
Le chat est **prêt** à bondir sur la petite balle rouge.
Les chats sont **prêts** à bondir sur la petite balle rouge.
→ La chatte est **prête** à bondir sur la petite balle rouge.
→ Les chattes sont **prêtes** à bondir sur la petite balle rouge.
*Prêt(s)* est généralement suivi par la préposition *à* (parfois *au, pour*).
Tu es **prêt** à nous suivre.
Le parachutiste est **prêt** au grand saut.
Les parachutistes sont **prêts** pour le grand saut.

- *près* : préposition ou adverbe de lieu, qui peut souvent être remplacé par une autre préposition ou un autre adverbe de lieu, *à côté* ou *loin*.
Les alpinistes sont **près** du sommet ; encore un petit effort !
→ Les alpinistes sont **à côté** du sommet ; encore un petit effort !
→ Les alpinistes sont **loin** du sommet ; encore un petit effort !
*Près* est souvent suivi par la préposition *de* (*du, d'*).
La mairie est située **près de** la poste.
La mairie est située **près du** bureau de poste.

### ⚠ Remarque

Il existe un autre homonyme, le nom *prêt* (action de *prêter*). Il est généralement précédé d'un déterminant.

Pour acheter une nouvelle voiture, M. Sarda sollicite un **prêt**.

## plus tôt – plutôt

**Il ne faut pas confondre :**

- *plus tôt* : locution adverbiale qui exprime une idée de temps et qui est le contraire de *plus tard*.
Le dimanche, la boulangerie ouvre **plus tôt** que d'habitude.
Le dimanche, la boulangerie ouvre **plus tard** que d'habitude.

- *plutôt* : adverbe qui signifie *de préférence, encore, très*. Il peut être remplacé par un autre adverbe.
Ces vignes seront vendangées à la main **plutôt** qu'à la machine.
→ Ces vignes seront vendangées à la main **de préférence** à la machine.
Dans ce quartier la vie est **plutôt** agréable.
→ Dans ce quartier la vie est **assez** agréable.

# Quiz

**❶ Quels mots complètent la phrase ?**

Il est ... de huit heures et Samuel n'est pas encore ... .

**a.** près – prêt          **b.** prêts – près          **c.** prêt – prêts

**❷ Quels mots complètent la phrase ?**

Examinée de ..., cette proposition de ... immobilier me semble ... avantageuse.

**a.** prêt – près – plutôt          **b.** près – prêt – plutôt          **c.** prêts – prêts – plus tôt

**❸ Quels mots complètent la phrase ?**

Pourquoi ne nous avoir pas dit ... que tu étais ... à t'engager dans la marine ?

**a.** plus tôt – prêt          **b.** plutôt – près          **c.** plutôt – prêts

❶ **a.** On effectue des changements : Il est *presque* huit heures et Sonia n'est pas encore *prête* [...]. On repère ainsi la préposition et l'adjectif qualificatif qui s'accorde. ❷ **b.** On effectue des changements : Examinée de *loin* (adverbe), cette proposition de *contrat* (nom) immobilier me semble *très* (adverbe) avantageuse. ❸ **a.** On effectue des changements : Pourquoi ne nous avoir pas dit *maintenant* que tu étais *prête* à t'engager...

# Entraînement

**1 ▶ Complétez ces phrases avec *près*, *prêt* ou *prêts*.**

Ils sont si ... du but que les concurrents sont ... à faire un effort. – Mon frère a ouvert une boutique de ...-à-porter tout ... d'une maroquinerie. – Pour trouver du travail, ces chômeurs sont ... à s'installer en Alsace, ... de la frontière allemande. – Benoît ignore à peu ... tout de la grammaire anglaise, il n'est pas ... de traduire les romans de Faulkner. – En suivant de ... les instructions de montage, il faut à peu ... dix minutes pour installer ce lampadaire. – Les volleyeurs se tenaient tout ... du filet, ... à renvoyer la balle. – Vous étiez ... à photographier le cerf quand il passerait ... de l'étang.

**2 ▶ Remplacez les noms ou groupes de noms en gras par ceux entre parenthèses, et faites les transformations nécessaires.**

**Juliette** (Jonathan) est prête pour sa première rentrée scolaire. – **L'équipe de secours** (les pompiers) se tient prête à intervenir. – **La fusée Ariane** (l'avion) est prête pour le décollage. – Prête à embaucher de nouveaux employés, **cette entreprise** (ce groupe industriel) s'adresse à Pôle emploi. – **Les admiratrices** (les admirateurs) veulent être prêtes lorsque leur idole arrivera. – **La goélette** (le voilier) ne paraît pas prête pour la régate. – Prêtes pour le tournage, **les comédiennes** (les comédiens) quittent leur loge. – Après quelques mouvements d'assouplissement, **le pilote** (les motards) est prêt pour le départ.

**3 ▶ Complétez ces phrases avec *plus tôt* ou *plutôt*.**

Les poulets fermiers sont ... meilleurs que ceux élevés en batterie. – Cette grue devrait ... faciliter le transport des tuiles à l'aplomb du toit. – ... que de quitter sa ferme, M. Fargeat tente de se reconvertir dans l'agriculture biologique. – Pourquoi ne nous avoir pas dit ... que l'autoroute était encombrée ? – Dans sa jeunesse, M. Duivon était ... timide ; cela a bien changé. – Au Maroc, on récolte les tomates ... qu'en Provence. – ... que d'attendre un hypothétique retour de l'électricité, Thierry décida d'allumer des bougies. – Mme Ravet doit être opérée, alors le ... sera le mieux, dit-elle. – ... réfléchir que se précipiter pour écrire une réponse inexacte.

SOLUTIONS
P. 229

Il existe des formes homophones comme *peut – peux – peu* qu'il faut savoir distinguer.

## Confusion due à la prononciation

**Il ne faut pas confondre :**

• *peut* : forme conjuguée du verbe *pouvoir* à la 3$^e$ personne du singulier du présent de l'indicatif.
On écrit *peut* quand on peut le remplacer par une autre forme conjuguée du verbe *pouvoir* à la même personne (*pouvait, pourra, a pu...*).
Coline **peut** graver des CD.     → Coline **pouvait** graver des CD.

• *peux* : forme conjuguée du verbe *pouvoir* à la 1$^{re}$ ou 2$^e$ personne du singulier du présent de l'indicatif.
On écrit *peux* quand on peut le remplacer par une autre forme conjuguée du verbe *pouvoir* à la même personne (*pouvais, pourrai, ai pu...*).
Je **peux** graver des CD.     → Je **pouvais** graver des CD.
Seul le sujet permet de distinguer *peut* et *peux*.

• *peu* : adverbe de quantité, donc invariable.
On écrit *peu* quand on peut le remplacer par *beaucoup* (ou quelquefois par *très* devant un adjectif).
Coline a gravé **peu** de CD.     → Coline a gravé **beaucoup** de CD.
Coline est **peu** expérimentée.     → Coline est **très** expérimentée.
Lorsque *peu* est précédé de *un*, c'est l'ensemble *un peu* qui se remplace par *beaucoup* ou *très*.
Coline est **un peu** expérimentée.  → Coline est **très** expérimentée.

### ⚠ Remarques

**1** *Peu* est parfois employé comme nom (il signifie alors *une petite quantité*).
Coline grave le **peu** de CD qu'elle possède.

**2** Il ne faut pas confondre l'adverbe *peut-être* (qui s'écrit avec un trait d'union) et le groupe formé du verbe *pouvoir* conjugué et de l'infinitif *être* (qui ne prend pas de trait d'union).
Pour éviter toute confusion, on essaie de remplacer par *pouvait être*.
Coline gravera **peut-être** des CD.
Ce CD **peut être** gravé en quelques minutes.
→ Ce CD **pouvait être** gravé en quelques minutes.

**3** Il faut retenir l'orthographe de quelques expressions.
**Peu s'en faut** que l'orage n'éclate.
Ce banc est **un tant soit peu** bancal.
Il faut **faire peu de cas** des calomnies.
Cet immeuble compte **à peu près** dix étages.
Il faut aider les malheureux, **si peu que ce soit**.
Cette moquette est **quelque peu** usée.
Tous ces enfants se ressemblent **peu ou prou**.
Jouer aux cartes ou aux dominos, **peu importe**.
La côte est rude, **ce n'est pas peu dire** !

# Quiz

**❶ Par quel mot peut-on remplacer le mot en italique ?**

*Peux*-tu me donner ton adresse Internet ?

a. Pourrait        b. Pourrais        c. Beaucoup

**❷ Quelle expression complète la phrase ?**

En descendant de l'avion, Marlène se sent … étourdie ; l'atterrissage fut difficile.

a. depuis peu        b. quelque peu        c. peu importe

**❸ Quels mots complètent la phrase ?**

Un bon imitateur … modifier sa voix en … de temps.

a. peux – peut        b. peu – peu        c. peut – peu

❶ b. Le verbe *pouvoir* est conjugué à la 2ᵉ personne du singulier ; seule la deuxième réponse convient : verbe *pouvoir* au présent du conditionnel. ❷ b. Le sens impose la deuxième réponse. ❸ c. On effectue des changements : Un bon imitateur *pourra* (verbe) modifier sa voix en *guère* en *guère* (adverbe) de temps.

# Entraînement

**1 ▶ Complétez ces phrases avec *peut, peux* ou *peu*.**

Cette berline ne … pas démarrer car il n'y a que … d'essence dans le réservoir. – Cette salle de congrès … accueillir des milliers de personnes. – Tu … toujours t'inscrire à un jeu télévisé, mais tu as … de chance d'être sélectionnée, tu es encore un … jeune. – Il se … que, un jour, le Gulf Stream ne vienne plus réchauffer l'ouest de l'Europe. – Versez … à … le lait sur la farine avant d'ajouter un tout petit … de liqueur de fleur d'oranger. – …-tu écrire un … mieux ? Je ne … pas te lire. – J'ai … de temps et je ne … pas attendre. – Cette année, la récolte d'asperges a été … abondante, le maraîcher ne … pas vendre beaucoup de bottes. – Si … que vous puissiez faire pour aider ces enfants somaliens, faites-le, cela ne … que leur rendre un … d'espoir.

**2 ▶ Écrivez les noms en gras au singulier et accordez.**

Ces **commerçants** ne peuvent livrer que peu de marchandises ; leurs stocks sont épuisés. – Avec ce rasoir, les **hommes** peuvent se raser sans risque de se couper. – Quand ils sont mécontents de leurs conditions de travail, les **ouvriers** peuvent faire grève. – Les **consommateurs** ne peuvent pas tout acheter car ils n'ont que peu d'argent. – Les **hirondelles** peuvent parcourir des milliers de kilomètres sans se poser. – Ces **employés** ne peuvent prétendre pour l'instant à un poste de responsabilité ; ils n'ont que trop peu d'ancienneté. – Ces **péniches** ne peuvent pas emprunter le canal du Centre, leur gabarit est trop important.

**3 ▶ Replacez dans chaque phrase une des expressions suivantes que vous compléterez avec *peut* ou *peu*.**

… à … – à … près – un … mieux – …-être – depuis … – quelque … – pour un …

Cet aventurier a traversé seul … tous les déserts du monde. – La liaison Paris-Quito est en service … . – Comme l'autobus était en avance, … j'allais le manquer. – Même si elle est bien conservée, le prix de cette armoire normande est … surévalué. – Les commerces de nos villages disparaissent … . – Sur les routes enneigées, on roule … avec des pneus spéciaux. – Cet été, nous irons … en vacances au Lavandou.

SOLUTIONS P. 229

# 51 QUAND – QUANT – QU'EN / OU – OÙ

Il existe des formes homophones qu'il faut savoir distinguer.

## quand – quant – qu'en

**Il ne faut pas confondre :**

• *quand* : conjonction de subordination, qui peut être remplacée par *lorsque*.
**Quand** nous aurons un moment de libre, nous classerons nos photographies.
→ **Lorsque** nous aurons un moment de libre, nous classerons nos photographies.

• *quand* : adverbe, qui peut être remplacé par *à quel moment*.
**Quand** serez-vous en vacances ? → **À quel moment** serez-vous en vacances ?

• *quant* : préposition, qui peut être remplacée par *en ce qui concerne, pour (ma) part*.
L'autobus arrivera à dix heures ; **quant au** train, je l'ignore.
→ L'autobus arrivera à dix heures ; **en ce qui concerne** le train, je l'ignore.
Philippe parle l'espagnol, **quant à** moi, j'essaie d'apprendre l'allemand.
→ Philippe parle l'espagnol, **pour ma part**, j'essaie d'apprendre l'allemand.

• *qu'en* : peut se décomposer en *que en* (on place l'apostrophe par euphonie).
Le plombier pensait **qu'en** une heure il aurait terminé.
Les historiens consultent des documents ; **qu'en** dégagent-ils comme conclusion ?
Ce problème n'est simple **qu'en** apparence.
Ce n'est **qu'en** travaillant qu'on devient un virtuose du piano.

### ⚠ Remarques

**1** Pour choisir entre *quand* et *quant*, la liaison induit en erreur.
En effet, avec *quand* suivi d'une voyelle, la liaison est également en *t*.

Quand (t)il court, Richard penche la tête.
Quant (t)à Richard, il penche la tête.

Il faut se souvenir que *quant* est toujours suivi d'une autre préposition : *à, au, aux.*

**2** Le nom *camp* est aussi un homonyme qui se distingue assez facilement car il est souvent précédé d'un déterminant.

Les joueurs se replient dans leur **camp**.

**3** Il faut retenir l'orthographe de ces noms composés.

Hautain, il est resté sur son **quant-à-soi**.
Elle ne se soucie pas des **qu'en-dira-t-on**.

## ou – où

**Il ne faut pas confondre :**

• *ou* : conjonction de coordination, qui peut être remplacée par *ou bien*.
Pour trouver ce mot, utilise un dictionnaire **ou** (**ou bien**) un lexique.

• *où* : pronom ou adverbe, qui indique le lieu, le temps, la situation.
On peut parfois le remplacer par *dans lequel, à quel endroit, à laquelle.*
Voici un étui **où** il y a deux stylos. → Voici un étui **dans lequel** il y a deux stylos.
**Où** habitez-vous ? → **Dans quel endroit** habitez-vous ?

# Quiz

**❶ Quel mot complète la phrase ?**
Il paraît qu'il n'y a … Italie qu'on déguste de véritables pizzas.
**a.** quand　　　　　　　**b.** quant　　　　　　　**c.** qu'en

**❷ Par quels mots peut-on remplacer les mots en italique ?**
M. Narnio se chauffe au bois ; *en ce qui concerne* M. Régnier il préfère le gaz.
**a.** quand　　　　　　　**b.** quant à　　　　　　**c.** qu'en

**❸ Quel mot complète la phrase ?**
L'immeuble … vit la famille Desroches va être rénové … il sera démoli.
**a.** où – ou　　　　　　**b.** ou – ou　　　　　　**c.** où – où

❶ c. Il n'est pas possible de remplacer le mot par *lorsque* ou par *en ce qui concerne*. ❷ b. Le sens impose la deuxième réponse. ❸ a. On effectue des remplacements : L'immeuble dans *lequel* (lieu) vit la famille Desroches va être rénové *ou bien* il sera démoli.

# Entraînement

**1 ▶ Complétez ces phrases avec *quand, quant* ou *qu'en*.**

… l'expédition de Christophe Colomb aperçut la terre, les équipages étaient au bord de la mutinerie. – Le chirurgien rassure le malade … au résultat de l'opération : tout se passera bien. – … ce chalet sera-t-il à vendre ? – Ce n'est … se penchant sur les causes de l'échec du lancement que les ingénieurs pourront améliorer l'efficacité de la fusée. – … on tombe en panne en pleine nuit, mieux vaut avoir une lampe électrique dans sa voiture. – Il ne faut parler des problèmes économiques … connaissance de cause. – Le temps se couvre sur la Normandie ; … à la Bretagne, elle bénéficiera d'un soleil agréable. – Il ne faut jamais s'arrêter aux …-dira-t-on et poursuivre son chemin, fort de ses convictions. – Cette réception dans les jardins fut une réussite si ce n'est … automne il fait déjà bien frais. – Hugo porte des gants … il fait la vaisselle. – … à mettre de l'ordre dans le garage, autant le faire tout de suite. – Comme entrée, je prendrai un avocat à la vinaigrette ; … à toi, que choisiras-tu ? – Prescillia vient de réussir la partie théorique du permis de conduire ; … à la conduite, on ne sait … elle la passera.

**2 ▶ Complétez ces phrases avec *quand, quant* ou *qu'en*.**

On m'a fait cadeau d'un cendrier mais je ne sais … faire car je ne fume jamais ! – … on n'a pas de point de repère, on se dirige au hasard. – On ne trouve des pizzas de cette qualité … Italie. – Tous les techniciens sont réunis autour du metteur en scène, … à l'actrice principale, on l'attend encore sur le plateau. – Laurette ne se baigne jamais … l'eau n'atteint pas 25°. – La première chaîne diffuse un film de science-fiction ; … à la troisième, elle retransmettra un match de football. – Martial ne voyage … train car il a la phobie du transport aérien.

**3 ▶ Complétez ces phrases avec *ou, où*.**

En vacances, il faut toujours emporter deux … trois boîtes de médicaments, on ne sait jamais ! – Savez-vous … se trouve le lac Baïkal ? – M. Berthet perce un trou là … il veut accrocher un tableau. – Est-ce la trace d'un serval … d'un guépard ? – Pour se rendre en Angleterre, on peut prendre l'avion … l'Eurostar. – Dans l'état … se trouve cette voiture, il n'est pas normal qu'elle roule encore. – L'Islande est une île … les volcans se réveillent de temps en temps. – Valentin découvre un étang … nagent des centaines de carpes. – La spécialité alsacienne, est-ce la choucroute … la bouillabaisse ?

**SOLUTIONS P. 229**

# 52 QUOIQUE – QUOI QUE / PARCE QUE PAR CE QUE / POURQUOI – POUR QUOI

Il existe des formes homophones qu'il faut savoir distinguer.

## quoique – quoi que

**Il ne faut pas confondre :**

• *quoique* : conjonction de subordination, qui peut toujours être remplacée par *bien que*.
**Quoique** les fenêtres restent fermées, il fait froid dans ce bureau.
→ **Bien que** les fenêtres restent fermées, il fait froid dans ce bureau.

• *quoi que* : pronom relatif composé qui a le sens de *quelle que soit la chose que* ou de *quelque chose que*.
**Quoi que** vous décidiez, prévenez-nous.

### ⚠ Remarques

**1** Le verbe qui suit *quoique* ou *quoi que* est toujours au mode subjonctif.
Quoi qu'il dise, personne n'écoute.
Quoiqu'il réponde, personne ne l'écoute.

**2** Dans l'expression *quoi qu'il en soit*, *quoi qu'* s'écrit en deux mots.
Je maintiens ma position, quoi qu'il en soit.

## parce que – par ce que

**Il ne faut pas confondre :**

• *parce que* : locution conjonctive de subordination qui introduit un complément circonstanciel de cause et qui peut être remplacée par *car*.
Mme Thierry achète ses fromages à la ferme **parce qu'**ils y sont plus frais.
→ Mme Thierry achète ses fromages à la ferme **car** ils y sont plus frais.

• *par ce que* : expression formée d'une préposition, d'un pronom démonstratif neutre et d'un pronom relatif et qui a le sens de *par la chose que*.
**Par ce que** vous avancez comme motif, vous ne serez pas cru.
C'est une expression peu employée.

## pourquoi – pour quoi

**Il ne faut pas confondre :**

• *pourquoi* : adverbe ou conjonction, qui peut être remplacé par *pour quelle raison* ou *dans quelle intention*.
Le menuisier ne comprend pas **pourquoi** ce bois est aussi tendre.
→ Le menuisier ne comprend pas **pour quelle raison** ce bois est aussi tendre.

• *pour quoi* : pronom relatif ou interrogatif précédé de la préposition *pour* a le sens de *pour cela*.
Cet homme, on le condamne **pour quoi** (pour cela).

### ⚠ Remarque

*Pourquoi* peut aussi être un nom invariable, synonyme de *motif*.

Je ne m'explique pas le **pourquoi** (le motif) de cette affaire.

# Quiz

**❶ Quels mots complètent la phrase ?**

… Naïma porte, elle est toujours très élégante : un rien lui va.

**a.** Quoi que     **b.** Quoique     **c.** Quoiques

**❷ Quels mots complètent la phrase ?**

Si j'en juge … je vois, vous n'aurez pas fini le travail ce soir.

**a.** parce que     **b.** par ce que     **c.** par se que

**❸ Quels mots complètent la phrase ?**

… tous les automobilistes ne respectent-ils pas le code de la route ?

**a.** Pour quoi     **b.** Pourquoi     **c.** Par ce que

❶ a. *Quoi que* est un pronom relatif composé qui a le sens de *quelle que soit la chose que*. *Quoique* est une conjonction de subordination qui peut être remplacée par *bien que* et *quoiques* n'existe pas. ❷ b. On effectue un remplacement : *Si j'en juge par la chose que je vois* […]. *Ce* est un pronom démonstratif. ❸ b. On effectue un remplacement : *Pour quelle raison les automobilistes…*

# Entraînement

**1 ▶ Complétez ces phrases avec *quoique* ou *quoi que*.**

Cette salle est fort bien aménagée … avec moins de luxe que la précédente. – … vous plantiez dans ce terrain, rien ne poussera. – L'attente au péage n'est pas si longue …'il y ait nombre de véhicules. – … M. Marmier entreprenne, il réussit toujours. – … parfaitement outillé, Gérard ne peut démonter la vidange de la machine à laver. – …'il soit un peu fatigué, Barthélemy poursuit sa route. – …'elle espère trouver sous le sapin le jour de Noël, Dolorès sera contente. – Marco est tout à fait sérieux …'il sourie. – …'il peigne, cet artiste plaît aux critiques d'art. – … Chaïda porte, elle est toujours très élégante. – Vous ne prenez jamais un gramme, … vous mangiez.

**2 ▶ Complétez ces phrases avec *parce que* ou *par ce que*.**

Les passagers du vol Bangkok-Paris attachent leur ceinture … le commandant de bord annonce une zone de turbulences. – Ce mime est émouvant …'il exprime avec de simples gestes. – M. Dumont dispose un filet protecteur sur les pommiers de son verger …'il craint un orage. – Rudy est devenu un grand champion …'il a observé chez les autres et qu'il a mis en pratique. – Amélie est furieuse …'elle perd. – … le gendarme constate, il semble que le cambriolage ait été commis par une personne de petite taille. – Ces étudiants en histoire retiennent facilement les dates des grands événements …'ils ont une bonne mémoire.

**3 ▶ Complétez ces phrases avec *pourquoi* ou *pour quoi*.**

… souffrir du mal de dents, alors qu'il existe des médicaments ? – Vous avez acheté une scie électrique : … faire ? – M. Bourgeois est un homme intègre, c'est … les électeurs voteront pour lui. – Alexandra aimerait entrer à l'École des Beaux-Arts, c'est ce … elle travaille si sérieusement. – Les ouvriers du chantier ont mis à jour des vestiges gallo-romains, c'est … les travaux du TGV sont suspendus. – Expliquez-moi … ces deux pays sont en guerre. – … tous les automobilistes ne respectent-ils pas le code de la route ? – Ne me demandez pas … la température baisse ; je ne saurais vous l'expliquer. – Je ne sais ni par qui ni … je suis convoquée à la perception.

**SOLUTIONS P. 230**

# 53 LE PARTICIPE PRÉSENT ET L'ADJECTIF VERBAL

Il faut savoir distinguer les formes en **-ant** comme le participe présent et l'adjectif verbal.

## Le participe présent

Le participe présent, **invariable**, est une forme verbale terminée par **-ant**.
Goûtez-moi ce biscuit craqu**ant** sous la dent.
Goûtez-moi cette biscotte craqu**ant** sous la dent.

## L'adjectif verbal

• L'adjectif verbal, terminé lui aussi par **-ant**, s'accorde avec le nom (ou le pronom) auquel il se rapporte.
goûter un biscuit craquant          goûter une biscotte craquant**e**
• L'adjectif verbal, comme l'adjectif qualificatif, peut être épithète ou attribut.
Vous tenez des propos **amusants**.          Vos propos sont **amusants**.

### ⚠ Remarques

**1** Il ne faut pas confondre les adjectifs verbaux terminés par **-ant** avec les adverbes terminés par **-ent** ou **-ant**.

Cette actrice est souv**ent** éblouissante.
Auparav**ant** ces locaux étaient bruyants.

**2** Certains adjectifs verbaux sont employés comme des noms.

Les gagn**ants** se partageront le gros lot ; les perd**ants** espèrent que le sort leur sera favorable la prochaine fois.

## Comment éviter toute confusion ?

Il est parfois difficile de distinguer le participe présent de l'adjectif verbal.
On peut remplacer le nom masculin par un nom féminin ; oralement, on entend la différence.
Voici l'entrée des joueurs remplaçants.
Voici l'entrée des joueuses remplaçant**es**.          → adjectif verbal
Les joueurs remplaçant leurs partenaires sont là.
Les joueuses remplaçant leurs partenaires sont là.          → participe présent

### ⚠ Remarques

**1** Des participes présents et des adjectifs verbaux peuvent avoir des orthographes différentes.

en communi**qu**ant par signes
          les vases communi**c**ants
en provo**qu**ant une émeute
          une tenue provo**c**ante
en différ**ant** la réponse
          une réponse différ**ent**e
en navi**gu**ant dans le golfe
          le personnel navi**g**ant

en conver**ge**ant vers la sortie
          des réponses conver**g**entes
en précéd**ant** le cortège
          le numéro précéd**ent**
en fati**gu**ant son entourage
          une marche fati**g**ante

**2** Même quand il est adjectif, *soi-disant* est toujours invariable.

Cette **soi-disant** solution échoua.

## Quiz

**❶ Par quel mot peut-on remplacer les mots en italique ?**
La porte *qui coulisse* s'est bloquée ; il faudra la réparer.
**a.** coulissante          **b.** coulissant          **c.** coulissantes

**❷ Par quel mot peut-on remplacer les mots en italique ?**
Au soir du 14 Juillet, on admire les fusées *qui illuminent* le ciel.
**a.** illuminante          **b.** illuminant          **c.** illuminantes

**❸ Quels mots complètent la phrase ?**
... des morceaux ..., les musiciens déchaînent l'enthousiasme du public.
**a.** Improvisants – entraînants    **b.** Improvisant – entraînant
**c.** Improvisant – entraînants

❶ **a.** *Coulissante*, adjectif verbal, s'accorde avec le nom *porte*. ❷ **b.** Une simple lecture à haute voix montre qu'il s'agit d'un participe présent invariable. ❸ **c.** Si on remplace *morceaux* par *mélodies*, on entend la différence : *Improvisant* (participe présent) des mélodies *entraînantes* (adjectif verbal) [...].

## Entraînement

**1 ▶ Écrivez les noms en gras au pluriel, et faites les accords nécessaires.**

Avez-vous déjà rencontré un **homme** parlant le chinois et le japonais ? – Perçant le dallage, le **plombier** prépare le passage de ses tuyaux. – Nous avons reçu un **message** alarmant de nos amis martiniquais ; un cyclone s'approcherait des côtes. – Observant l'éclipse totale de Lune, l'**astronome** est enthousiasmé. – Affamé et terrifiant, le **lion** s'est jeté sur sa proie. – Le **bénéfice** de ce mois est encourageant ; l'usine va embaucher des ouvriers. – Cet **enfant** imprudent s'est brûlé en jouant avec des allumettes. – En l'invitant à cette fête, vous avez fait plaisir à votre **ami**.

**2 ▶ Remplacez l'infinitif en gras par l'adjectif verbal ou le participe présent.**

Les torrents **bondir** bouillonnent lorsque la neige fond. – Les torrents **bondir** sur les cailloux font jaillir des gerbes d'écume. – Des éclairs **éblouir** illuminent le ciel. – **Éblouir** les autres conducteurs, ces chauffards roulent pleins phares. – Les clients ne peuvent pas résister devant les prix **allécher** que propose ce commerçant. – C'est en **allécher** les badauds que le camelot parvient à vendre ses appareils révolutionnaires ! – Les bateaux de pêche, **rompre** leurs amarres, se sont brisés sur les rochers. – **Rompre** leurs relations diplomatiques, ces deux pays sont en état de guerre.

**3 ▶ Remplacez les noms en gras par ceux entre parenthèses, et faites les accords nécessaires.**

L'**aspect** (l'audace) étonnant de cette statue intrigue tous les visiteurs de l'exposition. – Quentin étale **un vernis** (une peinture) très résistant sur les volets de son chalet. – **Le coureur** (les joueurs), obéissant strictement aux conseils de son entraîneur, progressera rapidement. – Le malade a pris **un sirop** (une potion) calmant. – **Le randonneur** (les promeneurs) grimpait en s'arrêtant quelquefois pour contempler le paysage. – Tuant le temps comme il peut, **le doyen** (les anciens) du village est le seul à maintenir un semblant d'animation. – En portant secours aux naufragés, **le sauveteur** (les marins pompiers) a pris tous les risques. – **Mohamed** (Magali) resta interdit, pestant contre les graviers qui avaient étoilé son pare-brise.

SOLUTIONS
P. 230

# ORTHOGRAPHE D'USAGE

# 54. LES ACCENTS

Les accents sont des signes placés sur les voyelles pour, le plus souvent, en modifier la prononciation. Un texte où les accents sont absents est beaucoup plus difficile à lire.

## Les différents accents

- L'accent aigu ( ´ ) se place uniquement sur la lettre *e* qui se prononce alors [e].
Jérémie est désespéré car il a perdu sa précieuse clé.

- L'accent grave ( ` ) se place souvent sur la lettre *e* qui se prononce alors [ɛ].
Cet athlète possède une bonne hygiène de vie.
On trouve parfois un accent grave sur les lettres *a* et *u*.
Où se trouve l'Espagne ? Au-delà des Pyrénées, à deux heures de Paris en avion.

- L'accent circonflexe ( ^ ) se place sur la lettre *e* qui se prononce alors [ɛ].
Le joueur se jette tête baissée dans la mêlée.

### ⚠ Remarques

**1** On trouve aussi un accent circonflexe sur les autres voyelles (sauf *y*).

un gâteau – une traîne – un cône – la flûte

Les accents circonflexes sur les lettres *i* et *u* ne modifient pas leur prononciation.

**2** L'accent circonflexe peut être le témoin d'une lettre disparue que l'on retrouve dans des mots de la même famille.

l'hôpital – hospitalisé – l'hospice
la croûte – croustillant

**3** L'accent circonflexe permet aussi de distinguer des mots homonymes.

L'abricot est mûr.
un mur de brique

une tache de graisse
une rude tâche

respecter le jeûne du ramadan
parler à un jeune enfant

gravir la côte
surveiller la cote d'alerte

## Cas particuliers

- Lorsque le *e* se trouve entre deux consonnes au milieu d'une syllabe, il ne prend pas d'accent, même s'il est prononcé [ɛ].
ne jamais perdre la technique de la lecture
**Exceptions** :
en fin de mot : le progrès – le succès – près – l'arrêt – la forêt

- On ne double pas la consonne qui suit une voyelle accentuée.
l'intérieur mais un terrain        bâtir mais battre
**Exceptions** : un châssis – une châsse – enchâsser – l'enchâssement

- Devant la lettre **-x**, le *e* n'a jamais d'accent.
Il nous explique la solution d'un exercice complexe.

### ⚠ Remarque

Selon les régions, la prononciation des lettres accentuées peut varier, mais l'orthographe demeure la même.

# Quiz

**❶ Quel est le seul mot sur lequel il manque un accent grave ?**

**a.** une veste  **b.** la lumiere  **c.** l'apprehension

**❷ Combien manque-t-il d'accents aigus dans la phrase ?**

Hier, la portiere de ma voiture a ete accrochee par un velomoteur.

**a.** 3  **b.** 4  **c.** 5

**❸ Quelle est la seule phrase où les accents sont corrects et bien placés ?**

**a.** Pour règler sa facture, Valérie a donné un chéque à la caîssière.
**b.** Pour régler sa facture, Valérie a donné un chèque à la caissière.
**c.** Pour rêgler sa facture, Vâlérie a donné un chèque à la caissîère.

# Entraînement

**1 ▸ Complétez ces mots avec des accents aigus ou des accents graves.**

| | | | | |
|---|---|---|---|---|
| un reflexe | la fleche | un poeme | mineral | la fougere |
| reflechir | aupres | malgre | la guerre | le reglement |
| un metre | desormais | un eleve | guere | la regle |
| celebre | un zebre | la levre | le deces | regler |

**2 ▸ Complétez, si nécessaire, ces mots avec un accent circonflexe.**

| | | | | |
|---|---|---|---|---|
| un bateau | la bache | en aout | la boite | le coté |
| un chateau | la mache | ruminer | boiter | détroner |
| un cadeau | la cache | la sureté | diner | la zone |
| un rateau | facher | la buche | l'huile | un hotel |

**3 ▸ Complétez ces mots avec des accents aigus, graves ou circonflexes.**

| | | | | |
|---|---|---|---|---|
| un interet | un pieton | un chene | un ancetre | vehiculer |
| un eveque | la grele | l'aeroport | la treve | l'extremite |
| parallele | le gresil | la fenetre | la deesse | la tete |
| reciter | la planete | l'arene | inquieter | teter |
| rever | enqueter | preter | honnete | pedaler |

**4 ▸ Copiez ces phrases en plaçant correctement les accents oubliés.**

Dans la nuit etoilee, nous avons aperçu une comete ou une etoile filante ; nous n'avons pas pu la reconnaitre precisement. – Pour se deplacer dans les plaines enneigees de Finlande, un traineau est necessaire. – Les pylones et les cables electriques defigurent les vallees et decoupent de larges saignees dans les forets. – Sur la scene du theatre, chaque acteur joue son role avec opiniatrete. – Pour la premiere fois de sa vie, Rene a goute de la tarte aux poireaux ; ce n'etait pas trop desagreable. – La petite troupe tomba en arret devant un nid de guepes qu'elle croyait abandonne. Arme d'un baton, Andre decida de l'ecarter pour eviter les douloureuses piqures. – Au moment ou elle gresille dans la poele, la sole doit etre salee et poivree. – Pour la fete de la musique, Valerie a execute une melodie de Schubert.

SOLUTIONS
P. 230

# LA CÉDILLE – LE TRÉMA – LE TRAIT D'UNION – L'APOSTROPHE

Il existe d'autres signes écrits qu'il faut connaître.

## La cédille

Pour conserver le son [s], on place **une cédille** sous la lettre *c* devant les voyelles *a*, *o*, *u*.
la leçon – menaçant – un reçu

## Le tréma

**Le tréma**, généralement placé sur la lettre *i*, indique que l'on doit prononcer séparément la voyelle qui le précède immédiatement.
être naïf – faire preuve d'héroïsme – un plat en faïence

⚠ **Remarque**

Placé sur le *e* qui suit un *u*, le tréma indique que le *u* doit être prononcé.

ciguë – aiguë – ambiguë – contiguë

Le tréma peut aussi avoir la valeur d'un *é*.

un canoë

## Le trait d'union

**Le trait d'union sert à lier plusieurs mots. On le place :**
• entre les différents éléments de beaucoup de mots composés ;
sur-le-champ – un sapeur-pompier – un non-lieu – un arc-en-ciel

• entre le verbe et le pronom personnel sujet antéposé (ainsi que *ce*) ;
Pourquoi ne dis-tu pas la vérité ?   Est-ce la vérité ?   Sait-on la vérité ?

• entre le verbe à l'impératif et le(s) pronom(s) personnel(s) complément(s) ;
Lève-toi !        Parlons-en.        Faites-le-moi savoir.

• dans certaines locutions adverbiales ;
pêle-mêle        avant-hier        au-dessus        par-delà

• dans les déterminants numéraux inférieurs à *cent* ;
trente-quatre    quatre-vingt-dix-huit

• devant les particules *-ci* et *-là* ;
celui-ci         cette maison-là    ces immeubles-là

• entre le pronom personnel et l'adjectif *même* ;
lui-même         elle-même          eux-mêmes

• dans certaines expressions.
là-haut          jusque-là          ci-joint        de-ci          de-là

## L'apostrophe

L'apostrophe (') se place en haut et à droite d'une lettre pour marquer l'élision de *a*, *e*, *i* ou devant un mot commençant par une voyelle ou un *h* muet.
l'arrivée    s'asseoir    lorsqu'il    quelqu'un    parce qu'on    s'il pleut

# Quiz

**❶ Dans quelle phrase les traits d'union sont-ils bien placés ?**
**a.** Irez-vous à la souspréfecture pour voter ou-bien vous abstiendrez-vous ?
**b.** Irez-vous à la sous préfecture pour voter ou bien vous-abstiendrez vous ?
**c.** Irez-vous à la sous-préfecture pour voter ou bien vous abstiendrez-vous ?

**❷ Quels mots complètent la phrase ?**
Les ... des douaniers étaient fondés ; il ont trouvé un ... caché dans une malle !
**a.** soupçons – caïman          **b.** soupcon – caiman          **c.** soupson – caimans

**❸ Dans quelle phrase les apostrophes sont-elles bien placées ?**
**a.** Jusquà la fin du mois d'avril, il est conseillé de shabiller chaudement.
**b.** Jusqu'à la fin du mois d'avril, il est conseillé de s'habiller chaudement.
**c.** Jusqu'à la fin du m'ois d'avril, il est conseillé de shabiller chaudement.

# Entraînement

**1 ▶ Copiez ces phrases en plaçant correctement les cédilles.**

Ce résumé donne un bon apercu de ce que peut être la langue provencale. – Nous renoncons à prendre ce troncon d'autoroute car les ouvriers procèdent au tracage des lignes blanches. – Le cavalier débutant a rapidement vidé les arcons. – Lorsqu'il pêchait, Lucien commencait par monter de petits hamecons sur sa ligne. – Ce mot polonais qui ne compte qu'une seule voyelle est imprononcable pour un Francais.

**2 ▶ Copiez ces phrases en plaçant correctement les accents et les trémas.**

Leo a franchi ces gorges encaissees sur un petit canoe : c'est un exploit inoui ! – Dans cette ancienne demeure, on a decouvert de magnifiques mosaiques. – L'utilisation d'une faucille pour moissonner est un veritable archaisme. – Le racisme et l'egoisme sont des sentiments haissables ; il faut les combattre sans relache. – Le trafic de cocaine est severement reprime par la loi. – Lorsque le navigateur heroique parle de l'exiguite de sa coquille de noix, le public est tout ouie.

**3 ▶ Copiez ces phrases en plaçant correctement les traits d'union.**

Lire des romans de contre espionnage, c'est le passe temps favori de M. Lenoir. – Le contre la montre arrivera à Aix les Bains. – Participerez vous à la prochaine campagne électorale ou vous abstiendrez vous ? – Renseigne toi sur les qualités exigées pour exercer le métier d'aide soignante. – Aucun des vingt cinq élèves de cette classe n'a obtenu une note au dessus de la moyenne. – C'est en mille neuf cent quatre vingt dix huit que Mme Barbier est allée en Extrême Orient.

**4 ▶ Copiez ces phrases en plaçant correctement les apostrophes.**

On pense que un jour le homme se envolera jusque à la planète Mars. – Je ne ai pas écrit correctement la adresse et mon courrier ne arrivera pas jusque à vous. – À le arrêt de le autobus, les portes se ouvrent automatiquement. – Puisque il fait beau, nous ne avons pas besoin de prendre un parapluie. – Hervé connaît quelque un qui se est inscrit pour travailler dans la usine de ameublement. – La huile de olive est délicieuse parce que on la a obtenue en une seule presse.

**SOLUTIONS P. 231**

# 56

# LES ABRÉVIATIONS – LES SIGLES – LES SYMBOLES

Le langage courant fonctionne de plus en plus avec des abréviations, des sigles et des symboles ; il faut savoir les déchiffrer.

## Les abréviations

- Parfois, c'est une ou plusieurs syllabes qui sont retranchées du mot par apocope (la fin du mot) :

la photographie ➜ la photo  sympathique ➜ sympa  un professeur ➜ un prof

ou plus rarement par aphérèse (le début du mot).

l'autobus ➜ le bus                          un blue-jean ➜ un jean

- Quelquefois, le mot d'origine est légèrement modifié.

être régulier ➜ être réglo                  un réfrigérateur ➜ un frigo

- Dans d'autres cas, on forme une abréviation en ne conservant que la première lettre (minuscule ou majuscule) suivie d'un point. Pour éviter les ambiguïtés, on conserve parfois plusieurs lettres, suivies ou non d'un point.

nom ➜ n.              page ➜ p.                      adjectif ➜ adj.
monsieur ➜ M.         mademoiselle ➜ Mlle

### ⚠ Remarque

Ces mots ainsi abrégés prennent normalement la marque du pluriel.

les mathématiques ➜ les maths
les informations ➜ les infos

## Les sigles

- De très nombreux groupes de mots sont réduits à leur sigle. On ne retient que les initiales (en majuscules) de chacun des mots essentiels qui composent l'expression. La présence de points entre les lettres tend à disparaître.

le CNRS ➜ le centre national de la recherche scientifique
un P.V. ➜ un procès-verbal

- Lorsqu'on les lit, on énonce chaque lettre, mais si des voyelles sont incluses dans le sigle, on peut le prononcer comme un mot ordinaire.

un OVNI ➜ un objet volant non identifié

### ⚠ Remarque

Certains sigles, très courants, sont devenus des noms communs.

le sida ➜ le syndrome d'immunodéficience acquise
un radar ➜ un Radio Detecting And Ranging

## Les symboles

Dans les domaines mathématique, scientifique et technique, on utilise des symboles qui ont l'avantage d'être communs à presque toutes les langues. Les plus courants symbolisent principalement les unités de mesures.

seconde ➜ s     kilogramme ➜ kg     centimètre ➜ cm     hectolitre ➜ hL
ampère ➜ A      mètre cube ➜ $m^3$     paragraphe ➜ §      arobase ➜ @

## Quiz

**1** Quelle abréviation peut remplacer le mot en italique ?

Cette ville compte plus de 100 000 *habitants*.

**a.** h             **b.** hab.             **c.** ha

**2** Que signifie le sigle de cette phrase ?

La famille Tranzi emménage dans un HLM de la banlieue lyonnaise.

**a.** habitation de longueur moyenne

**b.** habitation à loyer modéré       **c.** habitation de location moderne

**3** Que signifie le symbole suivant : kWh ?

**a.** kilowattheure          **b.** kilowagon-heure          **c.** kayacwater-humide

**3 a.** Le *kilowattheure* est une unité de mesure d'énergie, surtout électrique.
**2 b.** On peut dire *un HLM* ou *une HLM*. **1 b.** *h* est l'abréviation de *heure*, et *ha* celle de *hectare*.

## Entraînement

**1** ▶ À l'aide d'un dictionnaire, retrouvez les mots complets correspondant à ces mots abrégés, puis employez-les dans une phrase.

| | | | | |
|---|---|---|---|---|
| un anar | un vélo | une perm | sensas | une expo |
| un hebdo | la radio | chap. | c.-à-d. | Mme |
| un max | ex. | bd | la philo | une interro |
| éd. | suppl. | suiv. | la météo | un indic |

**2** ▶ Écrivez ces phrases en rétablissant les mots abrégés sous leur forme initiale. Vous pouvez vous aider d'un dictionnaire.

Le joueur **pro** retire son **survêt** pour disputer un **cross** : il est prêt à faire une **perf**. L'entraîneur est au bord de la piste, le **chrono** à la main. – Peux-tu me prêter ton **stylo** et ton **dico** afin que je corrige mes **docs** car il me semble que la **typo** est à revoir. – Sortant de son **labo**, le **prof** de **maths** pénètre dans l'**amphi** pour distribuer les copies aux étudiants de la **fac**. – La **pub** envahit les écrans de la **télé** et du **ciné** ; on ne peut même plus regarder les **mélos** et les **infos**.

**3** ▶ Retrouvez les expressions ou groupes de mots correspondant à ces sigles. Vous pouvez vous aider d'un dictionnaire.

| | | | | |
|---|---|---|---|---|
| la SNCF | un CV | un K-O | l'ONU | l'ADN |
| le BCG | une A.O.C. | la CAF | le TGV | ap. J.-C. |
| N.B. | P.-S. | un PDG | SVP | la P.J. |

**4** ▶ Écrivez ces phrases en toutes lettres en remplaçant les abréviations, les sigles et les symboles par leur signification d'origine.

Les adhérents de la **CGT** participent à une **manif** pour revendiquer une augmentation du **SMIC**, défendre la **Sécu** et transformer tous les emplois en **CDD** en emplois en **CDI**. – Orane enregistre des **CD** pour se faire une **compil** de **45 min** de musique **électro**. – Profitant de la **RTT**, les employés de cette **Cie** quittent leur travail à **15 h**. – **3 €** ! Le prix de ce **déca** est trop élevé, même si la **TVA** à **17 %** est incluse. – Les **écolos** ont fauché un champ de **3 ha** de maïs **OGM**.

SOLUTIONS
P. 231

# 57

# LES ÉCRITURES DES SONS [s] ET [z]

Les sons [s] et [z] peuvent s'écrire de plusieurs manières.

## Les différentes graphies du son [s]

- **s**
la **s**alade – **s**auter – **s**olide – la répon**s**e – le **s**ucre

- **ss**
la creva**ss**e – la grai**ss**e – une a**ss**iette – pou**ss**er

- **c** seulement devant les voyelles **e**, **i** et **y**
un **c**erceau – l'urgen**c**e – un **c**itron – un **c**ygne

- **ç** devant les voyelles **a**, **o** et **u**
une fa**ç**ade – un gla**ç**on – un re**ç**u

- **t** seulement devant la lettre **i**, à l'intérieur ou en fin de nom.
la condi**t**ion – la sélec**t**ion – un quo**t**ient – la gen**t**iane
Beaucoup de ces noms se terminent par **-tion**, mais tous les noms terminés par ce son ne s'écrivent pas **-tion** ; il y a d'autres graphies.
la pa**ss**ion – la pen**s**ion – la suspi**c**ion

- **sc** dans quelques mots
la **sc**ience – la di**s**cipline – la **sc**ierie

### ⚠ Remarques

**1** Il ne faut pas oublier que la lettre **s** marque le pluriel de beaucoup de noms et d'adjectifs ; dans ce cas, elle est muette.

**2** Dans les nombres *dix* et *six* (et leurs dérivés), le **x** se prononce [s].

## Les différentes graphies du son [z]

- **z**
un **z**éro – le ga**z**on – bi**z**arre – la lu**z**erne

- **s** lorsque celui-ci est placé entre deux voyelles
le mu**s**ée – le vi**s**age – le poi**s**on

### ⚠ Remarque

Comme entre deux voyelles, la lettre **s** se prononce [z], pour obtenir le son [s], il faut donc doubler le **s**.

déjouer une ru**s**e
parler le ru**ss**e
téléphoner à son cou**s**in
s'asseoir sur un cou**ss**in

Néanmoins, dans les noms composés de deux mots qui sont soudés et dans ceux dont le préfixe précède la lettre **s**, le son [s] peut s'écrire avec un seul **s**.

un para**s**ol – un tourne**s**ol – un contre**s**ens – vrai**s**emblable – la pré**s**éance – un ultra**s**on – le co**s**inus – extra**s**ensible – la photo**s**ynthèse

## Quiz

**❶ Quel est le nom de la famille du verbe *évincer* ?**

**a.** une éviction        **b.** une évicsion        **c.** une éviccion

**❷ Quel est l'intrus de cette liste ?**

le visage – un dessert – ma maison – un losange – le désert – un rasoir

**a.** le visage        **b.** un dessert        **c.** un rasoir

**❸ Quels noms complètent la phrase ?**

Si l'... est en panne, nous emprunterons l'... .

**a.** ascenseur – escalier      **b.** assenseur – esscalier    **c.** acenseur – esçalier

❶ a. ❷ b. *Dessert* est le seul nom où l'on entend le son [s] et non le son [z]. ❸ a. Les erreurs sont facilement repérables pour des noms d'usage courant.

## Entraînement

**1 ▶ Complétez ces mots avec *s, ss, c, ç, t* ou *sc*.**

la pi...ine       l'iner...ie       super...ti...ieux       outran...ier
un pi...enlit       la pharma...ie       mou...eux       un pâti...ier
la con...ien...e       la calvi...ie       pare...eux       balbu...ier
un commer...ant       la ve...ie       déli...ieux       négo...ier

**2 ▶ À la fin de ces noms, on entend le son [s] ; complétez avec *s, se, sse, ce*.**

le couscou...       une épi...       la défen...       un prospectu...
une secou...       un tournevi...       la présen...       un autobu...
le pou...       la récompen...       l'essen...       une pu...
la brou...       la vi...       la dan...       la cour...

**3 ▶ Écrivez les noms (terminés par *-tion, -sion, -ssion, -xion*) dérivés de ces verbes.**

décevoir       arrêter       migrer       émettre       éduquer
suspendre       connecter       agresser       réduire       imprimer
exprimer       varier       louer       presser       succéder

**4 ▶ Dans ces mots, on entend le son [z] ; complétez-les avec *z, zz* ou *s*.**

l'a...ur       le ga...       le col...a       une ri...ière
l'a...ile       une me...anine       le ré...éda       ri...ible
un pay...an       une mé...ange       une éclu...e       le bli...ard
un ale...an       une pi...a       la lu...erne       le lé...ard

**5 ▶ Complétez les mots dans lesquels on entend les sons [s] et [z].**

Les hommes politiques doivent faire preuve de di...ernement lorsqu'ils prennent une dé...i...ion. – Les adole...ents ...ont une des ...ibles privilégiées des publi...itaires. – Dans les régimes peu démocratiques, ...ertains référendums ...e tran...forment en plébi...ites. – Dans le noir, il faut avan...er avec beaucoup de précau...ions. – Si l'a...en...eur est inutili...able, nous emprunterons l'e...calier. – Dimanche, tous les ...itoyens fran...ais ...ont appelés à voter. – La di...cu...ion est vive, chacun pen...e avoir rai...on. – ...ertaines lo...ions capillaires favori...ent la pou...e des cheveux.

SOLUTIONS
P. 232

# 58

# LES ÉCRITURES DU SON [k]

Le son [k] peut s'écrire de plusieurs manières.

## Les différentes graphies du son [k]

• **c** devant les voyelles **a**, **o** ou **u** et devant les consonnes
un **c**achet – une **c**olline – ré**c**upérer – un tra**c**teur – l'a**c**né
Un certain nombre de mots s'écrivent avec deux **c**.
une o**cc**asion – a**cc**ompagner – une a**cc**usation – a**cc**lamer

• **qu**
**qu**atre – une **qu**ille – un **qu**otient – un mas**qu**e

• **k**
un **k**angourou – an**k**ylosé – le par**k**ing
Dans deux mots, le **k** est doublé :
le dra**kk**ar – le tre**kk**ing

• **ch**
la **ch**orale – la **ch**lorophylle – la psy**ch**ologie
Dans quelques mots, le son [k] final s'écrit **ch**.
un almana**ch** – des auro**ch**s – le vare**ch** – un ma**ch** (unité de mesure de vitesse supersonique)

• **ck**
un jo**ck**ey – le ra**ck**et – un te**ck**el
Ces mots sont très souvent d'origine étrangère.

• **cqu** dans quelques mots
a**cqu**itter – Ja**cqu**es – Ja**cqu**eline – le jeu de ja**cqu**et

Comme le choix entre ces écritures est difficile, il faut apprendre par cœur l'orthographe des mots les plus courants et consulter un dictionnaire en cas de doute.

⚠ **Remarques**

**1** Devant les voyelles **e**, **i** et **y**, le son [k] ne s'écrit jamais avec un **c**.
(Sinon, nous aurions le son [s].)

une **k**ermesse – un **k**ilo – un **k**yste
la **qu**estion – **qu**itter – lors**qu**e
le ho**ck**ey – l'or**ch**estre – une or**ch**idée

Mais on peut trouver deux **c** pour obtenir le son [ks].

un a**cc**ident – une co**cc**inelle – a**cc**élérer

**2** Les lettres **qua** peuvent se prononcer [kwa] dans les mots d'origine latine.

un a**qua**rium – l'é**qua**teur – l'a**qua**relle – le **qua**rtz

**3** Il faut retenir l'orthographe du nom *piqûre*, alors que *piquer* ne prend pas d'accent circonflexe.

# Quiz

**1** Quel est le seul nom mal orthographié ?

**a.** un parc  **b.** le trac  **c.** un anorac

**2** Quels noms complètent la phrase ?

Parmi les ... égyptiennes du musée, on admire de splendides ....

**a.** antikithés – sarcofages  **b.** antiquités – sarcophages  
**c.** anthiquitées – sarquofages

**3** Quel nom complète la phrase ?

Valérie n'aime pas les ... .

**a.** piqures  **b.** piqûres  **c.** picures

*verbe piquer.*
**1** c. On écrit : *un anorak.* **2** b. **3** b. *Piqûre* s'écrit avec un accent circonflexe alors qu'il n'y en a pas au

# Entraînement

**1** ▶ **Dans ces mots, on entend le son [k] ; complétez avec *c, ch, qu, k, ck*.**

la te...nique  un ...arillon  la vod...a  une cas...ette  
cin...ante  l'é...o  un ...anot  un ...ilomètre  
in...iet  un ...iwi  le li...ide  le ...oléra  
la ...orégraphie  un or...estre  la ...orrection  pour...oi

**2** ▶ **À la fin de ces noms, on entend le son [k] ; complétez avec *c, que, k, ck*.**

un chè...  un pi...  la politi...  la nu...  un anora...  
le be...  une pi...  une ti...  l'évê...  du cogna...  
un éche...  un blo...  la musi...  un hama...  une mosaï...  
la pla...  le sto...  du basili...  le par...  un viadu...  
une cla...  une clo...  un décli...  le tra...  le fis...  
une bar...  don...  le trafi...  la tra...  le ris...

**3** ▶ **Dans ces mots, on entend le son [k] ; complétez-les avec *c* ou *cc*.**

é...onomiser  le ba...alauréat  sa...adé  a...user  
un a...ord  a...omplir  un a...robate  un a...ompte  
su...omber  un a...teur  l'a...ueil  un mo...assin  
l'a...adémie  une o...asion  é...arter  a...oucher  
la lo...ation  impe...able  une a...almie  un a...ordéon

**4** ▶ **Complétez les mots dans lesquels on entend le son [k].**

Les visiteurs admirent les anti...ités gre...es du musée du Louvre. – Le ...atholicisme et le protestantisme sont des religions ...rétiennes. – Le verdi...t du ...ronomètre est impitoyable : Laurent n'est que ...atrième de l'étape ...ontre-la-montre. – À leur mort, les pharaons égyptiens étaient placés dans des sar...ophages richement dé...orés. – Ce judo...a tchè...e est devenu champion olympi...e. – Comment les ar...éologues trouvent-ils des vestiges au milieu de ces ...aos de blo...s et de rochers ? – Le ...lorure de sodium est le nom scientifi...e du sel de ...uisine. – La Nouvelle-...alédonie est un important exportateur de ni...el. – Vi...toria présente le jeu de l'élasti...e à sa grand-mère qui la regarde étonnée, ...ar à son épo...e, ce jeu n'existait pas dans les é...oles.

127

SOLUTIONS
P. 232

orthographe d'usage

# LES ÉCRITURES DU SON [ã]

Le son [ã] peut s'écrire de plusieurs manières.

## Les différentes graphies du son [ã]

• **an**

l'angoisse – la banque – tranquille – un volcan

On rencontre cette graphie dans la terminaison des participes présents et de nombreux adjectifs verbaux (voir leçon 53).

en marchant – être vivant – les toits ouvrants

• **en**

la cendre – la dépense – le calendrier – ennuyer – la légende

– Sans lettre muette, cette graphie n'apparaît jamais en position finale.

– On rencontre cette graphie dans le suffixe **-ent** qui permet de former de nombreux noms et adverbes (voir leçon 91).

un aliment – un serment – un torrent – rapidement – couramment

– De nombreux verbes du 3e groupe se terminent par **-endre**.

descendre – apprendre – vendre – attendre

**Exceptions** qui se terminent par **-andre** :

répandre – épandre

– Devant les lettres **b**, **m** et **p**, on écrit **am-** au lieu de **an-** et **em-** au lieu de **en-**.

une ambulance – un crampon – la jambe – tamponner

le temps – embarrasser – emmener – emporter

**Exceptions :**

néanmoins et quelques noms propres : Gutenberg, Istanbul...

Comme le choix entre ces écritures est difficile, il faut apprendre par cœur l'orthographe des mots les plus courants et consulter un dictionnaire en cas de doute.

⚠ **Remarques**

**1** Le préfixe **en-** (**em-**) qui signifie souvent « à l'intérieur » permet de former de nombreux verbes :

embarquer – encaisser – enfermer – enfoncer – emprisonner – empaqueter

**2** Il faut retenir la graphie de quelques préfixes :

**anti-** : de l'antigel – un antibiotique – des antibrouillards

**entre-** : une entrevue – entreposer – une entreprise

**amph-** : un amphithéâtre – amphibie – les amphibiens

**anthropo-** : un anthropophage – l'anthropologie – l'anthropomorphisme

**3** Il faut retenir quelques graphies plus rares du son [ã].

**-aen** : la ville de Caen

**-aon** : un faon, un paon, un taon, la ville de Laon

**-am** : la pomme d'Adam

**-ean** : Jean

**1** Quels groupes de lettres complètent ce nom : l' …p… ?

**a.** en – an          **b.** an – en          **c.** em – an

**2** Quel est le seul mot qui pourrait compléter cette liste ?

le jambon – ramper – un campeur – le bambou – la chambre

**a.** un aimant          **b.** le tambour          **c.** employer

**3** Quels mots complètent cette phrase ?

Cet … … un jeune … .

**a.** artisant – enbauche – apprenti

**b.** artisan – embauche – apprenti

**c.** artisan – ambauche – apprentit

**1 c.** Devant le *p*, il faut impérativement placer un *m*. L'*empan* est la distance comprise entre le pouce et l'extrémité de l'auriculaire, lorsque la main est ouverte. **2 b.** *Tambour* est le seul mot où le son [ɑ̃] s'écrit *am*. **3 b.**

## Entraînement

**1** ▶ Complétez ces mots dans lesquels on entend le son [ɑ̃].

| | | | | |
|---|---|---|---|---|
| un t…ple | un …tivol | un révér…d | épouv…table | la c…taine |
| un t…bour | un …f…t | un récipi…t | une aval…che | le c…tique |
| un m…bre | un chenap… | r…ger | s'av…turer | le né…t |
| une m…dibule | un par…t | m…ger | un r…tier | g…til |
| une ch…bre | un har…g | m…tir | la broc…te | un g…t |
| un ch…delier | un adhér…t | une …poule | urg…t | le g…re |

**2** ▶ Complétez ces mots qui se terminent par le son [ɑ̃]. (Il peut y avoir des lettres muettes finales.)

| | | |
|---|---|---|
| l'envol des flam… roses | utiliser un aim… | une rivière de diam… |
| redouter un ourag… | fixer l'écr… | s'abriter du v… |
| prendre son él… | avaler un calm… | visiter un monum… |
| dresser le bil… | relire un docum… | rester en susp… |
| arbitrer un différ… | mettre son clignot… | s'allonger sur le div… |
| pêcher dans un ét… | tomber dans un guet-ap… | ramasser des gl… |
| naviguer sur l'océ… | porter un costume élég… | une trompe d'éléph… |

**3** ▶ Complétez les mots dans lesquels on entend le son [ɑ̃].

L'installation de votre t…te sur l'…placem… prévu ne doit pas se faire aux dép… des autres c…peurs. – Cet artis… p…se …baucher un appr…ti dans quelques jours. – Ce charlat… prét…d fabriquer un carbur… avec de simples bottes de paille ! – Lorsque le présid… est abs…, c'est son assist… qui dirige les débats. – La t…te d'Alex…dre pr…d le t… de lire son journal chaque matin. – Ce dépli… met l'acc… sur l'intérêt des collectes de s… . – Muni d'un scaph…dre autonome, Gabriel plonge à la recherche d'…phores. – Lorsqu'on se trouve au c…tre d'une ville, il faut faire très att…tion car cet …droit est d…gereux. – L'…quête dilig…tée par le commissaire a conduit à l'arrestation d'un brig… qui h…tait les …virons du quartier. – Cette …cienne …tenne ne permet plus de réceptionner les différ…tes chaînes étr…gères.

SOLUTIONS
P. 233

*orthographe d'usage*

# 60 LES ÉCRITURES DU SON [ɛ̃]

Le son [ɛ̃] peut s'écrire de plusieurs manières.

## Les différentes graphies du son [ɛ̃]

• *in*
un lapin – le dindon – mince
**Variante :** *im* devant *b, m, p.*
un timbre – impair – immangeable
En début de mot, on écrit généralement *in-* ou *im-*.
interdire – infiltrer – important – imbuvable
**Exception :** ainsi

• *yn*
le syndicat – une synthèse – une syncope
**Variante :** *ym* devant *b, p ;*
une cymbale – une symphonie
et dans le nom de la plante aromatique : le thym.

• *ain*
un copain – la plainte – le prochain
Retenons l'orthographe des noms :
le daim – la faim (affamer) – un essaim (essaimer)

• *ein*
un rein – un frein – la ceinture
Retenons l'orthographe de la ville de Reims.

• *en* notamment en fin de mot après *i, é, y*
un gardien – un lycéen – moyen – il revient
**Exception :** un examen
Mais on trouve également la graphie *-en-* à l'intérieur de quelques mots.
un agenda – un référendum – un pentagone

### ⚠ Remarques

**1** Les verbes du 3ᵉ groupe terminés par [ɛ̃dʀ] à l'infinitif s'écrivent *-eindre* :

atteindre – éteindre – peindre
**Exceptions :** craindre – plaindre – contraindre (et leurs dérivés)

**2** On peut parfois s'appuyer sur un mot de la même famille pour trouver la bonne graphie.

plein → la plénitude
urbain → l'urbanisme
un burin → buriner

**3** L'opposition orale entre le son [ɛ̃] de « un brin de muguet » et le son [œ̃] de « un manteau brun » est loin d'être réalisée par tous les francophones. De par leur diffusion nationale, les différents médias accentuent l'alignement du [ɛ̃] sur le [œ̃]. Heureusement, les mots dans lesquels le son [œ̃] s'écrit *un* ou *um* sont peu nombreux et d'usage courant.

aucun – chacun – brun – humble – le parfum – commun – lundi – emprunter – défunt – un importun…

## Quiz

**❶ Quel est l'intrus de cette liste ?**

un grain – une plainte – un dessein – demain – craindre

**a.** une plainte **b.** un dessein **c.** craindre

**❷ Quels mots complètent la phrase ?**

Le ... est un animal très ... qui adore jouer.

**a.** dauphin – intelligent **b.** daufain – intelligant **c.** dauphain – imtelligent

**❸ Quels mots complètent la phrase ?**

... a oublié de serrer le ... à ... de sa voiture : elle a dévalé la pente !

**a.** Quelqu'in – frain – main **b.** Quelque-un – frin – maim

**c.** Quelqu'un – frein – main

**❶ b.** Dans *dessein*, le son [ɛ] s'écrit *ein*. Ne pas confondre le *dessein* qui signifie le *projet*, avec le *dessin*, ensemble de traits représentant quelque chose. **❷ a.** *Dauphin* n'est correctement orthographié que dans la première réponse. Dans la deuxième proposition, on entend le son [g] dans *intelligant*. Dans la troisième, le *m* devant le *t* est fautif. **❸ c.**

## Entraînement

**1 ▶ Complétez les mots dans lesquels on entend le son [ɛ̃].**

Cert...s l...guistes se passionnent pour les langues rares d'Amérique du Sud. – On dit que le ch...panzé est un s...ge doté d'une ...telligence bi... supérieure à celle de ses congénères. – Ce message est ...portant ; lisez-le dès m...tenant. – Cette eau est l...pide, vous pouvez la boire sans cr...te. – À la veille de l'exam..., pour v...cre son angoisse, Sylv... regarde l'épisode d'un feuilleton télévisé. – Le parr... de ton cous... revi...t du Bén... où il a travaillé pendant v...gt mois. – Il y a longtemps qu'on ne moud plus de gr... dans ce moul... à vent.

**2 ▶ Complétez chaque phrase avec le mot qui convient.**

**dessein / dessin – thym / teint – pain / pin – fin / faim – serin / serein**

Un peu de fond de ... atténuera la trace d'une petite cicatrice. – L'hiver est long cette année, on n'en voit pas la ... . – Au petit-déjeuner, vous prendrez bien un petit ... au chocolat ? – Le chirurgien est ... ; le patient pourra remarcher dans huit jours. – C'est à ... que le bibliothécaire a placé ces romans sur la table d'exposition. – L'oiseleur présente un ... chanteur. – Le ..., ce fut la passion de jeunesse d'Olivier ; maintenant, il travaille dans une agence de publicité. – Dans la ratatouille, on place toujours une branche de ... . – Le ... est un bois très utilisé en menuiserie. – De nombreuses associations luttent pour que tous les enfants mangent à leur ... .

**3 ▶ Complétez les mots dans lesquels on entend le son [ɛ̃] ou le son [œ̃].**

Le p...gou... est un oiseau comm... des mers arctiques, alors que le manchot vit dans l'Antarctique. – Dans cette carrière, on a retrouvé des empr...tes de dinosaures, mais auc... ossement hum... . – Ce tr... est pl... ; il est ...possible de l'empr...ter sans une réservation. – Quelqu'... a oublié de serrer le fr... à m... de sa voiture et on peut cr...dre qu'elle glisse dans la pente ; il serait opport... de prévenir un garagiste. – Une s...ple ét...celle sur une br...dille peut provoquer un ...cendie difficile à ét...dre. – Le s...dicat défend les ...térêts des ouvriers et des employés.

**SOLUTIONS P. 233**

# LES ÉCRITURES DU SON [f]

Le son [f] peut s'écrire de plusieurs manières.

## Les différentes graphies du son [f]

• *f*

une fraise – enfin – la définition – sacrifier

• *ff*

suffire – souffler – le coffre – siffler

• *ph*

la phrase – la physique – la catastrophe – un éléphant

– La graphie *ph* ne se trouve en finale que dans le prénom Joseph.

– Quelques préfixes et suffixes, d'origine grecque, s'écrivent avec *ph*.

**-graphe** (qui écrit)  → l'orthographe – le paragraphe – le télégraphe
**-phone** (son)  → le magnétophone – un interphone – aphone
**-phage** (qui mange) → un sarcophage – un œsophage – un anthropophage
**photo-** (lumière)  → la photographie – la photocopie – photogénique
**morpho-** (autour)  → la morphologie – une métamorphose
Les mots ainsi formés sont souvent difficiles à orthographier.

## Les mots terminés par le son [f]

• On peut trouver la lettre *f* en fin de mot.
le chef – vif – actif – un canif – un tarif
Mais pour les mots se terminant par le son [f], il existe d'autres terminaisons :
la coiffe – la greffe – la girafe – un biographe

• La lettre *f*, en finale, n'est pas toujours prononcée.
la clef – le nerf – le cerf
Ainsi que dans le pluriel de deux noms :
les œufs – les bœufs
Alors que le *f* se prononce dans le singulier :
l'œuf – le bœuf

Comme le choix entre ces écritures est difficile, il faut apprendre par cœur l'orthographe des mots les plus courants et consulter un dictionnaire en cas de doute.

### ⚠ Remarques

**1** Les mots commençant par **aff-**, **eff-**, **off-** s'écrivent tous avec deux *f*.

**Exceptions :** afin – l'Afrique – africain

**2** En liaison, *f* s'assimile parfois au **v** devant une voyelle.

neuf (v)ans – neuf (v)heures

Mais il reste également en [f] dans d'autres liaisons.

neuf (f)enfants – un vif (f)attrait

**3** En fin de mots d'origine russe, on trouve un **v** prononcé [f].

un cocktail Molotov
le théâtre de Tchékhov

## Quiz

**1** Quelle est l'écriture du son [f] de ces mots ?

un ...énomène – un ty...on – un autogra...e – amor...e

**a.** f  **b.** ff  **c.** ph

**2** Quel est le seul mot qui ne peut pas figurer dans la liste ?

un tarif – naïf – la soif – le golf – neuf

**a.** veuf  **b.** le nerf  **c.** un massif

**3** Quels mots complètent la phrase ?

Le ... doit ... l'état de ses ... dans les plus ... délais ... d'être en règle.

**a.** chauffeur – vérifier – phares – brefs – afin
**b.** chaufeur – vérifier – fares – brefs – affin
**c.** chauffeur – vériffier – phares – breffes – afin

**1** c. Les deux *f* sont à écarter, car ils ne peuvent figurer en début de mot. **2** b. Dans *le nerf*, la lettre *f* est muette. **3** a.

## Entraînement

**1** ▶ Complétez ces mots avec *f, ff* ou *ph*.

| | | | |
|---|---|---|---|
| une ra...inerie | le pro...esseur | un co...re | o...iciel |
| une ra...ale | les ...élicitations | un élé...ant | un ...iloso...e |
| e...acer | une mou...le | un ...élin | a...icher |
| pro...ond | la sym...onie | le bu...et | un béné...ice |
| chau...er | un dé...i | le ...oc | une bou...ée |
| le re...rain | le sou...le | le ...oque | le par...um |
| un si...let | le sou...re | un ...orage | le dia...ragme |
| un gra...iti | un sa...ir | une s...ère | tou...u |

**2** ▶ À la fin de ces mots, on entend le son [f] ; complétez-les avec *f, ff, fe, ffe* ou *phe*.

| | | | |
|---|---|---|---|
| le capti... | l'éto... | la coi... | une ga... |
| la tou... | le massi... | le relie... | la soi... |
| le moti... | un bœu... | la gri... | une gira... |
| la cara... | une stro... | le négati... | le rosbi... |
| un cali... | l'agra... | le triom... | l'apostro... |
| un che... | une épita... | un ser... | la tru... |

**3** ▶ Copiez ces phrases en complétant les mots avec *f, ff* ou *ph*.

Le dau...in est un mammi...ère aquatique intelligent et très a...ectueux. – À la sur...ace de cet étang, on admire de magni...iques nénu...ars. – Avant d'a...irmer quelque chose, il ...aut ré...léchir longuement. – A...in d'avoir les meilleures places, les spectateurs s'engou...rent dans le couloir. – Le patineur a e...ectué un saut ...antastique ; son exhibition ...ut par...aite. – Le chau...eur doit régler ses ...ares dans les plus bre...s délais. – Pour e...rayer tes amis, tu te déguises en ...antôme avec de vieux chi...ons. – Dans le nombre trente-neu..., combien y a-t-il de chi...res ? – En ...rançais, l'al...abet compte vingt-six lettres. – Le jour de l'Épi...anie, on tire les rois. – Dans cette ...rase, il y a un adjecti... démonstrati... . – Ouvrez les ...enêtres, car on étou...e ici.

SOLUTIONS
P. 234

# LES ÉCRITURES DU SON [j]

Le son [j] peut s'écrire de plusieurs manières.

## Les différentes graphies du son [j]

• **y**
la bruyère – essuyer – une rayure – prévoyant
Mais la lettre **y** peut aussi se prononcer [i].
un paysan – une abbaye – le lycée – le gymnase
Dans les noms, la lettre **y** n'est jamais suivie d'un **i** (sauf dans un essayiste).

• **ill**
une douille – le réveillon – le poulailler – la cuillère
Dans ce cas, la lettre **i** est inséparable des deux **l** et ne se prononce pas avec
la voyelle qui la précède.

• **ll**, seulement après la voyelle **i** qui termine une syllabe
griller – la chenille – une bille – croustiller
Mais les deux **l** se prononcent [l] dans :
la ville – un bacille – tranquille – un village – un million (et ses dérivés)

⚠ **Remarques**

**1** Lorsque le son [j] suit une consonne, il s'écrit généralement **i** ; dans ce cas, il se confond avec le son [i].

un panier – curieux – le diable – rien

**2** Il existe quelques graphies plus rares :

les yeux – le yaourt – le yoga – une hyène
la faïence – la pagaïe (le désordre) – un aïeul
un quincaillier – un médaillier – un groseillier
cueillir – l'orgueil – le recueil

## Les noms terminés par le son [j]

• Les noms féminins terminés par le son [j] s'écrivent tous en **-ille**.
la muraille – la bouteille – la feuille – la rouille – la famille

• Les noms masculins terminés par le son [j] s'écrivent en **-il**.
du corail – le recueil – le fauteuil – le fenouil
**Exceptions :**
– les noms composés masculins formés avec le nom féminin *feuille*.
un portefeuille – un millefeuille – le chèvrefeuille
Mais il faut écrire le cerfeuil.

– les noms masculins terminés par le son [ij]
le gorille – un quadrille – un joyeux drille – un pupille

⚠ **Remarque**

Il ne faut pas confondre les noms masculins terminés par **-il** avec les verbes conjugués de la même famille.

le travail / il travaille
le réveil / elle se réveille
le détail / il détaille
l'émail / il émaille

## Quiz

**❶ Quel est le verbe de la famille de *un étai* ?**
**a.** étayer　　　　　**b.** étailler　　　　　**c.** étayier

**❷ Quel nom correspond à cette définition ?**
Les locataires le paient chaque mois.
**a.** le loiller　　　　　**b.** le loier　　　　　**c.** le loyer

**❸ Quels noms complètent la phrase ?**
Vous trouverez les ... de bain au ... vacances du supermarché.
**a.** maillots – rayon　　　**b.** mayau – raillon　　　**c.** mayots – rayons

❶ a. ❷ c. Le nom est d'usage courant. ❸ a.

## Entraînement

**1 ▸ Écrivez les adjectifs qualificatifs correspondant à ces noms.**

| la joie | l'envie | la curiosité | l'ennui | l'audace |
| l'éloge | la paille | la soie | l'effroi | la pitié |
| le pou | la loi | le gibier | le péril | la malice |

**2 ▸ Écrivez les verbes correspondant à ces noms.**

| l'outil | le relais | le gril | l'éveil | l'essai |
| le balai | l'onde | la monnaie | l'emploi | le cri |
| la rouille | le détail | le fusil | le sourcil | la paie |

**3 ▸ Complétez correctement ces mots dans lesquels on entend le son [j].**

| le courr...er | un gard...en | la press...on | l'amb...ance |
| grou...er | un raid...on | un ore...er | b...entôt |
| des tena...es | des m...ettes | effra...er | un ma...ot |
| un cra...on | mou...er | le surve...ant | bro...er |
| un ma...on | un rout...er | une p...euvre | brou...er |
| un ra...on | une cam...onnette | un lo...er | abo...er |

**4 ▸ Complétez correctement les mots dans lesquels on entend le son [j].**

Nos voisins viennent d'emménager ; ils ont pendu la créma...ère avec leurs amis. – Le renard effra...a les vola...es réfugiées dans le poula...er. – Cette affreuse cheni... deviendra un magnifique papi...on. – Sur un gratin de nou..., rien de me...eur qu'un peu de gru...ère râpé. – Chercher une aigu...e dans une botte de pa...e, c'est b...en difficile. – Dans le no...er, l'écureu... est à la recherche de provisions. – Tu as eu une belle fra...eur, alors que ce n'était qu'un coba...e apprivoisé. – Au bas de l'escal...er du palais ro...al, le carrosse de Cendri...on s'est transformé en citrou... . – Préfères-tu la confiture de myrt... à la confiture de grose... ? – Ce marin téméraire navigue sur une coqu... de noix munie d'un gouverna... de fortune ; il ne tardera pas à envo...er un SOS. – Nous nous ennu...ons ferme et nous bâ...ons à nous décrocher les mâchoires. – Le mend...ant est vêtu de ha...ons.

SOLUTIONS
P. 234

# 63 LES ÉCRITURES DES SONS [g] ET [ʒ]

Les sons [g] et [ʒ] peuvent s'écrire de plusieurs manières.

## Les différentes graphies du son [g]

- *g* devant les voyelles *a*, *o* et *u*
le **g**arage – un ra**g**oût – la fi**g**ure
- *gu* devant les voyelles *e*, *i* et *y*
la va**gu**e – une **gu**irlande – **Gu**y

⚠ **Remarques**

**1** Les verbes terminés par *-guer* à l'infinitif conservent le *u* dans toute leur conjugaison.

nous navi**gu**ons – en navi**gu**ant – il navi**gu**ait

**2** En lettre finale, le *g* est parfois prononcé.

un ga**g** – un gro**g** – un gan**g** – un gon**g** – un zigza**g** – un iceber**g** – le campin**g**

**3** Il existe quelques graphies plus rares.

la se**c**onde – le zin**c** – l'e**cz**éma
le tobo**gg**an – a**gg**raver – a**gg**lomérer
des spa**gh**ettis – le **gh**etto
une **g**eisha

## Les différentes graphies du son [ʒ]

- *g* devant les voyelles *i* et *y*
un **g**itan – a**g**iter – la **g**ymnastique – di**g**itale
- *j* ou *g* devant la voyelle *e*
**j**eune – un **j**eton – re**j**eter – le su**j**et – ma**j**eur
le **g**enou – la sa**g**esse – **g**énial – **g**énéral – lé**g**ère
- *j* devant la voyelle *u*
une **j**upe – **j**uteux – une in**j**ure
Devant les voyelles *a* et *o*, le son [ʒ] s'écrit assez souvent *j*.
**j**aune – **j**oli – a**j**outer – **j**apper – la **j**ambe – **j**ongler
- *ge* à la fin d'un mot
le lin**ge** – rou**ge** – un an**ge** – une oran**ge** – un maria**ge**
- *ge* devant les voyelles *a* et *o*
la ven**ge**ance – en voya**ge**ant – un plon**ge**on – la rou**ge**ole – un ca**ge**ot

⚠ **Remarque**

On trouve la lettre *j* dans un certain nombre de noms d'origine étrangère ; la prononciation étrangère est souvent conservée.

le **j**azz – un **j**ean – le **dj**ebel – un f**j**ord – un **j**ob – une **j**eep...

**1** En français, quelle voyelle ne trouve-t-on jamais après le *j* ?

a. a      b. o      c. y

**2** Quels mots complètent la phrase ?

On dit que la ... est un plat qui se ... froid.

a. vengeance – mange      b. vengance – mangue      c. venjance – mangent

**3** Dans quel mot entend-on le son [ʒ] ?

Le magicien garde sa baguette près du chapeau où se trouve le lapin.

a. magicien      b. garde      c. baguette

**1** c. Il est facile de trouver des mots où le *j* précède les lettres a et o : *jardin, jamais, jouer, joli...* **2** a. **3** a.

# Entraînement

**1** ▶ **Complétez ces mots dans lesquels on entend le son [g].**

| | | | | |
|---|---|---|---|---|
| ru...eux | une ...itare | une ...omme | la lan...e | la ...êpe |
| ri...oureux | la ...auche | se dé...iser | la ...alette | le ...olf |
| une ri...ole | le ma...asin | une ba...e | ...ider | le ...azon |
| élé...ant | la ...erre | le ...épard | le ...osier | un fi...ier |
| éla...er | le ...âteau | le ru...by | le ...idon | un ...ant |

**2** ▶ **Complétez ces mots dans lesquels on entend le son [g].**

La Seine est un fleuve navi...able sur une ...rande partie de son cours. – Ces terres sont fertilisées par l'irri...ation. – Il y a ré...ulièrement une lon...e file d'attente devant ce ...ichet. – Il reste une ...outte d'eau au fond de ce ...obelet. – Ce bouledo...e tient un os dans sa ...eule. – Sé...olène dé...uste une friandise à la ...imauve. – En a...lomération, comme sur la route, le port de la ceinture de sécurité est obli...atoire. – À la fin d'un dialo...e, n'oubliez pas de fermer les ...illemets.

**3** ▶ **Complétez ces mots dans lesquels on entend le son [ʒ].**

| | | | | |
|---|---|---|---|---|
| le ...ivre | ima...iner | le diri...ant | la rou...ole | un bour...on |
| le ...eudi | fra...ile | ...anvier | se ré...ouir | un bud...et |
| le gou...on | une na...oire | la ...alousie | des ...umelles | un en...eu |
| un estur...on | la bou...ie | le ...ymnase | un ...éant | un ob...et |
| le don...on | le délu...e | un ...u...e | la ...éographie | un ...uron |
| un plon...on | rou...âtre | un re...eton | une galé...ade | un ...yrophare |

**4** ▶ **Complétez ces mots dans lesquels on entend le son [ʒ].**

Ce montage exi...ait beaucoup de précision. – La ...irouette indique la direction du vent. – On dit que la ven...ance est un plat qui se man...e froid. – En ran...ant les lettres dans le bon ordre, tu obtiendras un nom de fleur. – Le principal du collè...e reçoit les parents d'élèves. – Le ...ai est un oiseau commun de nos campagnes. – Ce monsieur a des cheveux noirs comme du ...ais. – Avant de verser le jus d'oran...e, a...itez la bouteille. – Mme Duchêne a cent ans, mais elle ne fait pas son â...e ; elle trotte comme un lapin. – Les noms propres commencent par une lettre ma...uscule. – Le camembert est un froma...e d'ori...ine normande. – Dix millions d'habitants vivent en ré...ion parisienne. – Les pi...ons envahissent la place Saint-Marc de Venise.

SOLUTIONS
P. 234

orthographe d'usage

# LES ÉCRITURES DES SONS [ə], [œ], [ø]

Les sons [ə], [œ] et [ø] peuvent s'écrire de plusieurs manières.

## Les différentes graphies du son [ə]

- *e*

demain – cela – une mesure

- *on*

monsieur

- *ai*

un faisan – faisander
nous faisons – je/tu faisais – il/elle faisait – nous faisions –
vous faisiez – ils/elles faisaient – en faisant
Mais, au futur simple et au présent du conditionnel, les formes du verbe
*faire* s'écrivent avec un *e* :
il fera – vous feriez – je ferais – nous ferions

> ⚠ **Remarque**
>
> Le son [ə], contrairement aux sons [œ] et [ø], n'est pas toujours prononcé.
>
> bouleverser – envelopper – le boulevard

## Les différentes graphies du son [œ]

- *eu*

un adieu – jeudi – le beurre

- *œu*

le cœur – un vœu – le bœuf

- *œ*

un œil – une œillade – le fœhn

- *ue*

un recueil – l'orgueil – accueillir

- *e, u, i*

Dans des mots empruntés à l'anglais : un skipper – le club – un tee-shirt

## Les différentes graphies du son [ø]

- *eu*

le feu – un bleuet – ceux

- *eû*

le jeûne – jeûner
Mais on écrit : déjeuner – le petit-déjeuner
à jeun se prononce [aʒœ̃]
gageure se prononce [gaʒуʀ]

## Quiz

**1** **Quels mots complètent la phrase ?**

Le ... est à la ... ; il ... ... son voilier dans le sens du vent.

**a.** skipper – manœuvre – veut – maintenir
**b.** skipeur – maneuvre – veux – mainteunir
**c.** skippeure – maneuvre – veut – mintenir

**2** **Quel mot peut-on écrire avec ces lettres ?**

u – u – r – l – o – x – g – i – e – l – e

**a.** neurologie         **b.** lexicologie         **c.** orgueilleux

**3** **Quel est le seul mot dans lequel on entend le son [ø] ?**

la vapeur – un œil – des yeux – une heure – les mœurs

**a.** un œil         **b.** des yeux         **c.** les mœurs

**1** a. *Le skipper* est un nom d'origine anglaise dans lequel on entend le son [ø]. **2** c. **3** b. Selon les régions, il est parfois difficile de distinguer les différents sons [a], [œ], [ø].

## Entraînement

**1** **Complétez ces mots avec e ou *eu*.**

| | | | | |
|---|---|---|---|---|
| une ch...mise | un s...cret | p...r...x | un ch...vreuil | une lu...r |
| une cr...vasse | une m...le | une s...crétaire | un cr...set | une m...sure |
| un fl...ve | les s...cours | une p...lote | un j...ton | il v...t |
| un m...rtre | un shak...r | la val...r | le j...di | v...lu |
| un m...ble | d...puis | un s...mestre | la p...louse | s...lon |
| un m...lon | la l...vure | s...l...ment | la p...plade | un l...vier |
| une m...nace | la l...cémie | le s...rf | la s...maine | un l...cocyte |

**2** **Dans ces mots, on entend le son [œ] ; complétez-les comme il convient.**

| | | |
|---|---|---|
| défaire un n...d | chanter en ch...r | terminer un p...zzle |
| une brassée d'...illets | c...illir des cerises | faire des adi... déchirants |
| porter le d...il | servir un hamburg...r | pl...rnicher dans son coin |
| se m...rtrir l'épaule | détacher une f...ille | regretter sa j...nesse |
| contracter une pl...résie | porter des ...illères | effl...rer la joue du bébé |
| diriger la man...vre | une planche de p...plier | les tentacules d'une pi...vre |
| préparer des hors-d'...vre | avoir des m...rs austères | placer un l...rre |

**3** **Dans les mots en gras, on entend le son [ø] ; complétez-les comme il convient.**

La **l...cémie** est une terrible maladie que l'on guérit **h...r...sement** assez souvent. – Les fleurs de l'**...calyptus** sont particulièrement odorantes. – Une **m...te** de paparazzis poursuit l'actrice pour obtenir l'exclusivité d'une photo. – Les musulmans **j...nent** pendant le ramadan. – Le démineur a **n...tralisé** un engin explosif datant de la Première Guerre mondiale. – Karine a terminé **n...vième** lors de la finale de ce concours de chant. – Le **n...tron** est une particule élémentaire des noyaux atomiques. – La manifestation pacifique a tourné à l'**ém...te**. – Le **f...hn** est le nom d'un vent du sud-ouest chaud et sec. – Le métier de **m...nier** a beaucoup évolué depuis que les moulins ont été mécanisés. – Le chauffeur gonfle les **pn...** de son camion.

SOLUTIONS P. 235

# 65 · LE SON [ɔ̃] / LES FINALES SONORES [ɔm], [om], [ɛn] ET [am]

Le son [ɔ̃] et les finales sonores [ɔm], [om], [ɛn] et [am] peuvent s'écrire de plusieurs manières.

## Les différentes graphies du son [ɔ̃]

- Le son [ɔ̃] s'écrit toujours **on**.
un p**on**ton – ils v**on**t – une br**on**chite – une mais**on**

- Devant **b** et **p**, on écrit **om**.
p**om**per – t**om**ber – un vr**om**bissement
**Exceptions** :
de l'emb**on**point – un b**on**b**on** – une b**on**b**on**ne – une b**on**b**on**nière

> ⚠ **Remarque**
>
> Il faut retenir l'orthographe de quelques noms où l'on entend le son [ɔ̃].
>
> le c**om**te (titre de noblesse) – un n**om** – un prén**om** – un pron**om** – le ren**om** l'ac**u**puncture – un lumbago – du punch (prononcé [ɔ̃] lorsqu'il s'agit de la boisson)

## Les finales sonores [ɔm], [om], [ɛn] et [am]

- Les mots terminés par le son [ɔm] s'écrivent :
**-um** : un référend**um** – un musé**um** – un pens**um**
**-omme** : une p**omme** – il se surn**omme** – un h**omme**
**-om** : le slal**om**
**-ome** : un gastron**ome** – auton**ome** – un agron**ome**

- Les mots terminés par le son [om] s'écrivent :
**-ôme** : un ar**ôme** – un dipl**ôme** – un fant**ôme**
**-aume** : un b**aume** – la p**aume** – il emb**aume**
**-ome** : un at**ome** – le chr**ome** – un aérodr**ome**
**-om** : un pogr**om** – un **ohm**

- Les mots terminés par le son [ɛn] s'écrivent :
**-en** : le lich**en** – le poll**en** – l'abdom**en**
**-ène** : il ram**ène** – la sc**ène**
**-eine** : la p**eine** – une bal**eine** – ser**eine**
**-aine** : la g**aine** – la porcel**aine** – une aub**aine**
**-aîne** : une tr**aîne** – il entr**aîne** – la ch**aîne**
**-enne** : une chi**enne** – europé**enne** – une ant**enne**
**-êne** : la g**êne** – une al**êne** (de cordonnier) – un ch**êne**

- Les mots terminés par le son [am] s'écrivent :
**-am** : un tr**am** – l'isl**am** – le macad**am**
**-ame** : un dr**ame** – une r**ame** – il décl**ame**
**-amme** : la fl**amme** – un gr**amme** – la g**amme**
**-âme** : un bl**âme** – il se p**âme** – inf**âme**
**-emme** : une f**emme**

# Quiz

**❶ Quelle est la terminaison de ces noms ?**

un ign... – un amalg... – la récl... – un mélodr... – une ent...

**a.** -amme         **b.** -âme         **c.** -ame

**❷ Quel mot peut-on former avec ces lettres ?**

t – n – r – m – p – a – u – é – l – i – a

**a.** préventorium         **b.** pénicillium         **c.** planétarium

**❸ Quel mot complète la phrase ?**

Avez-vous lu le deuxième ... des *Aventures du ... de la tour maudite* ?

**a.** tome – fantôme         **b.** tomme – fantome         **c.** tôme – fantomme

❶ **c.** *Un igname* est une plante tropicale à gros tubercules comestibles. *Un amalgame* est un mélange de choses différentes. ❷ **c.** *Un planétarium* est une large représentation de la voûte céleste. ❸ **a.** Ne pas confondre *le tome*, une partie d'un livre, avec *la tomme*, une variété de fromage.

# Entraînement

**1 ▶ Complétez ces mots dans lesquels on entend le son [5].**

| | | | | | |
|---|---|---|---|---|---|
| un r...geur | une b...be | c...bler | une b...bonnière | un d...pteur | s...ptueux |
| un t...beau | une tr...pe | la b...té | le f...dateur | p...dre | prof...d |
| s...bre | un s...ge | une ...bre | un gr...dement | un bourge... | r...pre |
| un dém... | un prén... | le c...tinent | n...breux | c...sistant | le ray... |

**2 ▶ Complétez ces mots dans lesquels on entend les sons [ɔm] ou [om].**

Le placage fut violent et le pilier gardera un hémat... à la cuisse gauche. – En Normandie, on trouve de nombreuses demeures au toit de ch... . – Un métron... est posé sur l'harmoni... de l'église de Chaintré. – L'arrivée du critéri... cycliste sera jugée au vélodr... de Roubaix. – Je n'ai lu que le premier t... de ce roman ; j'ai préféré les alb... que tu m'as prêtés. – Le gérani... n'a pas de rhiz..., alors que les iris en ont de nombreux. – Dans cette ferme, on fabrique encore la t... de Savoie avec du lait entier.

**3 ▶ Complétez ces mots dans lesquels on entend le son [ɛn].**

Une verv... bien chaude et votre digestion sera facilitée. – La corrida dr... un public de connaisseurs dans les ar..., mais suscite également des réactions des défenseurs des animaux. – On pense que les hommes du néolithique plaçaient leurs morts sous des dolm... . – Le glacier Blanc recule d'année en année ; on aperçoit nettement la mor... . – Pour ses étr..., la marr... de Charl... lui a offert une tenue de sport. – Une b... est installée au coin de la rue pour que chacun y place ses objets encombrants.

**4 ▶ Complétez ces mots dans lesquels on entend le son [am].**

Aujourd'hui on n'envoie plus de télégr... mais des SMS. – L'hippopot... vit dans les mares africaines, mais c'est un herbivore. – Cet homme cl... son innocence ; il n'a été marié qu'une seule fois et n'est donc pas big... . – Pour un étranger, les pictogr... sont un moyen de se repérer dans les lieux publics. – Les résultats du cardiogr... sont clairs : Tahar doit cesser de fumer. – L'épilogue d'un mélodr... est prévisible ; tout finit par s'arranger. – Toute la salle accl... les acteurs. – Il ne faut pas faire d'amalg... entre un djembé, le tambour, et un t...-t... . – Quel est l'animal qui br... ?

SOLUTIONS P. 235

# 66 LES CONSONNES DOUBLES

On trouve généralement les consonnes doubles à l'intérieur des mots.

## Règles générales

• **Une consonne peut être doublée :**
– entre deux voyelles ;
un ballon – différent – la pomme – une serviette – la pierre – une panne

– entre une voyelle et la consonne *l* ;
siffler – le supplice – acclamer

– entre une voyelle et la consonne *r*.
admettre – approcher – la souffrance

• Précédée d'une autre consonne, une consonne n'est **jamais doublée**.
parler – un pompier – un verger – une armée – la pente

### ⚠ Remarques

**1** Neuf consonnes sont assez souvent doublées :
c – f – l – m – n – p – r – s – t

Cinq ne sont que rarement doublées :
k – b – d – g – z

Six consonnes ne sont jamais doublées :
h – j – q – v – w – x

**2** On peut trouver une double consonne à la fin de certains noms d'origine étrangère :
le bluff – un pull – un djinn (un génie ou démon) – une miss – un watt – le jazz

**3** Certains homonymes se distinguent par la présence ou non d'une consonne double.
une serviette sale   une salle à manger
une date historique   manger une datte

## Accentuation et prononciation

• La consonne qui suit une voyelle accentuée n'est jamais doublée.
une étrenne, mais une sirène   un parterre, mais un caractère
**Exception :** le châssis (et les mots de la même famille).
Inversement, lorsqu'une consonne est doublée, il n'y a jamais d'accent sur la voyelle qui précède.
une vignette, mais la planète   une rondelle, mais un modèle

• Entre deux voyelles, si la lettre *s* est doublée, elle se prononce [s].
le poisson – basse – la casse – un russe
Entre deux voyelles, si la lettre *s* est simple, elle se prononce [z].
le poison – la base – la case – une ruse

• Dans la conjugaison de beaucoup de verbes en *-eler* et *-eter*, le *l* et le *t* sont doublés devant un *e* muet. La prononciation est alors modifiée.
appeler : il appelle – nous appellerons   jeter : je jette – ils jetteront
Mais, pour quelques verbes, la consonne n'est pas doublée et on place un accent grave pour obtenir le son [ɛ].
geler : il gèle – il gèlera   acheter : j'achète – vous achèterez

# Quiz

**❶ Quel nom correspond à cette définition ?**

Un quadrilatère qui a des côtés parallèles et égaux deux à deux.

**a.** un parallélogramme     **b.** un parralélogramme     **c.** un paralellogramme

**❷ Quels mots complètent la phrase ?**

Ce ... de ... de ... est ... .

**a.** grattin – pommes – terre – suculent
**b.** gratin – pommes – terre – succulent
**c.** gratin – pomes – terre – suculent

**❸ Quels mots complètent la phrase ?**

Le ... de la ... est défiguré par des ... ... à la ... .

**a.** littoral – côte – immeubles – bâtis – hâte
**b.** litorral – cotte – imeubles – bâttis – hâttes
**c.** litoral – côtte – immeubles – battis – hatte

❶ **a.** Pour retrouver la consonne double, on peut s'aider du mot *parallèle* qui figure dans la définition.
❷ **b.** ❸ **a.** Après une voyelle accentuée, il n'y a pas de consonne double ; les deux dernières réponses ne peuvent donc pas convenir.

# Entraînement

**1 ▶ Complétez avec une consonne simple ou une consonne double.**

**t** ou **tt** :  tro...er     trico...er     une arê...e     une paillo...e
le tro...oir     hési...er     une hu...e     une bouillo...e

**l** ou **ll** :  inte...igent     la co...onne     la co...e     enve...opper
la co...ère     la co...ine     une anti...ope     un é...ève

**f** ou **ff** :  une ra...ale     une gira...e     le sou...le     sou...rir
une gri...e     une cara...e     le sou...re     le chi...on

**p** ou **pp** :  une tra...e     s'écha...er     re...orter     la na...e
la gri...e     une tuli...e     su...orter     une gra...e

**2 ▶ Complétez avec une consonne simple ou une consonne double.**

se re...ever après une chu...e
un ca...efour très dan...ereux
résoudre un problè...e di...icile
ba...er les trois derniers chi...res
ra...imer les fla...es du foyer
dé...endre son te...itoire

esca...ader la bu...e en cou...ant
qui...er le te...ain sous les a...lamations
grelo...er sans se réchau...er
ava...er un exce...ent de...ert
jouer du vio...once...e
pou...er des wago...ets

**3 ▶ Complétez les mots avec une consonne simple ou une consonne double.**

Un coup de si...let sanctio...e la fau...e co...ise par l'a...iè...e droit. – Au bord de l'étang de Berre, on a insta...é de nombreuses ra...ineries. – Ce gra...in de po...iron est vrai...ent su...ulent. – Un peu de po...ade sur l'articu...ation dou...oureuse et vous serez gué...i. – Vous rem...lacerez votre ante...e par une pa...abole. – Co...ent a...ède-t-on à la natio...alité française ? – Ne vous a...o...ez pas, les concu...ents ne sont pas enco...e partis. – Tuer un ho...e de sang-froid, c'est un ho...icide volontaire.

SOLUTIONS
P. 236

# LES CONSONNES DOUBLES APRÈS UNE VOYELLE INITIALE

Les consonnes doubles peuvent suivre une voyelle initiale.

## Les différents cas

- Les mots commençant par **ab-**, **ad-** et **am-** ne doublent jamais le **b**, le **d** et le **m**.

l'abandon – aboyer – un abus – d'abord
adieu – adapter – adroit – un adulte
l'amitié – amer – amortir – amusant

**Exceptions** :
un abbé – une abbaye – une abbesse – abbatial
une addition – additionner – l'adduction
l'ammoniaque – une ammonite

- Les mots commençant par **app-** prennent souvent deux **p**.

appeler – approcher – l'apparence – applaudir – appuyer – l'appétit

**Exceptions** :
l'apéritif – apercevoir – apaiser – après – s'apitoyer – aplatir – l'apostrophe – un apôtre – l'apothéose

- Les mots commençant par **acc-**, dans lesquels on entend le son [k], prennent le plus souvent deux **c**.

accompagner – l'accident – accrocher – acclamer

**Exceptions** :
l'acrobate – l'académie – l'acacia – l'acompte – l'acajou – acoustique – acquitter – âcre

- Les mots commençant par **aff-**, **eff-** et **off-** prennent deux **f**.

l'affaire – un effort – l'officier

**Exceptions** :
afin – l'Afrique – africain

- Les mots commençant par **ag-** ne prennent qu'un seul **g**.

agressif – agréable – agrandir – un agriculteur

**Exceptions** :
aggloméré – agglutiner – aggraver

- Les mots commençant par **att-** prennent le plus souvent deux **t**.

attacher – l'attaque – attraper – attendre

**Exceptions** :
l'atelier – l'athlète – l'atlas – l'atmosphère – l'atome – l'atout – atroce – atrophié – l'athéisme – un atoll

- Les mots commençant par **am-** et **an-** ne prennent qu'un seul **m** et qu'un seul **n**.

un amiral – une amazone – une amorce – analphabète – l'anatomie – anonyme

**Exceptions** :
l'ammoniac – une année – annexer – annoncer – annuler – annoter

- Les mots commençant par **il-**, **ir-** et **im-** doublent la consonne après le **i**.

une illusion – illustre – irrégulier – l'irruption – immédiat – immense

**Exceptions** :
une île – un os iliaque – irascible – un iris – l'ironie – une image – imiter

# Quiz

**❶ Quel est le seul mot qui peut compléter la liste ?**

appartenir – l'appétit – l'apparition – appeler – une applique

**a.** appuyer          **b.** apercevoir          **c.** un apéritif

**❷ Quel nom correspond à cette définition ?**

Il est séparé du sujet par un verbe d'état.

**a.** un attribut          **b.** une attribution          **c.** un atributif

**❸ Quels mots complètent la phrase ?**

Un alpiniste de treize ans a ... un exploit : ... le sommet de l'Everest.

**a.** acompli – ateindre          **b.** acompli – atteindre          **c.** accompli – atteindre

❶ **a.** Même si l'*apéritif* est censé ouvrir l'*appétit*, ces deux noms n'appartiennent pas à la même famille : le premier n'a qu'un *p* alors que le second en a deux. ❷ **a.** Il faut faire appel à ses connaissances grammaticales ou bien remarquer que l'on cherche un nom masculin. ❸ **c.**

# Entraînement

**1 ▶ Complétez les verbes de ces expressions avec une consonne simple ou une consonne double.**

s'i...iter pour un rien
a...raver la querelle
i...oniser à propos de quelque chose
i...iter le chant du rossignol
a...énager la pièce
a...irer les curieux
a...ourir au coup de sifflet
o...uper le temps
a...éantir le moindre espoir

a...ortir la chute grâce à un tapis
a...rafer des feuilles de papier
i...iguer les champs de tournesol
i... igrer dans un pays inconnu
a...oncer une bonne nouvelle
a...errir en douceur
a...ercevoir une étoile filante
o...enser une personne
i...uminer les rues pour Noël

**2 ▶ Complétez ces mots avec une consonne simple ou une consonne double.**

l'a...mission
un a...olyte
l'a...hlétisme
une a...eille
l'a...ordage
l'a...aye
un a...entat
un a...rochage
a...reux

une é...auche
un é...art
un é...outeur
un e...aceur
un é...out
l'é...ymologie
l'e...ectif
un e...atum
une e...hymose

un i...éal
l'i...agination
l'i...usion
une i...ustration
l'i...unité
l'i...tensité
les i...ondices
l'i...aptitude
un i...euble

un o...icier
l'o...éissance
une o...asion
un o...jectif
l'o...éan
une o...ive
l'o...ortunité
l'o...elette
o...orant

**3 ▶ Écrivez le contraire des adjectifs suivants en utilisant des préfixes.**

| | | | | | |
|---|---|---|---|---|---|
| lisible | mature | différent | réversible | logique | mobile |
| réfléchi | soluble | matériel | observable | régulier | licite |
| légitime | lettré | moral | défini | rationnel | mortel |
| responsable | partial | correct | réaliste | révocable | usité |
| buvable | utile | réel | maculé | populaire | avoué |

SOLUTIONS
P. 236

orthographe d'usage

# 68 LES NOMS EN [œR] : -eur, -eure, -eurt, -eurre – LES NOMS EN [waR] : -oir, -oire

Les noms en [œR] et en [waR] ont différentes finales sonores homophones qu'il faut savoir distinguer.

## Les noms terminés par [œR]

- La grande majorité des noms, masculins et féminins, terminés par [œR] s'écrivent **-eur**.
le chauff**eur** – un balad**eur** – un ascens**eur** – la douc**eur** – la longu**eur**
**Exceptions** :
le b**eurre** – la dem**eure** – l'h**eure** – un h**eurt** (heurter) – un l**eurre** (leurrer)

- Certains noms terminés par [œR] s'écrivent avec un **o** et un **e** liés.
le c**œur** – la s**œur** – la ranc**œur** – un ch**œur**

- Quelques adjectifs qualificatifs masculins se terminent également par **-eur**.
le meill**eur** résultat – un classement flatt**eur** – le règlement intéri**eur**

> ⚠ **Remarque**
>
> Quelques noms empruntés à des langues étrangères se terminent par le son [œR], mais ils gardent leur orthographe d'origine.
>
> un leader – un speaker – un flipper – un dealer – un manager* – un cutter*
>
> * Certains peuvent aussi se prononcer [εR].

## Les noms terminés par [waR]

- Les noms féminins terminés par [waR] s'écrivent tous **-oire**.
une hist**oire** – la gl**oire** – une baign**oire**

- Les noms masculins terminés par [waR] s'écrivent généralement **-oir**.
un trott**oir** – le désesp**oir** – le pouv**oir** – le dev**oir**
**Exceptions** :
le laborat**oire** – le répert**oire** – un interrogat**oire** – un observat**oire**...
Il faut retenir l'orthographe du nom d'origine anglaise *un square* (un petit jardin public).

- Les adjectifs masculins terminés par [waR] s'écrivent tous **-oire**.
un emploi provis**oire** – un prix déris**oire** – un effort mérit**oire**
**Exception** : un tableau n**oir**

> ⚠ **Remarque**
>
> On hésite souvent sur le genre de quelques noms terminés par [waR].
> – noms masculins :
> un iv**oire** – un access**oire**
>
> – noms féminins :
> une écrit**oire** – une échappat**oire**
>
> Le nom *mémoire* peut être féminin *(avoir une bonne mémoire)* ou masculin *(rédiger un mémoire sur les insectes).*

**❶ Quels sont les deux mots qui n'appartiennent pas à la même famille ?**

**a.** la couleur – le couloir    **b.** compter – le compteur

**c.** la largeur – largement

**❷ Comment se nomme celui qui joue à lancer des balles et à les rattraper ?**

**a.** un lanceure    **b.** un jongleur    **c.** un balleur

**❸ Quel est le seul nom de genre masculin ?**

**a.** rôtissoire    **b.** trajectoire    **c.** réfectoire

❶ **a.** La couleur et le couloir n'ont aucun rapport de sens. ❷ **b.** Les deux autres noms n'existent pas. ❸ **c.**

# Entraînement

**1 ▶ Comment appelle-t-on ceux qui accomplissent ces actions ?**

Ex. : Celui qui jongle ? → le jongleur

Celui qui patine ?    Celui qui défend son camp ?    Celui qui pêche ?

Celui qui skie ?    Celui qui scie des planches ?    Celui qui campe ?

Celui qui court ?    Celui qui livre des colis ?    Celui qui accuse ?

Celui qui visite les lieux ?    Celui qui entraîne une équipe ?    Celui qui joue au football ?

**2 ▶ Donnez les noms (qualités ou défauts) de la même famille que ces adjectifs.**

Ex. : raide → la raideur

| ardent | pâle | mince | laid | gros | furieux |
| tiède | rond | lent | vigoureux | effrayant | maigre |
| frais | blanc | profond | large | épais | long |

**3 ▶ Complétez ces noms avec -oir ou -oire.**

L'audit... est attentif car l'exposé du professeur est intéressant. – Ce chanteur possède un répert... étendu. – La chasse est interdite sur tout le territ... de cette commune. – Au sortir de l'eau, la nageuse enfile un peign... de bain bleu. – On est toujours heureux quand on a fait son dev... . – Des centaines d'articles sont à la disposition des clients sur ce présent... . – De ce promont..., vous pouvez apercevoir l'île de Noirmoutier. – L'arros... est un access... essentiel pour un jardinier. – En musique, une blanche vaut deux n... . – La fusée a dévié de sa traject... . – Rien ne vaut en qualité les produits du terr... . – Savez-vous que le taman... adore les fourmis ! – Conrad dort comme un l... . – Un abatt... de volailles est installé à Trambly.

**4 ▶ Complétez ces noms terminés par [œʀ].**

À la vente aux enchères, ce tableau de val... a trouvé un riche acquér... . – Le direct... de l'usine a des collaborat... qui le secondent parfaitement. – Le dompt... fait claquer son fouet, les fauves s'alignent. – Tu as commis une err..., reprends tous les calculs. – Le supermarché ferme ses portes à vingt h... . – Avec un ordinat..., on peut se connecter à Internet. – La s... de Gaétan est en pl... ; son petit chat a disparu. – Le vend... présente divers modèles de télévis... à des achet... indécis. – Le trapp... dispose un l... pour attirer les renards. – Les conseill... ne sont pas toujours les pay... . – Il n'y a pas péril en la dem..., prends ton temps. – Tu bois à contrec... ce sirop bien amer.

SOLUTIONS
P. 236

# LES NOMS TERMINÉS PAR LE SON [o]

Les noms terminés par le son [o] ont différentes finales sonores homophones qu'il faut savoir distinguer.

## Confusion due à la prononciation

Les noms terminés par le son [o] peuvent s'écrire :

• **-eau**
un tonn**eau** – le cerv**eau** – un pinc**eau**
Beaucoup de noms terminés par le son [o] s'écrivent ainsi.
Seuls deux noms terminés par **-eau** sont du genre féminin :
la p**eau** – l'**eau**

• **-au**
le pré**au** – le tuy**au** – le boy**au**

• **-o**
un lavab**o** – un pian**o** – le lot**o**
Il faut retenir l'orthographe d'un nom commun terminé par **-oo** : un z**oo**.

• **-ôt**
un imp**ôt** – le dép**ôt** – un entrep**ôt**

• **-op**
le gal**op** – un sir**op**

## Autres cas

• À la fin des noms terminés par **-o** ou **-au**, on trouve souvent une lettre muette.
un lo**t** – le repo**s** – le galo**p** – un escro**c** – un assau**t** – le réchau**d** – le tau**x**

• Il est parfois possible de trouver la consonne finale d'un nom terminé par **-au** ou **-o** avec un mot de la même famille dans lequel on entend la consonne.
un abrico**t** ➞ un abrico**t**ier          le repo**s** ➞ se repo**s**er
Mais il y a des exceptions (*le numéro* ➞ *numéroter*), aussi est-il plus prudent de consulter un dictionnaire en cas de doute.

• Les noms pluriels en [o] s'écrivent **-aux** (sans **e**) lorsque le nom singulier se termine par **-al** ou **-ail**.
un cheval ➞ des chev**aux**          un travail ➞ des trav**aux**

⚠ **Remarques**

**1** Beaucoup de noms terminés par **-o** sont des noms formés en raccourcissant d'autres noms (voir leçon 56).

la photographie ➞ la phot**o**
un microphone ➞ un micr**o**
une automobile ➞ une aut**o**

**2** Il n'y a jamais de lettre muette après la terminaison **-eau**, sauf lorsque le nom est au pluriel.

des pinc**eaux** – des bur**eaux** – des chap**eaux**

## Quiz

**1** Quel nom peut-on reconstituer avec ces lettres ?

m – l – c – u – h – u – a – a – e

a. chameau          b. chapiteau          c. chalumeau

**2** Quelle est la terminaison des mots de cette liste ?

un manch... – un garr... – un berling... – un massic... – un cachal...

a. os          b. ot          c. eau

**3** Quel mot a été raccourci pour former le nom *un stylo* ?

a. un stylogramme          b. un stylophone          c. un stylographe

**1** c. **2** b. *Un massicot* est une machine utilisée dans une imprimerie pour rogner le papier. **3** c. Le suffixe *-graphe*, d'origine grecque, signifie *écrire*.

## Entraînement

**1** ▶ Complétez ces noms terminés par le son [o]. Lorsque vous le pouvez, justifiez la lettre muette avec un mot de la même famille.

| | | | | |
|---|---|---|---|---|
| le hubl... | un matéri... | le mus... | un réch... | un noy... |
| un morc... | un még... | un taur... | le chapit... | le pré... |
| un roul... | un haric... | un dép... | un cad... | un troup... |
| un barr... | un tuy... | le cach... | le cap... | un gig... |
| un escab... | un chari... | la f... | un sangl... | un rob... |
| un pann... | un sir... | un joy... | le rés... | l'échaf... |
| l'encl... | un rad... | un barr... | un manch... | un maill... |
| un escr... | un javel... | un plat... | un kimon... | un casin... |

**2** ▶ Complétez ces noms terminés par le son [o].

La nourrice pousse le land... du bébé. – Au Mali, les sauterelles sont un véritable flé... pour les cultures. – Les spéléologues progressent dans un étroit boy... . – Grégory a fait un accr... à son blouson. – Dès qu'on le touche, l'escarg... rentre dans sa coquille. – Steve n'a pas de chance, son tir s'est écrasé sur le pot... . – Le ros... plie mais ne rompt pas, c'est du moins ce qu'écrivait La Fontaine. – Coluche disait que l'artich... est le légume du pauvre parce que lorsque vous l'avez mangé, votre assiette est plus garnie qu'au début du repas. – Une des spécialités des sorcières est sans conteste la poudre de crap... . – Le caca... est la principale ressource agricole de la Côte d'Ivoire. – Ce chien montre les cr... .

**3** ▶ Complétez ces noms terminés par le son [o].

L'auteur du scénari... est récompensé par un Oscar. Il fréquente les studi... de cinéma depuis des années. – Dressé sur ses erg..., le jeune coq fait admirer son plumage. – Les cow-boys des westerns maniaient le lass... en virtuoses, pour les besoins de la caméra, bien sûr ! – Ce questionnaire est à remplir rect... vers... . – Les crocodiles fendent silencieusement les eaux du marig... . – L'imprimeur passe les livres au massic... pour égaliser les bords. – Avec son franc-parler, le camel... attire les bad... . – La colombe de la paix a un ram... d'olivier dans son bec. – Ce gymnaste réussit un double salt... arrière ; quel champion ! – Le cham... a deux bosses et le dromadaire une seule. – Pour sa fête, les collègues de bur... de Mme Chazelle lui ont offert une boîte de berling... .

SOLUTIONS
P. 237

orthographe d'usage

# LES NOMS TERMINÉS PAR LE SON [ɛ]

Les noms terminés par le son [ɛ] ont différentes finales sonores homophones qu'il faut savoir distinguer.

## Règle générale

Les noms masculins terminés par le son [ɛ] s'écrivent **-et**.
le fil**et** – un bill**et** – le parqu**et** – le budg**et**

⚠ **Remarque**

*Un met**s*** et *un entremet**s*** prennent un **-s** même au singulier.

## Autres cas

Il y a d'autres terminaisons qu'il faut bien connaître :
- **-ai** : le miner**ai** – le dél**ai** – le qu**ai**
- **-ait** : le forf**ait** – le retr**ait** – le portr**ait**
- **-ais** : le pal**ais** – un harn**ais** – le mar**ais**
- **-ès** : l'acc**ès** – le congr**ès** – le progr**ès**
- **-êt** : un arr**êt** – un pr**êt** – le gen**êt**
- **-ect** : le resp**ect** – l'asp**ect** – un susp**ect**
- **-ey** : le voll**ey** – un pon**ey** – un b**ey**
- **-ay** : le tramw**ay**

Ces noms sont des emprunts aux langues étrangères (sauf *le gamay*, nom d'un cépage).

⚠ **Remarques**

**1** On peut parfois trouver la lettre muette finale des noms terminés par le son [ɛ] avec un mot de la même famille dans lequel cette lettre est prononcée.

le regret → regret**ter**
l'excès → exce**ssif**
le lait → la lait**erie**
l'engrais → engrai**sser**
le crêt → la crête
le suspect → suspe**cter**

**2** Les noms féminins terminés par le son [ɛ] s'écrivent **-aie**.

la pl**aie** – la b**aie** – la cr**aie**

**Exceptions** : la p**aix** – la for**êt**

**3** Beaucoup de noms d'habitants se terminent par **-ais**.

les Lyonn**ais** – les Angl**ais** – les Liban**ais**

**4** Beaucoup de lieux plantés d'arbres (ou d'arbustes) sont des noms féminins terminés par **-aie**.

la roser**aie** – la palmer**aie** – l'oranger**aie**

**5** La graphie **-ay** termine de nombreux noms propres.

Bombay – l'Uruguay – le Paraguay – Joachim Du Bellay – Épernay – Annonay

# Quiz

**❶ Comment appelle-t-on un terrain planté d'oliviers ?**

**a.** une oliveraie      **b.** une olivère      **c.** une olivêt

**❷ Comment appelle-t-on un petit bois ?**

**a.** un boisset      **b.** un bosquet      **c.** un boissait

**❸ Quels noms complètent la phrase ?**

Monsieur Richy a obtenu un ... de sa banque, mais les ... sont élevés.

**a.** près – intérait      **b.** prêts – intérêt      **c.** prêt – intérêts

❶ **a.** On peut chercher d'autres lieux plantés d'arbres : *une chênaie, une orangeraie, une châtaigne-raie, une palmeraie...* ❷ **b.** ❸ **a.** Les marques du singulier et du pluriel pour les deux noms facilitent la recherche de la réponse correcte.

# Entraînement

**1 ▶ Complétez ces noms terminés par le son [ɛ].**

| | | | | |
|---|---|---|---|---|
| le perroqu... | un ge... | le tick... | un beign... | un robin... |
| un proj... | la for... | le hock... | une cocoter... | un mu... |
| l'eff... | un croch... | un duv... | un cach... | un laqu... |
| un guich... | l'irresp... | un ét... | un ben... | un chal... |
| le hoqu... | un œill... | un paqu... | la p... | la bananer... |
| un forf... | un bosqu... | la roncer... | le gr... | un harn... |
| un pamphl... | un pistol... | un d... | un cabriol... | un débl... |

**2 ▶ Donnez le diminutif de ces noms en utilisant un suffixe.**

Ex. : un tonneau → un tonnelet

| | | | | | |
|---|---|---|---|---|---|
| un agneau | un jardin | un coussin | un mur | un porc | un coq |
| un coffre | un livre | un os | un bâton | un blond | un moulin |

**3 ▶ Écrivez les noms terminés par le son [ɛ] correspondant à ces verbes.**

Ex. : jouer → le jouet

| | | | | | |
|---|---|---|---|---|---|
| fouetter | relayer | riveter | refléter | siffler | balayer |
| essayer | payer | arrêter | souhaiter | pagayer | remblayer |
| décéder | engraisser | rabaisser | progresser | faire | piqueter |

**4 ▶ Complétez ces phrases avec des noms terminés par le son [ɛ] de la famille des mots entre parenthèses.**

(rejeter) Après cette greffe de peau, il n'y a pas eu de ... . – (attractif) Ce modèle a un ... particulier ; il me plaît. – (extraire) Ludovic traduit un ... de *Pour qui sonne le glas* d'Hemingway. – (un sac) Un ... de lavande parfume le linge d'une armoire. – (guetter) Le soldat chargé du ... se posta sur le chemin de ronde. – (l'Écosse) Les ... portent des kilts, sortes de jupes à carreaux. – (rayer) Cathy est coiffée avec une ... au milieu. – (tracer) Avec ce crayon, mes ... sont trop épais. – (la niaiserie) Ce pauvre ... a l'habitude de commettre les pires bêtises. – (la banque) Les amis gaulois d'Astérix organisaient d'imposants ... . – (le couple) Le premier ... de *La Marseillaise* est le plus connu. – (breveter) Helena passe le ... de secourisme.

**SOLUTIONS P. 237**

# 71 LES NOMS TERMINÉS PAR LE SON [e]

Les noms terminés par le son [e] ont différentes finales sonores homophones qu'il faut savoir distinguer.

## Les noms féminins

- **Les noms féminins** terminés par le son [e] s'écrivent **-ée**.
une all**ée** – la chemin**ée** – la veill**ée** – la bou**ée**
**Exceptions** :
la cl**é** (qui peut aussi s'écrire la cl**ef**) – l'acn**é** – une psych**é** (un grand miroir)

- Les noms féminins terminés par **-té** ou **-tié** s'écrivent **-é**.
la bont**é** – la libert**é** – la sant**é** – l'amiti**é**
**Exceptions** :
la dict**ée** – la mont**ée** – la remont**ée** – la jet**ée** – la port**ée** – la but**ée** – la pât**ée**
Ainsi que les noms qui indiquent un contenu.
une brouett**ée** de sable – une pot**ée** aux choux – une nuit**ée** d'hôtel

## Les noms masculins

- Beaucoup de **noms masculins** terminés par le son [e] s'écrivent **-er**.
le papi**er** – le dang**er** – l'épervi**er** – un loy**er**

Ce sont assez souvent :
– des **noms de métiers** ;
un bouch**er** – un pompi**er** – un routi**er** – un serruri**er**
– des **noms d'arbres ou d'arbustes** ;
un framboisi**er** – un cerisi**er** – un rosi**er** – un olivi**er**
– des **noms formés sur des infinitifs** de verbes du 1er groupe.
le dîn**er** – le soup**er** – le déjeun**er** – le goût**er**

- Un certain nombre de noms masculins terminés par le son [e] s'écrivent **-é**.
le bl**é** – le béb**é** – le degr**é** – le caf**é**

- Quelques noms masculins terminés par le son [e] s'écrivent **-ée**.
le lyc**ée** – le mus**ée** – le scarab**ée** – un mausol**ée** – un troph**ée** – un rez-de-chauss**ée**

### ⚠ Remarques

**1** Certains participes passés de verbes du 1er groupe sont employés comme noms.
un corrig**é** – un énonc**é** – un souffl**é** – un trait**é**

Certains sont employés au masculin ou au féminin dont ils prennent la marque.
un(e) réfugié(e) – un(e) employé(e) – un(e) accusé(e) – un(e) invité(e)

**2** Il ne faut pas confondre
la pâtée du chien (nom féminin) qui fait exception à la règle des noms féminins en **-té** ou **-tié**, et le pâté (nom masculin).

**3** Quelques noms masculins ont des terminaisons particulières :
le pi**ed** – le marchepi**ed** – le n**ez**

# Quiz

**❶ À partir de quel verbe ne peut-on pas former un nom terminé par [e] ?**

**a.** lutter **b.** plonger **c.** arriver

**❷ Quels noms complètent la phrase ?**

À … basse, le … s'est brisé contre les … .

**a.** marée – voilié – rochés **b.** maré – voiliers – rochets

**c.** marée – voilier – rochers

**❸ Quelle est la terminaison de ces noms ?**

un canap… – un degr… – le pass… – un foss… – le tierc…

**a.** é **b.** ée **c.** er

❶ **a.** On peut former : *la plongée* et *l'arrivée*. Le nom correspondant au verbe *lutter* est *la lutte*. ❷ **c.** ❸ **a.**

# Entraînement

**1 ▶ Complétez ces noms avec -é, -ée ou -er.**

le pr… la mar… le procéd… la drag… la municipalit… le pass…

la pur… l'encri… le canap… la sociét… le figui… la mosqu…

la gel… le senti… l'électricit… le trépi… le cur… la poup…

le boulang… une azal… le poiri… la priorit… le scaphandri… l'assembl…

la fermet… le march… le côt… la remont… un calendri… la journ…

**2 ▶ Complétez les noms de ces expressions avec -é, -ée ou -er.**

posséder de nombreuses qualit…     avancer une id… intéressante

avoir une bonne foul…     habiter une contr… isolée

élire les délégu… au congrès     porter un faux n…

exercer un méti… manuel     avoir une volont… de fer

s'appuyer contre un pili…     tailler les branches du pommi…

découvrir une nouveaut…     résoudre une difficult…

**3 ▶ Transformez ces expressions comme dans l'exemple.**

Ex. : s'adosser à un fauteuil → le dossier d'un fauteuil

dicter des mots     défiler avec des majorettes     monter l'escalier

plonger en eau profonde     stabiliser une situation     émincer des légumes

énoncer une solution     tracer des parallèles     vouloir réussir

arriver tardivement     s'échapper victorieusement     traverser un village

résumer un discours     fumer un cigare     rentrer de vacances

**4 ▶ Complétez ces noms avec -é, -ée ou -er.**

L'intelligence du chimpanz… étonne parfois les spécialistes. – À l'École des Sorci…, la spécialit… de Rogue, ce sont les potions. – L'ann… civile débute le 1ᵉʳ janvi… ; l'ann… scolaire le 1ᵉʳ septembre. – La chauss… enneigée sera dégagée dans la matin… . – Avec trois pellet… de gravi…, le cantonni… a comblé le foss… . – L'entr… du chanti… est réservée aux seuls ouvri… . – Avec une pinc… de sel, ce velout… de champignons sera délicieux. – Soutenu par ses équipi…, le demi de mêl… effectue une perc… . – Marco n'a fait qu'une bouch… de cette tranche de pât… . – D'une enjamb…, Kévin franchit facilement la tranch… .

SOLUTIONS
P. 238

# LES NOMS TERMINÉS PAR LES SONS [i] ET [y]

Les noms terminés par les sons [i] et [y] ont différentes finales sonores homophones qu'il faut savoir distinguer.

## Les noms terminés par le son [i]

• **Les noms féminins** terminés par le son [i] s'écrivent *-ie*.
la parod**ie** – l'autops**ie** – l'éclairc**ie**
**Exceptions** :
la sour**is** – la breb**is** – la perdr**ix** – la fourm**i** – la nu**it**

• **Les noms masculins** terminés par le son [i] peuvent s'écrire :
– *-i*
un cr**i** – un ennem**i** – un confett**i**
– *-ie*
un incend**ie** – un gén**ie** – un paraplu**ie**
– *-is*
un rad**is** – le maqu**is** – le parv**is**
– *-it*
le bru**it** – le créd**it** – l'appét**it**
Il existe quelques terminaisons plus rares :

| | | |
|---|---|---|
| *-il* : le pers**il** – un out**il** | *-ix* : le pr**ix** – un crucif**ix** | *-iz* : le r**iz** |
| *-id* : le n**id** | *-ye* : le rall**ye** | *-y* : le jur**y** |

> ⚠ **Remarque**
>
> *Merci*, toujours écrit avec un *i* final, peut être un nom masculin :
> Mon ami m'adresse un grand merc**i**.
>
> ou un nom féminin :
> Ce pilote est à la merc**i** d'un incident mécanique.

## Les noms terminés par le son [y]

• **Les noms féminins** terminés par le son [y] s'écrivent *-ue*.
la gr**ue** – la coh**ue** – la verr**ue**
**Exceptions** :
la trib**u** – la vert**u** – la br**u** – la gl**u**

• **Les noms masculins** terminés par le son [y] peuvent s'écrire :
– *-u*
un aperç**u** – un tiss**u** – un éc**u**
– *-us*
un surpl**us** – un intr**us** – un ob**us**
– *-ut*
un b**ut** – un sal**ut** – le chal**ut**
– *-ux*
le refl**ux** – l'affl**ux**
– *-ût*
à l'aff**ût** – un f**ût**

Pour les noms masculins, il est prudent de consulter un dictionnaire en cas de doute.

# Quiz

**❶ Quel est l'intrus de cette liste ?**

momie – avarie – génie – mairie – prairie

**a.** une avarie　　　　**b.** un génie　　　　**c.** une prairie

**❷ Quelles lettres, remises en ordre, composent le nom manquant ?**

Le peintre Modigliani fut longtemps un … ; ses tableaux ne se vendaient pas.

**a.** c – p – n – m – r – s – i – i – o　　　　**b.** m – i – c – r – r – i – o – p – s

**c.** r – s – i – n – o – m – p – s – i

**❸ Quels noms complètent la phrase ?**

Après une journée de …, tout le monde se retrouve devant une ….

**a.** skis – fondus　　　　**b.** ski – fondue　　　　**c.** skit – fondu

# Entraînement

## 1 ▶ Complétez ces noms terminés par le son [i] comme il convient.

| | | | | | |
|---|---|---|---|---|---|
| la zizan… | un réc… | un acqu… | un bistour… | un abr… | la bouill… |
| un treill… | la tyrann… | l'écur… | un par… | le nombr… | la fourm… |
| le rép… | un érud… | un taud… | le céler… | une effig… | un taill… |
| une perdr… | un col… | la calomn… | un appent… | le mess… | le pissenl… |
| un cadd… | une mom… | la mag… | un confl… | un apprent… | une ort… |
| un kép… | la mair… | un safar… | le cambou… | la voir… | l'agon… |

## 2 ▶ Complétez ces noms terminés par le son [i].

Les éditeurs vendent désormais des encyclopéd… consultables à l'aide d'un ordinateur. – Le maçon utilise un tam… pour passer le sable avant de le mélanger au ciment. – De quel pays la roup… est-elle la monnaie ? – Victime d'une avar…, ce navire regagne le port. – Le plongeur est remonté à la surface au bord de l'asphyx… . – Ce malade souffre d'une hémiplég… du côté droit. – Ce mathématicien fait des recherches sur la théor… des ensembles. – Si vous souffrez d'insomn…, buvez une infusion de tilleul avant de vous coucher. – La dynast… des Bourbons a donné sept rois à la France. – Le chantier est arrêté à la suite des intempér… de ces derniers jours. – Il est peu probable que chacun de nous ait un véritable sos… . – Ce suspect est innocenté, car il a un solide alib… . – Un petit oubl… peut avoir de graves conséquences. – L'aérophag… provoque souvent le hoquet. – Pour cacher sa calvit…, le chanteur porte une perruque. – Le r… est l'aliment de base de nombreux pays. – Ce nageur australien est le favor… du 100 mètres brasse.

## 3 ▶ Complétez ces noms terminés par le son [y] comme il convient.

| | | | | | |
|---|---|---|---|---|---|
| la rev… | la tort… | un pend… | l'aven… | l'attrib… | un can… |
| un déten… | la m… | le dess… | le p… | un dispar… | la reten… |
| un réb… | la batt… | un inconn… | l'entrev… | le substit… | la charr… |
| le j… | le fich… | le tal… | le bah… | la coh… | un él… |
| un zéb… | l'infl… | une mass… | la vert… | un d… | une longue-v… |
| le ref… | un invend… | une corn… | un barb… | une stat… | une étend… |

SOLUTIONS P. 238

**orthographe d'usage**

# 73. LES NOMS TERMINÉS PAR LES SONS [u] ET [wa]

Les noms terminés par les sons [u] et [wa] ont différentes finales sonores homophones qu'il faut savoir distinguer.

## Les noms terminés par le son [u]

- **Les noms féminins** terminés par le son [u] s'écrivent **-oue**.
la j**oue** – la r**oue** – la pr**oue**
**Exception** : la t**oux**

- **Les noms masculins** terminés par le son [u] peuvent s'écrire :
– **-ou**
le gen**ou** – le p**ou** – le tr**ou**
– **-out** ou **-oût**
un aj**out** – un ég**out** – le g**oût**
– **-ous**
un rem**ous** – le dess**ous**
– **-oux**
un jal**oux** – le h**oux**

- Il existe quelques terminaisons plus rares :
le caoutch**ouc** – le j**oug** – le l**oup** – le p**ouls** – boire tout son s**aoul** (son s**oûl**)

## Les noms terminés par le son [wa]

- **Les noms féminins** terminés par le son [wa] s'écrivent :
– **-oie**
la j**oie** – la courr**oie** – la s**oie**
– **-oi**
la f**oi** – la l**oi** – une par**oi**
– **-oix**
la p**oix** – la cr**oix** – la n**oix** – la v**oix**

- **Les noms masculins** terminés par le son [wa] s'écrivent :
– **-oi**
un empl**oi** – un conv**oi** – l'ém**oi**
– **-ois**
un m**ois** – un b**ois** – un cham**ois**
– **-oit**
un endr**oit** – un t**oit** – le dr**oit**

- Il existe quelques terminaisons plus rares :
un ch**oix** – le f**oie** – le p**oids** – le d**oigt** – le fr**oid**

Pour tous ces noms, il est prudent de consulter un dictionnaire en cas de doute.

 **Remarque**

Un certain nombre de noms d'habitants se terminent par **-ois**.

les Lill**ois** – les Dan**ois** – les Chin**ois** – les Iroqu**ois** – les Bavar**ois**

## Quiz

**1 Quel nom correspond à cette définition ?**

État d'une personne profondément troublée qui ne sait plus ce qu'elle doit faire.

**a.** le beffroi **b.** le carquois **c.** le désarroi

**2 Comment s'appelle un habitant du Danemark ?**

**a.** un Danemarkois **b.** un Danois **c.** un Danemois

**3 Quels noms complètent la phrase ?**

L'... est un petit poisson au ... assez prononcé.

**a.** anchois – goût **b.** anchoit – gout **c.** anchoix – goux

*1 c. Dans le Nord, le beffroi est une grande tour accolée à l'Hôtel de ville ; le carquois est un étui pour les flèches. 2 b. 3 a.*

## Entraînement

**1 ▶ Complétez ces noms terminés par le son [u].**

| | | | | | |
|---|---|---|---|---|---|
| la r... | un verr... | un t... | un burn... | un rendez-v... | un ép... |
| le r... | un garde-b... | un voy... | un écr... | la gad... | un tab... |
| le saind... | un avant-g... | un marab... | le mildi... | un mat... | la m... |
| un bij... | le dég... | le cl... | un ég... | la h... | le m... |
| un bini... | un emb... | un couc... | le bag... | un s... | le l... |

**2 ▶ Complétez ces noms terminés par le son [u].**

Le courr... de Zeus était terrible ; il déclenchait la foudre pour une peccadille. – Les mineurs redoutaient par-dessus tout les c... de gris..., un gaz très inflammable. – La mère Fernand sait préparer le rag... de mouton comme personne. – Le coléreux gour... fut soudain pris d'une quinte de t... qui le mit à b... de nerfs. – Comme il a plu, les terrassiers pataugent dans la b... . – Le red... inquiète les responsables de la station ; bientôt, on va skier sur les caill... . – Le hamster garde une partie de la nourriture dans ses baj... . – Marius prétend qu'il n'y a rien de meilleur qu'une soupe au pist... . – Parler l'anglais constitue un sérieux at... lorsqu'on cherche un emploi. – M. Kaster s'inquiète du c... des travaux.

**3 ▶ Complétez ces noms terminés par le son [wa].**

| | | | | | |
|---|---|---|---|---|---|
| le r... | le pat... | le beffr... | une lampr... | un casse-n... | à mi-v... |
| un détr... | un maladr... | le désarr... | un avant-t... | l'env... | l'octr... |
| un passe-dr... | un ch... | un porte-v... | un pav... | le dr... | l'... |
| le min... | le nor... | la baudr... | un siam... | un sans-empl... | un bourge... |

**4 ▶ Complétez ces noms terminés par le son [wa].**

L'arbitre siffle le coup d'env... de la partie. – Les mathématiciens font une différence entre le p... et la masse d'un corps. – D'un étourdi, on dit qu'il a un p... chiche dans la tête. – Les oiseaux de pr... sont désormais protégés car ils étaient en v... de disparition. – L'ébène est un b... très dur. – Le proverbe affirme qu'il vaut mieux un petit chez-s... qu'un grand chez les autres. – Au tourn... de judo de Bruxelles, Ben... accomplit un véritable expl... en remportant tous ses combats avant la limite. – Le condamné a formulé un pourv... en cassation ; il espère être rejugé. – Est-ce la première f... que vous mangez une tranche de f... ? – Ce mécréant a perdu la f... .

**SOLUTIONS P. 238**

# 74 LES NOMS TERMINÉS PAR LE SON [l]

Les noms terminés par le son [l] ont différentes finales sonores homophones.

## Les noms terminés par le son [al]

• **Les noms masculins** terminés par le son [al] s'écrivent :
– **-al** : un mét**al** – un anim**al** – un piédest**al**
– **-âle** : un r**âle** – un m**âle** – un ch**âle**
**Exceptions** : un scand**ale** – un vand**ale** – un déd**ale** – un pét**ale** –
un cannib**ale** – un interv**alle**

• **Les noms féminins** terminés par le son [al] s'écrivent :
– **-ale** : une sand**ale** – une esc**ale** – une raf**ale**
– **-alle** : une d**alle** – une m**alle** – une s**alle**

## Les noms terminés par le son [ɛl]

• **Les noms masculins** terminés par le son [ɛl] s'écrivent :
– **-el** : le tunn**el** – un hôt**el** – le mi**el**
**Exceptions** : le z**èle** – un parall**èle** – un polichin**elle** – un vermic**elle** –
un reb**elle** – un cockt**ail**

• **Les noms féminins** terminés par le son [ɛl] s'écrivent :
– **-elle** : une mam**elle** – une p**elle** – une s**elle**
**Exceptions** : la client**èle** – une parall**èle** – la gr**êle** – une st**èle** – une **aile**

## Les noms terminés par le son [il]

**Les noms masculins et féminins** terminés par le son [il] s'écrivent :
– **-il** : le f**il** – un prof**il** – un civ**il**
– **-ile** : l'arg**ile** – un rept**ile** – une f**ile**
**Exceptions** : la v**ille** – le bac**ille** – un m**ille** – un vaudev**ille**
la chloroph**ylle** – une id**ylle** – le crés**yl** – le phén**yle**

## Les noms terminés par les sons [ɔl] et [ol]

• **Les noms masculins et féminins** terminés par les sons [ɔl] et [ol] s'écrivent :
– **-ol** : le s**ol** – un env**ol** – un b**ol** (seulement des noms masculins)
– **-ole** : une gond**ole** – un symb**ole** – une casser**ole**
– **-olle** : la c**olle** – une cor**olle** – une fumer**olle**
– **-ôle** : le r**ôle** – un contr**ôle** – la t**ôle**

• Graphies plus rares :
le s**aule** – une g**aule** – un h**all** – un g**oal** – le cr**awl** – le footb**all** – un at**oll**

## Les noms terminés par le son [yl]

**Les noms masculins et féminins** terminés par le son [yl] s'écrivent :
– **-ule** : un véhic**ule** – la mandib**ule** – un tentac**ule**
**Exceptions** : le calc**ul** – le rec**ul** – le cons**ul** – le cum**ul** – la b**ulle** – le t**ulle**

# Quiz

## ❶ Quel nom correspond à la définition ?

C'est un grand amateur de cinéma.

**a.** un cinéfile      **b.** un cinéphile      **c.** un cinéfil

## ❷ Quelles lettres, remises en ordre, composent le nom manquant ?

Si vous êtes invités à la cour d'Angleterre, vous devrez strictement observer le … .

**a.** e – l – t – r – n – o – o – a – p      **b.** t – l – r – p – o – o – o – e – c

**c.** o – t – r – l – o – s – p – e – c

## ❸ Quels noms complètent la phrase ?

Muni d'un … en forme de …, l'archéologue dégage un … .

**a.** ustensile – spatule – fossile      **b.** ustencil – spatulle – faux-cils

**c.** ustancille – spatule – faussile

# Entraînement

## 1 ▶ Complétez ces noms terminés par les sons [al] ou [ɛl].

| | | | | | |
|---|---|---|---|---|---|
| un b… | le m… | une st… | un riv… | le mistr… | la h… |
| une b… | la m… | un végét… | un ch… | un déd… | le h… |
| une cig… | une myg… | un serv… | un pét… | une op… | un v… |
| un app… | le dég… | une ru… | la fic… | le djeb… | le s… |
| une sem… | une gam… | un miss… | une tut… | une parc… | la s… |
| une quen… | une ombr… | un aut… | la vaiss… | la mo… | le g… |

## 2 ▶ Complétez ces noms terminés par le son [il].

Les randonneurs égarés ont trouvé as… dans une vieille masure. – Le dindon est un volat… peu fréquent dans les basses-cours. – Cet appareil photo numérique fonctionne avec une simple p… . – Sur la fiche de renseignements, vous devez indiquer votre domic… . – Surpris, Ém… fronce les sourc… . – Ne te fais pas de b…, tes ennuis ne sont que passagers. – Les abeilles déposent le pollen dans le pist… des fleurs.

## 3 ▶ Complétez ces noms terminés par les sons [ol] et [ɔl].

Nic… joue avec sa cons… de jeux. – Shanghai est une métrop… gigantesque. – Cet animal est conservé dans le form… . – La rouge… est encore une maladie mortelle dans certains pays. – Roald Amundsen a atteint le premier le p… Sud. – Les invités de la noce forment une longue farand… . – Le chant du rossign… égaie nos campagnes.

## 4 ▶ Complétez ces noms terminés par le son [yl].

Vous avez échoué dans votre entreprise ; la pil… est dure à avaler. – Avec le rec…, il est probable que j'aurais procédé autrement pour démonter le moteur. – La pénins… ibérique comprend le Portugal et l'Espagne. – La basc… ne ment pas, ce sac pèse cinquante kilos. – Beaucoup d'hommes politiques sont opposés au cum… des mandats. – Épuisé, tu marches comme un somnamb… .

SOLUTIONS
P. 239

Les noms terminés par le son [ʀ] ont différentes finales sonores homophones.

## Les noms terminés par le son [aʀ]

- **Les noms masculins** terminés par le son [aʀ] s'écrivent :
- – *-ard* : un bill**ard** – le has**ard** – un plac**ard**
- – *-ar* : un cauchem**ar** – un nénuph**ar** – le doll**ar**
- – *-art* : un éc**art** – un remp**art** – un qu**art**
- – *-are* : un ph**are** – un hect**are** – un cig**are**
- **Graphies plus rares** : un tintam**arre** – un j**ars**
- **Les noms féminins** terminés par le son [aʀ] s'écrivent :
- – *-arre* : la bag**arre** – une j**arre** – une am**arre**
- – *-are* : la m**are** – la fanf**are** – la g**are**

**Exceptions** : la p**art** – la plup**art** – des **arrhes**

## Les noms terminés par le son [ɛʀ]

- **Les noms masculins et féminins** terminés par le son [ɛʀ] s'écrivent :
- *-ère* : le p**ère** – la rivi**ère** – la pri**ère**     *-aire* : l'annivers**aire** – une p**aire**
- *-er* : un bulldoz**er** – un report**er** – le f**er**
- *-erre* : une équ**erre** – une s**erre**     *-ert* : le couv**ert** – le dess**ert**
- **Graphies plus rares** : le rev**ers** – l'univ**ers** – le n**erf** – le fl**air** – un cl**erc**

## Les noms terminés par le son [iʀ]

- **Les noms masculins et féminins** terminés par le son [iʀ] s'écrivent :
- – *-ir* : le t**ir** – l'aven**ir** – un saph**ir**
- – *-ire* : un vamp**ire** – la c**ire** – une tirel**ire**
- **Graphies plus rares** : le mart**yr(e)** – une l**yre** – le zéph**yr** – la m**yrrhe**

## Les noms terminés par le son [ɔʀ]

- **Les noms masculins et féminins** terminés par le son [ɔʀ] s'écrivent :
- – *-or* : le c**or** de chasse – le trés**or** – un tén**or** (seulement des noms masculins)
- – *-ore* : une fl**ore** – une métaph**ore** – un mété**ore**
- – *-ort* : un eff**ort** – le ress**ort** – un transp**ort**
- – *-ord* : le b**ord** – un racc**ord** – à trib**ord**
- **Graphies plus rares** : le p**orc** – le minot**aure** – le c**orps** – le m**ors** – le rem**ords**

## Les noms terminés par le son [yʀ]

**Les noms masculins et féminins** terminés par le son [yʀ] s'écrivent :
- – *-ure* : une manuc**ure** – la toit**ure** – le carb**ure**

**Exceptions** : le fém**ur** – le m**ur** – l'az**ur** – le fut**ur**

# Quiz

**❶ Quelle est la terminaison de tous ces noms ?**

un fak… – un saph… – un lois… – un élix… – un soup…

**a.** -ir          **b.** -ire          **c.** -irre

**❷ Quel nom appartient à la famille du verbe *créer* ?**

**a.** une créature          **b.** une crétur          **c.** une créatturre

**❸ Quels noms complètent la phrase ?**

L'… est une … des surfaces agricoles valant 10 000 mètres carrés.

**a.** hectar – messure          **b.** hectarre – mesur          **c.** hectare – mesure

❶ a. ❷ a. Ce nom n'appartient pas aux exceptions des noms en [yʀ] qui s'écrivent -ur (futur, azur, mur, fémur). ❸ c. Le nom *mesure* est suffisamment courant pour guider le choix.

# Entraînement

**1 ▶ Complétez ces noms terminés par le son [aʀ].**

| | | | | | |
|---|---|---|---|---|---|
| un foul… | un av… | un squ… | un barb… | un gyroph… | une b… |
| un têt… | un dép… | un cuiss… | un faire-p… | un doss… | un b… |
| le cur… | une cith… | une guit… | un mot… | un béc… | le l… |
| un bagn… | une esc… | une aérog… | un chauff… | un centi… | une t… |

**2 ▶ Complétez ces noms terminés par le son [eʀ].**

Le général envoie un émiss… pour proposer une trêve à ses advers… . – Saint-Naz… se trouve sur l'estu… de la Loire. – Trop de pays africains vivent dans la mis… . – Ce phare sert de rep… aux navires perdus dans le brouillard. – Cet éboulis est un véritable rep… de serpents. – Le dépistage des tumeurs de l'ov… a fait d'importants progrès. – Un v… en cristal est fragile ; ne le placez pas au lave-vaisselle. – Le vulcanologue s'approche au bord du crat… . – Étourdi, tu as mis ton maillot à l'env… .

**3 ▶ Complétez ces noms terminés par le son [iʀ].**

Grâce au sang-froid des sauveteurs, le p… a été évité. – La l… était la monnaie des Italiens avant l'adoption de l'euro. – Les sb… de ce dictateur font régner la terreur. – Le fak… s'allonge sur le lit clouté. – M. Rivet porte une veste en cachem… . – L'emp… romain s'étendait de l'Atlantique à l'Asie. – Le sanglier se trouve dans la ligne de m… du chasseur. – Sainte Blandine a souffert le mart… avant d'être tuée par un tau-reau. – Ne joue pas au mart…, la piqûre n'est pas douloureuse. – Ce brigand de grand chemin est un triste s… . – Cet homme est en plein dél… ; il ne sait plus ce qu'il dit.

**4 ▶ Complétez ces noms terminés par les sons [oʀ].**

| | | | | | |
|---|---|---|---|---|---|
| un mirad… | un ess… | un rec… | un ab… | une amph… | l'aur… |
| le chl… | à bâb… | un mil… | le déc… | un corrid… | un matad… |
| le folkl… | un reb… | un toréad… | un matam… | un sycom… | un app… |
| un coffre-f… | un passep… | du renf… | un supp… | un quatu… | le conf… |

**5 ▶ Écrivez les noms en *-ure* dérivés de ces verbes.**

| | | | | | |
|---|---|---|---|---|---|
| lire | mordre | rompre | gercer | écorcher | ceindre |
| flétrir | meurtrir | sculpter | geler | gager | teindre |

SOLUTIONS
P. 239

Les noms terminés par le son [ɑ̃s], qui sont le plus souvent des noms féminins, s'écrivent généralement avec deux terminaisons différentes, aussi fréquentes l'une que l'autre.

## Les noms terminés par -ance

la bal**ance** – les vac**ances** – la nu**ance** – la venge**ance** – la Fr**ance**

Beaucoup de ces noms sont des substantifs d'adjectifs qualificatifs (ou d'adjectifs verbaux) terminés par **-ant**.

des soldats vaillants      → la vaill**ance** des soldats
une importante décision → l'import**ance** d'une décision
une croyance survivante → la surviv**ance** d'une croyance
des câbles résistants   → la résist**ance** des câbles

## Les noms terminés par -ence

l'ag**ence** – la cad**ence** – la sem**ence** – la lic**ence** – la faï**ence**

Beaucoup de ces noms sont des substantifs d'adjectifs qualificatifs terminés par **-ent**.

une pensée cohérente    → la cohér**ence** d'une pensée
des hommes corpulents  → la corpul**ence** de ces hommes
des propos véhéments    → la véhém**ence** des propos
une proposition indigente → l'indig**ence** d'une proposition

Il faut retenir deux exceptions à la règle de formation de ces noms.

un père exigeant        → l'exig**ence** d'un père
un journal existant     → l'exist**ence** d'un journal

### ⚠ Remarques

**1** Quelques noms ont des terminaisons particulières.

  – **-anse**

la danse – une ganse – l'anse – la panse – la transe

  – **-ense**

la défense – l'offense – la dépense – la dispense – la récompense

**2** Seul un nom en [ɑ̃s] est masculin :
le silence

**3** On peut parfois retrouver la terminaison correcte à l'aide d'un mot de la même famille que l'on sait orthographier.

l'enfant → l'enfance
avancer → l'avance
un affluent → l'affluence
absent → l'absence

**4** En anglais, le nom *danse* s'écrit *dance* !

# Quiz

**1** Quel est le nom de la même famille que le verbe *croître* ?
**a.** la croyance      **b.** la croissance      **c.** la croîtrance

**2** Quels noms complètent la phrase ?
Les secouristes attendent avec ... l'arrivée de l' ... pour conduire le blessé aux ... .
**a.** impatience – ambulance – urgences
**b.** impascience – embulence – urgenses
**c.** impatiense – anbulamce – urgances

**3** Quelle est la terminaison de ces noms ?
une conséqu... – l'émerg... – la perman... – la résid...
**a.** ance      **b.** anse      **c.** ence

**1** b. La *croyance* correspond au verbe *croire.* **2** a. Les noms sont d'usage courant. **3** c.

# Entraînement

**1** Écrivez les noms en [ɑ̃s] dérivés de ces adjectifs qualificatifs (ou de ces adjectifs verbaux).

Ex. : prévenant ➜ la préven**ance**

| | | | | |
|---|---|---|---|---|
| innocent | indifférent | ignorant | puissant | insuffisant |
| somnolent | concurrent | complaisant | turbulent | persévérant |
| brillant | compétent | vaillant | opulent | patient |
| arrogant | fréquent | négligent | souffrant | dansant |

**2** Écrivez les noms, terminés par le son [ɑ̃s], dérivés de ces verbes.

Ex. : concurrencer ➜ la concurr**ence**

| | | | | |
|---|---|---|---|---|
| prévenir | maintenir | tolérer | adhérer | offenser |
| espérer | expérimenter | connaître | dispenser | agencer |
| influencer | défaillir | croire | renaître | se réjouir |
| subsister | endurer | diverger | défendre | alterner |

**3** Complétez ces phrases avec un nom en *-ance*, *-anse*, *-ence* ou *-ense*.

L'av... prise par ce coureur est trop importante pour que le peloton le rattrape. – Les tripes sont préparées avec une partie de la p... des ruminants. – En récomp... de ses efforts, Saïd reçoit les félicitations. – Cette rom... charme tous les spectateurs. – Théo entre en apprentissage ; son attir... pour le métier de boulanger est indéniable. – Le juge a prononcé une sent... équitable à l'issue du procès. – L'eau de jouv... redonne de la jeunesse, dit-on ! – L'adolesc... se situe entre l'enfance et l'âge adulte.

**4** Complétez ces phrases avec un nom en *-ance* ou *-ence* de la famille du mot entre parenthèses.

(élégant) Sonia porte une longue robe de soie blanche : quelle ... ! – (suppléer) M. Martin assure la ... du secrétaire titulaire. – (prévoir) La ... est la meilleure sécurité contre les accidents. – (patient) Mieux vaut ... que force et que rage. – (le régent) Avant la majorité de Louis XIV, sa mère a assuré la ... . – (obéir) L'... aux lois de la nature devrait être la règle suprême. – (résonner) Dans cette salle, la ... est d'une qualité exceptionnelle. – (gérer) M. Brun a pris un commerce en ... .

SOLUTIONS
P. 240

# 77 LES CONSONNES FINALES MUETTES

Il y a une ou des consonnes muettes à la fin de :

– certains noms ;
le plomb – le flanc – rond – du persil – un nerf – le sang – un tas – une croix – un poids – un manuscrit – le riz

– certains adjectifs.
gris – vivant – heureux – bas – rond

## Comment retrouver les consonnes finales muettes ?

• Pour entendre la consonne finale, on peut :

– **essayer de former le féminin** ;
un ballon rond → une table ronde
un organisme vivant → une scène vivante
un ciel gris → une journée grise

– **chercher un mot de la même famille** ;

| | |
|---|---|
| le plomb → le plombier | l'outil → l'outillage |
| le flanc → flancher | un tas → tasser |

– **s'appuyer sur la liaison**.
renvoyer les personnes dos (z)à dos

• On peut identifier la consonne finale **-x** lorsqu'elle se transforme en **-s-** dans des mots féminins, ou de même famille.
heureux → heureuse          une croix → croiser

• Il n'est pas toujours possible d'utiliser ces procédés :
le homard – le croquis – un hareng – le parcours – monsieur
Ou bien ils peuvent entraîner une erreur.
s'abriter, mais un abri      juteux, mais le jus      un bijoutier, mais un bijou

Lorsqu'un doute subsiste, il faut chercher l'orthographe des mots dans un dictionnaire.

### ⚠ Remarques

**1** La plupart des noms terminés par une consonne muette sont masculins. Seule une trentaine de noms féminins ont une consonne finale muette.

**2** Sur les vingt consonnes de l'alphabet, treize peuvent être muettes à la fin d'un mot :
b – c – d – f – g – h – l – p – r – s – t – x – z

**3** Dans certains noms, ces mêmes consonnes sont sonores.
un ours – le thorax – un bouc – un poil – un test – le bled – un veuf – le contact

**4** Lorsqu'on accorde les mots ou lorsqu'on conjugue les verbes, on place aussi des lettres muettes.
des rues étroites – de nouveaux journaux tu bouges – tu peux – ils cherchent – elle pâlit – il sort

## Quiz

**❶ Quel nom complète la phrase ?**

Dans l'..., on peut manger le cœur et les feuilles.

a. artichaud      b. artichaux      c. artichaut

**❷ Quelle est l'expression correctement orthographiée ?**

a. un gros tas de ciment      b. un gros tat de cimant    c. un gro tad de cimens

**❸ Dans quel couple de mots y a-t-il une erreur ?**

a. éclater – un éclat      b. abriter – un abrit      c. ranger – la rangée

❶ c. Il n'existe pas de mot de la même famille dans lequel on entendrait la consonne finale de *artichaut*. ❷ a. On peut chercher les lettres muettes : *gros* (*grosse*) ; *tas* (*tasser*) ; *ciment* (*cimenter*). ❸ b. *L'abri* constitue une exception puisqu'on ne retrouve pas le -t de *abriter*.

## Entraînement

**1 ▸ Complétez ces noms avec une consonne muette et justifiez-la par un mot de la même famille dans lequel on entend cette consonne.**

Ex. : un fruit → fruité

| | | | | |
|---|---|---|---|---|
| un intru... | un bourgeoi... | un jon... | un cham... | le tein... |
| un spor... | un comba... | un chan... | le dra... | un tron... |
| un por... | un quar... | le hasar... | un pay... | le placar... |
| un por... | un propo... | le fraca... | un galo... | un bou... |
| l'échafau... | le ban... | le lar... | un écar... | le cam... |

**2 ▸ Complétez ces phrases avec des mots terminés par des lettres muettes de la famille du mot entre parenthèses.**

(instinctif) Parfois, il faut se fier à son ... . – (transférer) Le ... de ce joueur de football est signé. – (empoigner) Il est tombé des grêlons gros comme le ... . – (la promptitude) Le médecin souhaite un ... rétablissement au malade. – (choisir) À la cafétéria, on a le ... entre plusieurs entrées. – (anéantir) Tous les efforts des sauveteurs sont réduits à ... . – (créditer) Pourquoi achèteriez-vous ce MP3 à ... ? – (nerveux) Robin est sur les ... ; il devra bientôt entrer en scène. – (une noisette) L'huile de ... donne un goût savoureux à la sauce de salade. – (encenser) L'... brûle en répandant une odeur bien particulière. – (farder) Un peu de ..., cela donne des couleurs aux joues.

**3 ▸ Complétez ces mots avec une lettre muette.**

| | | | | |
|---|---|---|---|---|
| le secour... | le compa... | du taba... | un buvar... | un artichau... |
| un écla... | du lila... | une perdri... | du siro... | un réchau... |
| un repa... | un étan... | du vergla... | du caoutchou... | un crapau... |
| un rally... | la souri... | un talu... | le velour... | le camboui... |
| le cervela... | le nœu... | un foular... | un radi... | le syndica... |

**4 ▸ Complétez ces mots avec deux consonnes finales muettes.**

| | | | | |
|---|---|---|---|---|
| le pou... | le doi... | exa... | succin... | exem... |
| le pui... | le remor... | le tréfon... | le tem... | le cor... |
| le printem... | distin... | un entreme... | un auroc... | le respe... |

SOLUTIONS
P. 240

# LA LETTRE *H* EN DÉBUT DE MOT

Comme la lettre *h* ne se prononce pas, il est souvent difficile de savoir s'il faut la placer en début de mot.

## Le *h* aspiré

Lorsqu'un mot commence par un *h* aspiré, on ne place pas d'apostrophe et la liaison avec le mot qui précède est impossible.

Le **h**ameau a gardé tout son charme.

Les / **h**ameaux ont gardé tout leur charme.

L'alpiniste se **h**isse au sommet.

Les alpinistes se sont / **h**issés au sommet.

### ⚠ Remarque

Pour quelques mots (heureusement peu nombreux), l'élision et la liaison sont impossibles bien qu'il n'y ait pas présence d'un *h* initial.

les yaourts – le yoga – les yachts – les yacks – le yen – les yoles – les yourtes – les onze premiers – la ouate

## Le *h* muet

• Lorsqu'un mot commence par un *h* muet, on place l'apostrophe au singulier et on fait la liaison au pluriel. Le pronom personnel *se* s'élide en *s'*.

L'**h**élice du navire est faussée.

Les (z)**h**élices du navire sont faussées.

Il fait froid ; les gens s'**h**abillent chaudement.

Cet instrument produit des sons très (z)**h**armonieux.

Dans ce cas, seule la mémorisation des mots ou la consultation d'un dictionnaire permettent de savoir s'il y a un *h* initial.

• Le *h* est muet dans beaucoup de mots qui commencent par un préfixe d'origine grecque.

l'**h**écatombe – l'**h**ellénisme – l'**h**éliotropisme – l'**h**émisphère – l'**h**émorragie – l'**h**étérogénéité – un **h**ippodrome – l'**h**omonyme – l'**h**oroscope – l'**h**ydrogène – l'**h**ypnose – l'**h**ypoglycémie

### ⚠ Remarques

**1** On trouve la lettre *h* combinée avec d'autres lettres pour former des sons consonnes.

*ch* : la **ch**asse – un mat**ch**

*ph* : un **ph**oque – une **ph**rase

*sh* : le **sh**ort – le **sh**érif

*sch* : le **sch**éma – le kir**sch**

*ch* (prononcé [k]) : la **ch**lorophylle – le **ch**rome – une **ch**ronique

**2** On trouve parfois la lettre *h* à la fin de quelques mots ou interjections.

oh – eh – un mammou**th** – l'anet**h** – la casba**h** – le copra**h**

## Quiz

**1** **Quel est le seul nom où le *h* est muet ?**
**a.** huile        **b.** héros        **c.** hauteur

**2** **Pour quel groupe de mot faut-il faire la liaison ?**
**a.** les handicapés        **b.** les haricots        **c.** les hirondelles

**3** **Quels mots complètent la phrase ?**
Par mesure d'..., il est ... de vérifier la fraîcheur des ... .
**a.** higiène – indispensable – uîtres
**b.** hyjiène – hindispensable – huîtres
**c.** hygiène – indispensable – huîtres

**1** **a.** On peut placer un article : *l'huile, la hâte, la hauteur.* **2** **c.** Seul *hirondelle* commence par un *h* muet. Ne pas faire la liaison avec les deux autres noms d'usage courant. **3** **c.**

## Entraînement

**1** ▶ **Écrivez ces noms au singulier.**

| | | | | |
|---|---|---|---|---|
| les herbes | les habits | les hannetons | les haches | les hectares |
| les haillons | les huiles | les héritages | les hérons | les heures |
| les hanches | les horreurs | les haies | les habitants | les histoires |
| les horloges | les hochets | les hirondelles | les harmonies | les hautbois |

**2** ▶ **Si nécessaire, complétez ces mots avec un *h*.**

| | | | |
|---|---|---|---|
| une ...oreille | une ...alerte | ...urler | ...ausser |
| un ...ôpital | une ...adoption | ...urgent | ...ausculter |
| un ...oraire | ...aleter | ...émerger | ...austère |
| une ...octave | ...allaiter | ...éberger | une ...onte |
| l'...opium | ...arpenter | un ...ameçon | une ...élite |
| un ...aristocrate | ...arponner | un ...angar | ...onteux |
| une ...armonie | une ...anarchie | un ...anchois | un ...ermite |
| une ...arabesque | ...ideux | un ...andicap | une ...omission |
| les ...aras | ...agard | une ...anguille | une ...amende |
| une ...ypothèse | une ...ygiène | les ...yeux | un ...yucca |

**3** ▶ **Si nécessaire, complétez ces mots avec un *h*.**

Les ...oraisons funèbres de Bossuet restent des chefs-d'œuvre de la littérature. – Le ...oublon entre dans la préparation de la bière. – Les piqûres d'...oursin, c'est extrêmement douloureux. – L'...ôtelier a pris la décision de changer les ...ousses des matelas de tous ses lits. – Beaucoup de paysans ...africains travaillent encore la terre à la ...oue. – Messan a appris le métier d'...orticulteur sous la ...oulette d'un jardinier chevronné. – Lors de la Seconde Guerre mondiale, les juifs furent les victimes d'un ...olocauste. – L'...exagone a six côtés et l'...octogone en a ...uit. – Les ...ortensias sont des plantes qui préfèrent l'...ombre au soleil. – C'est tout à fait par ...asard que nous avons retrouvé nos clés. – Dans les Pyrénées, on peut encore rencontrer quelques ...isards. – L'...étymologie traite de l'...origine des mots. – De celui qui a un ...ématome, on dit quelquefois qu'il a un bleu. – Les ...émanations de chlore nous incommodent. – L'...ippopotame se complaît dans les mares nauséabondes.

SOLUTIONS P. 241

# 79 LES LETTRES MUETTES INTERCALÉES

À l'intérieur des mots, on peut trouver des lettres muettes intercalées comme le *h* ou le *e*.

## La lettre *h* intercalée

aut**h**entique – une pant**h**ère – le t**h**ermalisme – un da**h**lia – une in**h**alation – l'ét**h**er – l'ad**h**ésion – ex**h**orter

• Le *h* peut séparer deux voyelles et tenir le rôle d'un tréma, empêchant qu'elles forment un seul son.
a**h**uri – brou**h**a**h**a – un ca**h**ot – une co**h**orte – un vé**h**icule – a**h**urissant

• On trouve un *h* dans de nombreux préfixes et suffixes, d'origine grecque.
**thermo-** : un t**h**ermomètre – le t**h**ermostat
**chrono-** : un c**h**ronomètre – la c**h**ronologie
**-graphe** : un géograp**h**e – le photograp**h**e
**-thèque** : la bibliot**h**èque – la discot**h**èque
**rhin-** : un r**h**inocéros – une r**h**inite
**thérap-** : une t**h**érapie – un radiot**h**érapeute

• Dans des mots d'origine étrangère, la lettre *h*, placée après un *g*, permet de prononcer le *g* [g].
un g**h**etto – des spag**h**ettis

## La lettre *e* intercalée

• Au futur simple de l'indicatif et au présent du conditionnel, pour les verbes du 1er groupe en **-ier**, **-ouer**, **-uer**, **-yer**, il ne faut pas oublier de placer le *e* de l'infinitif qui reste muet.
*remercier* → je remerci**e**rai – nous remerci**e**rions
*renflouer* → nous renflou**e**rons – je renflou**e**rais
*éternuer* → il éternu**e**ra – elles éternu**e**raient
*tutoyer* → tu tutoi**e**ras – vous tutoi**e**riez

• La plupart des noms dérivant de ces verbes gardent le *e* de l'infinitif.
*remercier* → le remerci**e**ment
*renflouer* → le renflou**e**ment
*éternuer* → l'éternu**e**ment
*tutoyer* → le tutoi**e**ment
**Exceptions :**
*châtier* → le châtiment      *arguer* → l'argument      *agréer* → l'agrément

### ⚠ Remarque

D'autres lettres peuvent être muettes à l'intérieur des mots.

– la lettre *m*
l'auto**m**ne – conda**m**ner

– la lettre *p*
se**p**tième – le ba**p**tême – le com**p**teur

– la lettre *g*
la san**g**sue – les amy**g**dales

– la lettre *o*
l'alc**o**ol

– la lettre *a*
la Sa**o**ne – un t**o**ast

# Quiz

**❶ Quel nom complète la phrase ?**

Auguste Rodin fut un célèbre ... .

**a.** sculteur          **b.** sculeteur          **c.** sculpteur

**❷ Quel est le seul nom où la lettre *g* est prononcée ?**

**a.** le bourgmestre          **b.** le doigté          **c.** une vingtaine

**❸ Quel est le nom de la même famille que *se dévouer* ?**

**a.** le dévoument          **b.** le dévouement          **c.** le dévouènement

❶ **c.** Le *p* ne se prononce pas non plus dans les mots de la même famille : *sculpter, la sculpture, sculptural...* ❷ **a.** *Le bourgmestre* est l'équivalent du maire dans certains pays : Belgique, Suisse, Pays-Bas... ❸ **b.** Attention ! Tous les noms dérivés de verbes en *-uer, -ouer, -yer* et *-ier,* ne sont pas formés avec le suffixe *-ment : polluer – la pollution ; nettoyer – le nettoyage...*

# Entraînement

**1 ▶ Si nécessaire, complétez ces mots avec des lettres muettes.**

Les ornières engendrent des ca...ots désagréables. – Surpris par la pluie, le pêcheur s'abrite sous une ca...ute au bord de l'étang. – La tra...ison de Ganelon a provoqué la mort de Roland, le neveu de Charlemagne. – Vérifiez votre monnaie, mais je crois que le com...te est exa...t . – Le com...te de Chambord revendiqua, en vain, le trône de France. – Cette pièce de t...éâtre est désopilante ; le public est ent...ousiasmé. – Les policiers ont enfin appré...endé un suspe...t. – L'ant...iquaire affirme que ce ba...ut est une pièce aut...entique. – Einstein a élaboré une t...éorie co...érente de la relativité. – Le r...ume des foins est une allergie difficile à soigner. – De nombreuses sci...ries sont installées près de la forêt vo...gienne. – Avec le feu d'art...ifice, la fête du Moulin se termine en apot...éose. – L'industrie a besoin d'ingénieurs et de tec...niciens.

**2 ▶ Si nécessaire, complétez ces mots avec des lettres muettes.**

| | | | | |
|---|---|---|---|---|
| le cat...échisme | un to...st | la gai...té | un ad...érent | un isot...ope |
| la soi...rée | un te...st | un aboi...ment | un ad...olescent | un is...me |
| la soi...rie | surs...oir | le con...te | le dénu...ment | l'auto...ne |
| le surv...ol | bons...oir | un acom...te | l'ét...er | l'ato...nie |
| l'alc...ol | ass...oir | le com...teur | le ba...tême | la san...sue |
| l'ét...ymologie | le t...orax | sympat...ique | a...quilin | le gré...ment |
| l'ét...ylène | l'ut...opie | élast...ique | a...quitter | l'agré...ment |

**3 ▶ Complétez ces phrases avec un mot dans lequel il y a une lettre muette.**

Le meilleur scu... de men... est assurément Obélix. – Avec le brouillard, nous sommes entrés dans une période aut... . – Lors de la trans..., des milliers de moutons gagnent les alpages. – Le dévou... de cette infirmière est sans bornes. – Il n'y a plus d'ant... de par le monde, cette pratique barbare a disparu. – Rachid fréquente les disco... ; c'est de son âge, il a vin...-deux ans. – Le déno... de *La Mort aux trousses* a surpris tous les spectateurs ; Alfred Hitchcock est le roi du suspense. – Magali déteste les corridas ; elle considère que ce sont de véritables tu... . – Stradivarius restera pour longtemps le roi des lu... . – Les chauffards alc... sont conda... à de fortes amendes ; leur pai... doit souvent intervenir sur-le-champ.

**SOLUTIONS
P. 241**

# 80 LA LETTRE X

La lettre *x* peut être sonore (et se prononcer de plusieurs façons) ou muette.

## La lettre *x* : consonne sonore

• La lettre *x* se prononce :
– [ks]
l'explication – une galaxie – l'expiration – un élixir

– [gz] dans les mots commençant par **ex-**, si le *x* est suivi d'une voyelle ou d'un *h*.
exagérer – examen – l'exécution – existence – l'exhibition

• Suivie d'un *c*, la lettre *x* a la valeur d'un [k] dans les mots commençant par **ex-**.
exciter – l'excédent – excentrique – excellent

• En fin de mot, le son [ks] peut s'écrire **-x** ou **-xe**.
le silex – le larynx – une taxe – l'annexe

⚠ **Remarques**

**1** Comme elle équivaut à deux consonnes, la lettre *x* n'est jamais précédée d'un *e* accentué.

**2** La lettre *x* peut éventuellement se prononcer [s] ou [z].
[s] : dix – six – soixante – Bruxelles – Auxerre
[z] : deuxième – sixième – dixième

**3** Très peu de mots commencent par la lettre *x*.
un xylophone – la xénophobie – le vin de Xérès – Xavier

**4** Il arrive que le son [ks] soit transcrit par :

– deux *c* devant *e* ou *i* ;
le succès – accepter – l'occident – la succession
– **-ct-** devant le suffixe **-ion**.
l'action – la direction – la fonction
**Exceptions** :
la connexion – la réflexion – la flexion

**5** Il faut retenir ces deux orthographes :

le tocsin : sonnerie de cloche pour donner l'alarme
l'eczéma : rougeurs sur la peau

## La lettre *x* : consonne muette

La lettre *x* est muette :

• quand elle marque le pluriel de certains noms et adjectifs ;
les bateaux – les aveux – les bijoux – des journaux locaux

• à la fin de certains mots, même au singulier.
la croix – le houx – deux – roux

## Quiz

**❶ Quels mots complètent la phrase ?**

….-t-il des … où l'on relève la présence d'… ?

**a.** Existe – galaxies – oxygène      **b.** Existent – galaxie – okxygène

**c.** Egziste – galaxies – oksigène

**❷ Quel est le seul mot qui peut compléter la liste ?**

exécuter – exigu – exotique – l'exode – exemplaire – …

**a.** examiner      **b.** exposer      **c.** s'exclamer

**❸ Quel est l'intrus de cette liste ?**

l'annexe – le thorax – le luxe – fixe – le réflexe

**a.** l'annexe      **b.** le thorax      **c.** le réflexe

❶ a. ❷ a. C'est le seul mot qui débute par les sons [ɛgz] ; les deux autres débutent par [ɛks]. ❸ b. C'est le seul mot qui ne prend pas de e final.

## Entraînement

**1 ▶ Écrivez les noms des actions exprimées par ces verbes.**

Ex. : perfectionner son style → la perfection de son style

fléchir l'avant-bras      connecter deux fils      annexer un territoire

réfléchir intensément      tracter une remorque      infléchir une opinion

évincer un intrus      actionner un levier      joindre deux points

un flux dans la poitrine      sanctionner une erreur      élire des députés

**2 ▶ Complétez ces phrases avec des mots dans lesquels on trouve la lettre *x*.**

Charlie Parker était un …ellent joueur de sa…ophone. – La piscine se trouve à pro… imité du gymnase : c'est pratique. – On dit que l'…actitude est la politesse des rois. – Le prestidigitateur fait preuve d'une de…térité assez …ceptionnelle. – L'…position des œuvres du peintre Delacroix a attiré un nombreux public. – Ces jeunes mariés habitent un dupl… un peu …igu. – Tous les invités ont trouvé que le dessert au chocolat était …quis. – Cet homme souffre d'un …cès de poids ; il devra maigrir. – Le bo…eur a reçu un coup sur le laryn… ; il ne peut plus parler. – La dysle…ie est une véritable maladie qui handicape de nombreuses personnes. – L'o…ygène est un gaz indispensable à la respiration des mammifères. – Seul le ma…illaire inférieur de la mâchoire est articulé. – Cette liste est …haustive ; il ne manque pas un numéro. – Quand on est en retard, on présente ses …cuses. – M. Bardoin bénéficie d'une …onération d'impôts. – L'accent peut être circonfle…, grave ou aigu. – Le kla…on de ce ta…i est trop bruyant. – En français, il y a deux au…iliaires : *avoir* et *être*. – L'…pertise de cette commode a révélé qu'elle datait du XVIIIᵉ siècle.

**3 ▶ Complétez ces mots avec *x*, *ex*, *cc* ou *exc*.**

| | | | | |
|---|---|---|---|---|
| …haler | un …édent | …humer | une …ursion | …acerbé |
| va…iner | un a…essoire | la su…ession | …ubérant | …aspérant |
| …ulter | un …amen | …empter | a…éder | l'…eption |
| in…orable | …écrable | …torquer | into…iquer | l'a…élérateur |
| le parado…e | la fi…ation | le ma…imum | l'…tase | l'anore…ie |
| un …ploit | l'asphy…ie | un …tincteur | l'o…iput | l'…pulsion |

SOLUTIONS
P. 241

# 81 LES SUFFIXES ET LES PRÉFIXES

Le suffixe se place à la fin du radical pour former un mot nouveau ; le préfixe au début du radical. Différents suffixes ou préfixes ont des formes homophones.

## Des suffixes

- Les noms et adjectifs terminés par [sjɛl] s'écrivent **-ciel** ou **-tiel**.
un logi**ciel** – superfi**ciel**                    un poten**tiel** – torren**tiel**
Les adjectifs féminins doublent le **l**.
une idée superfi**cielle**                    une pluie torren**tielle**

- Les noms et adjectifs terminés par [sjal] s'écrivent **-cial** ou **-tial**.
commer**cial** – ra**cial**                    par**tial** – spa**tial**
**Exception** : paroi**ssial**
Les adjectifs féminins ne doublent pas le **l**.
une branche commer**ciale**                    une navette spa**tiale**
Les adjectifs masculins pluriels se terminent généralement par **-aux**.
des centres commer**ciaux** – des préjugés ra**ciaux**

- Les adjectifs terminés par [sjø] s'écrivent le plus souvent **-cieux**.
gra**cieux** – spa**cieux** – pré**cieux** – mali**cieux**
Quelques-uns s'écrivent **-tieux**.
préten**tieux** – minu**tieux** – infec**tieux**

- Les noms terminés par [sjõ] s'écrivent le plus souvent **-tion**.
la posi**tion** – la por**tion** – la nata**tion** – l'éduca**tion**
Quelques-uns s'écrivent :
**-sion** : la ver**sion** – l'excur**sion**   **-ssion** : la pa**ssion** – la mi**ssion** – l'obse**ssion**
**-xion** : l'anne**xion** – la réfle**xion**   **-cion** : la suspi**cion**

⚠ **Remarque**

Les verbes du 1er groupe terminés par **-onner** s'écrivent avec deux **n**.

savonner – tâtonner – actionner

**Exceptions** : téléphoner – s'époumoner – ramoner – trôner

## Des préfixes

- Les mots formés avec les préfixes **il-, im-, in-, ir-** doublent la consonne quand le radical commence par **l, m, n, r**.
**il**-limité – **im**-mangeable – l'**in**-novation – **ir**-réel
**Exceptions** : imaginer – l'île – l'iris – inamical (radical : ami)
Comme il n'est pas toujours possible de retrouver le radical (souvent un mot latin aujourd'hui inusité), il faut vérifier dans un dictionnaire en cas de doute.

- Pour bien orthographier un mot formé à l'aide de préfixes comme **dé-, dés-, en-, em-, r(e)-**, il faut penser au radical.
*emménager* est formé sur le radical *ménager* et le préfixe **em-** → deux **m**
*enivrer* est formé sur le radical *ivre* et le préfixe **en-** → un seul **n**

# Quiz

**1 Quel préfixe faut-il employer pour donner le contraire de ces adjectifs ?**

vivable – dépendant – connu – digne – valide – visible

**a.** mal-  **b.** im-  **c.** in-

**2 Quelle est la signification du suffixe _-oir_ dans ces noms ?**

un rasoir – un tranchoir – un grattoir – un hachoir – un greffoir

**a.** un métier  **b.** un endroit  **c.** un instrument

**3 Quelle est la signification du préfixe _sur-_ dans ces mots ?**

survoler – suraigu – surplomber – le surcoût – la surcharge

**a.** à travers  **b.** au-dessus  **c.** au-dessous

**1** c. Le choix entre _im-_ et _in-_ est simple : aucun des adjectifs ne débute par b, p, m ; on rejette donc le préfixe _im-_. **2** c. Tous ces noms sont dérivés de verbes d'action : _raser, trancher, gratter, hacher, greffer_. **3** b. Le sens du préfixe peut être concret (_survoler, surplomber, la surcharge_) ou figuré (_suraigu, le surcoût_).

# Entraînement

**1 Transformez comme dans l'exemple.**

Ex. : Gaston a de l'ambition. → Gaston est ambitieux.

Le candidat garde le silence.
Dans ce train, il y a de l'espace.
Bébé fait des caprices.
Le renard est plein de malice.

Manuel déborde de prétention.
L'horloger opère avec minutie.
La danseuse évolue avec grâce.
Raoul fait preuve d'astuce.

**2 Complétez les mots de ces phrases avec un des suffixes suivants : _-cial, -ciel, -tiel, -tial_. Faites attention aux accords.**

La famille Trève habite un quartier résiden... . – Un arbitre doit être impar... . – Dans cette usine, chacun porte une combinaison spé... . – La Suisse a trois langues offi... : le français, l'allemand et l'italien. – Avec cette calculatrice, nous n'obtenons qu'un résultat par... . – Une pluie providen... vient interrompre une longue période de sécheresse. – Dans cette phrase, il faut encadrer le complément circonstan... . – Les fleurs artifi... n'ont pas le parfum des fleurs naturelles. – Dans ce couloir, il souffle un courant d'air gla... . – Le texte ini... a été profondément remanié.

**3 Complétez les mots de ces phrases avec le suffixe qui convient.**

Dans le désert, la progre... de la caravane est ralentie. – L'agence aérospa... prépare les fusées du futur. – Avec ses baskets bleu fluo, Judith a fait sensa... . – Surtout n'ouvrez pas cette lettre confiden... . – À la suite de son accident, M. Sarnin a obtenu une indemnité substan... . – Irène a l'impre... que vous lui cachez quelque chose. – L'alphabet phéni... a été adopté par de nombreux pays. – Le dalma... est un chien à robe blanche tachetée de noir. – Les physi... tentent une expérience. – Cette église paroi... est un monument historique. – L'académi... relit l'article du dictionnaire.

**4 À l'aide d'un préfixe, écrivez le contraire de ces mots.**

| | | | | | |
|---|---|---|---|---|---|
| opportun | exprimable | accordé | armer | moral | occupé |
| hospitalier | légal | orienté | habillé | hydraté | logique |
| attendu | palpable | flexible | serrer | honorer | habité |

SOLUTIONS
P. 242

# 82 LES HOMONYMES LEXICAUX

Les homonymes sont des mots dont la prononciation est identique mais qui ont des orthographes différentes. Seuls le contexte ou la consultation d'un dictionnaire permettent de lever les ambiguïtés.

l'épreuve de **saut** en hauteur
porter un **seau** d'eau

Il n'y a pas de **sot** métier.
parler sous le **sceau** du secret

## Comment les distinguer ?

- Certains homonymes ne se distinguent que par **la présence d'un accent**.

Ce fruit est **mûr**.
avoir une **tâche** difficile
ouvrir une **boîte** de chocolat

Il s'appuie contre le **mur**.
effacer une **tache** d'encre
Ce vieillard **boite** légèrement.

- Les homonymes peuvent être **de natures grammaticales différentes**.

L'infirmière fait une prise de **sang** au malade. → nom
Il ne faut jamais rouler **sans** boucler sa ceinture de sécurité. → préposition
Ce radiateur électrique vaut **cent** euros. → déterminant numéral
Ce bouquet de fleurs **sent** bon. → verbe conjugué

### ⚠ Remarques

**1** Des mots de la même famille permettent quelquefois de trouver l'orthographe correcte.

avoir f**aim** → souffrir de la f**amine**
attendre la f**in** → cela va bientôt f**inir**

**2** Quelques mots sont homophones mais difficiles à distinguer car ils appartiennent à la même famille. Il est préférable de consulter un dictionnaire.

souffrir le **martyre** – canoniser un **martyr**
des adjectifs **numéraux** – les **numéros** gagnants

**3** Certains éléments de la phrase sont parfois homonymes. Le sens permet de les distinguer assez facilement.

Je **l'ai fait** volontiers.
**l'effet** de surprise

Voici **des filets** de pêcheur.
Les images **défilaient** rapidement.

Ce pantalon, tu **l'as mis** souvent.
Dans le pain, je préfère **la mie**.

## Cas particulier

Lorsque des homonymes se prononcent et s'écrivent de la même manière, on dit qu'ils sont **homographes**. Il peut s'agir de :

- deux noms de genres différents ;
le **tour** de France
la **tour** du château

- d'un nom et d'un verbe.
la **voie** de chemin de fer
Il faut que je te **voie**.

**❶ Quel mot complète la phrase ?**

Le titulaire de la … de philosophie de la Sorbonne a publié de nombreux ouvrages.

**a.** chère          **b.** chaire          **c.** chair

**❷ Quel mot complète la phrase ?**

Le chanteur … les mains de tous ses admirateurs.

**a.** sert          **b.** serre          **c.** sers

**❸ Quels mots complètent la phrase ?**

M. Robin pêche souvent dans … de Montrevel.

**a.** l'étang          **b.** l'étend          **c.** les temps

❶ **b.** Au sens propre, *la chaire* est une tribune du professeur. Au sens figuré, *la chaire* est le poste occupé par celui qui parle en chaire. ❷ **b.** Il s'agit du verbe *serrer* du 1er groupe à la 3e personne du singulier. ❸ **a.** Il s'agit d'un nom au singulier. On peut essayer avec un autre article : *dans un étang.*

# Entraînement

**1 ▶ Placez un article ou un pronom personnel devant ces mots. (Il y a parfois plusieurs réponses possibles.)**

| | | | | | |
|---|---|---|---|---|---|
| … goûte | … cri | … balaies | … calcul | … lits | … rend |
| … gouttes | … cris | … balai | … calcules | … lis | … rends |
| … goutte | … crie | … balais | … calculent | … lit | … rang |
| … goûtes | … cries | … balaie | … calcule | … lient | … rangs |

**2 ▶ Complétez ces phrases avec l'homonyme qui convient.**

(cou – coup – coût) Quel est le … de cette réparation ? – (lice – lys – lisse) Le … est une fleur très odorante. – (vos – veau – vaut) Que … cette horloge ancienne ? – (étang – étend – étant) Les roseaux envahissent l'… de Sargon. – (prix – pris – prie) Frida a … le temps de réfléchir. – (maire – mer – mère) Où se trouve la … des Sargasses ? – (reine – rêne – renne) Le cavalier tient fermement les … . – (teint – thym – tain) M. Delarue a des cheveux blancs, mais il les … en noir. – (reperds – repaire – repère) Le bateau pirate a regagné son … dans une île de la mer des Caraïbes.

**3 ▶ Placez correctement les deux homonymes.**

(sensée – censée) Voici une réponse … . / Lise est … nous attendre. – (heurt – heure) Le train partira dans une … . / Au moindre …, ce verre se cassera. – (plain – plein) Le salon est de …-pied avec la terrasse. / Le réservoir est vide ; il faut faire le … . – (parti – partie) Tu ne prends … ni pour l'un ni pour l'autre. / Nous disputons une … de volley. – (à l'aine – haleine) Oscar a couru à perdre … . / Zohra ressent une douleur … . – (à court – accours) Gladys est … d'arguments. / J'… au premier coup de sifflet. – (bonheur – bonne heure) J'arriverai certainement de … . / Le trèfle à quatre feuilles porte … . – (pousse – pouce) Tarzan … un cri pour appeler ses amis les singes. / Le … est le plus court des doigts de la main. – (des seins – dessein) Tu as choisi à … une voiture avec une boîte de vitesses automatique. / La statue de la Vénus de Milo a … parfaits. – (crêt – craie) Les fillettes tracent une marelle à la … sur le sol de la cour. / Le … de la Neige est le point culminant du Jura. – (des astres – désastre) On découvre chaque jour … inconnus. / Cette tornade, ce fut un vrai … pour les forêts.

SOLUTIONS
P. 242

# 83 LES MOTS D'ORIGINE ÉTRANGÈRE

Certains mots, souvent utilisés, sont empruntés à d'autres langues que le français.

## Les différentes langues d'emprunt

- **l'anglais** : le camping – un puzzle – le stress – un sprint – un pickpocket – un clown – le record
- **l'italien** : un confetti – l'opéra – un imprésario – le carpaccio – un dilettante
- **l'espagnol** : un toréador – la paella – un rodéo – le cacao – l'embargo – la cédille – la pacotille
- **le portugais** : un autodafé
- **l'allemand** : un bivouac – un blockhaus – un leitmotiv – un hamster – un edelweiss – un putsch
- **le japonais** : le karaté – un bonze – une geisha – un kamikaze – hara-kiri – le tatami – le samouraï
- **l'arabe** : le bazar – le pacha – le muezzin – la razzia – l'alcool – la baraka – l'élixir – un gourbi
- **le russe** : le mazout – un cosaque – une datcha – la steppe – une isba – la vodka – la toundra – la troïka
- **les langues nordiques** : un fjord – un drakkar – un geyser – un homard – le ski – un troll – le fartage – une saga – le sauna
- **les langues africaines** : le baobab – le chimpanzé – la banane – le zèbre

### ⚠ Remarques

**1** Les noms d'origine étrangère peuvent conserver le pluriel de leur langue, mais le pluriel du français s'impose le plus souvent.

un rugbyman / des rugbymen
des rugbymans
un box / des boxes
des box
un sandwich / des sandwiches
des sandwichs
un concerto / des concerti
des concertos

**2** Pour les noms composés d'origine anglaise, seul le second mot prend la marque du pluriel.

des week-ends          des skate-boards

**3** À l'écrit, il faut penser qu'il existe peut-être un mot français avant d'utiliser certains mots anglo-saxons. Il est préférable d'écrire :

baladeur plutôt que walkman
présentateur plutôt que speaker

## Les mots hérités du latin

Certains mots ou expressions latines sont encore employés aujourd'hui. Ils sont **parfois légèrement déformés** ; par exemple, ils peuvent prendre des accents alors qu'il n'y en a pas en latin.

le minimum      un spécimen      un référendum      un junior      un mémento

Mais le plus souvent, ils ont été **adoptés sans aucune modification**.

un alter ego : un autre moi-même.
un casus belli : un acte susceptible d'entraîner une guerre.
un modus vivendi : un accord entre deux parties opposées.

## Quiz

**❶ De quelle langue est originaire le nom *spaghetti* ?**
**a.** italienne **b.** espagnole **c.** portugaise

**❷ Par quel nom peut-on remplacer le nom en italique, d'origine anglaise ?**
Le *stock* de produits d'entretien se trouve dans le hangar.
**a.** Le strict **b.** Le prix **c.** La réserve

**❸ Quel est le seul nom d'origine étrangère ?**
**a.** un ennui **b.** un safari **c.** un cabri

❶ a. Chacun sait que les pâtes sont une spécialité de la cuisine italienne ! ❷ c. Le sens permet de répondre rapidement. ❸ b. *Un safari*, mot d'origine africaine (swahili) est une expédition – de chasse ou photographique – à la recherche d'animaux sauvages.

## Entraînement

**1 ▶ Complétez ces phrases avec un des mots d'origine étrangère proposés.**

**shopping – brocoli – rallye – surf – crawl – scénario – western**

Les pilotes disputent le ... de Monte Carlo. – Après avoir appris la brasse, Jordan souhaite maintenant nager le ... . – À la fin d'un ..., le Bon triomphe du Méchant. – Ma sœur profite du samedi après-midi pour faire du ... . – Sur les pistes de ski, le ... est largement pratiqué par les jeunes. – Le ... est un légume qui se prépare en salade ou en gratin. – Le ... de ce film est l'adaptation d'un roman de Michel Tournier.

**2 ▶ Écrivez ces noms composés au pluriel. Aidez-vous d'un dictionnaire.**

| | | | |
|---|---|---|---|
| un camping-car | un tee-shirt | un blue-jean | un chewing-gum |
| un hot-dog | un fox-terrier | un hit-parade | un self-service |
| un night-club | un fast-food | un best-seller | un drop-goal |

**3 ▶ Remplacez les noms d'origine étrangère en gras par des noms français.**

Les policiers ont arrêté un redoutable **gangster**. – Karine Viard est une **star** du cinéma français. – Rue Mermoz, on construit un **building** de trente étages. – Jessica a trouvé un petit **job** pendant les vacances. – Les **spots** sont braqués sur la scène. – Les députés assistent à un **meeting** politique. – Pour son anniversaire, Nathalie a reçu une paire de **rollers** en cadeau. – Le président accorde une **interview** à trois journalistes. – Les **bulldozers** ont déplacé des montagnes de terre. – À la fin du **match**, le **score** était de 2 à 0 en faveur des Niçois. – Le **barman** sert les clients attablés à la terrasse. – Un **tsunami** a ravagé les côtes indonésiennes.

**4 ▶ Complétez les mots ou expressions d'origine latine de ces phrases.**

Le voyageur a réussi à monter in extr... dans le train de Toulouse. – Chacun reste sur ses positions, c'est le sta... q... . – Ces deux concurrents ont terminé ex æ... ; on ne peut pas les départager. – Jasmine ne souhaitait pas, a pri..., venir aux répétitions de la chorale. – Au bas d'une lettre, on place parfois un po... scr... pour ajouter un ultime détail. – Cette page est imprimée rec... ver... . – Ce coureur fait le max... pour rattraper ses concurrents. – Ces jeunes se rendent au for... des métiers pour choisir leur orientation. – Je me suis assuré de... vi... que les choses étaient bien en place.

SOLUTIONS
P. 243

# 84  LES PARONYMES – LES BARBARISMES – LES PLÉONASMES

La langue française recèle des pièges qu'il faut savoir éviter.

## Les paronymes

• Certains mots ont des formes et des prononciations proches, ce sont **des paronymes**.
Pour choisir le terme correct, il faut bien examiner le sens de la phrase.
écouter les **prévisions** météorologiques — faire des **provisions** de nourriture

• La phrase peut être incorrecte ou incompréhensible lorsqu'on emploie un mot pour un autre.
Il ne faut pas écrire : Les syndicats agitent le **sceptre** du chômage.
Mais : Les syndicats agitent le **spectre** du chômage.

⚠ **Remarque**

Les humoristes utilisent parfois délibérément les paronymes pour nous faire sourire.

Il était fier comme un bar-tabac.
(au lieu de comme Artaban)

Je vous le donne Émile.
(au lieu de je vous le donne en mille)
avoir des papiers en bonne et difforme
(au lieu de en bonne et due forme)
un ingénieur à Grenoble
(au lieu d'un ingénieur agronome)

## Les barbarismes

Quand on déforme un mot, on commet **un barbarisme**.
avoir des problèmes **pécuniaires**
Et non : avoir des problèmes **pécuniers** (même si l'on dit des problèmes financiers)

⚠ **Remarque**

L'origine du mot *barbarisme* est grecque. Dans la Grèce antique, un barbare était un étranger qui déformait la langue de la cité lorsqu'il s'exprimait.

## Les pléonasmes

Lorsqu'on emploie consécutivement deux mots qui signifient la même chose, on commet **un pléonasme**.
Avant de partir en promenade, j'ai **ajouté en plus** des vêtements chauds.
(Lorsqu'on ajoute quelque chose, c'est évidemment en plus.)
Quand mes camarades sont sortis, je les **ai suivis derrière**.
(Si l'on suit quelqu'un, on se trouve derrière lui.)
Béatrice nous présente une **double alternative**.
(Une alternative, c'est déjà un choix entre deux possibilités.)

⚠ **Remarque**

L'expression *au jour d'aujourd'hui* est incorrecte : c'est un pléonasme.

# Quiz

**❶ Quel verbe complète la phrase ?**

Au lieu de ... aux corneilles, vous feriez mieux de vous mettre au travail.

**a.** bâiller        **b.** bayer        **c.** bailler

**❷ Quel mot complète la phrase ?**

Les enquêteurs pensent que la victime a été assommée avec un objet ... .

**a.** contondant        **b.** contordant        **c.** contourné

**❸ Quel est le pléonasme de la phrase ?**

Pour le rôle d'un courtisan, cet acteur de cinéma porte une fausse perruque.

**a.** le rôle d'un courtisan      **b.** cet acteur de cinéma   **c.** une fausse perruque

❶ **b.** *Bayer*, c'est rester bouche bée, c'est-à-dire la bouche ouverte. Ce verbe n'est employé que dans l'expression *bayer aux corneilles*. ❷ **a.** Un objet *contondant*, une matraque par exemple, blesse sans couper ni percer. ❸ **c.** *Une perruque est une coiffure de faux cheveux*, donc l'adjectif est inutile.

# Entraînement

**1 ▶ Complétez ces phrases par les paronymes des mots entre parenthèses.**

(stimule) Pour attirer l'attention, Nasser ... une colère noire. – (frasques) On admire les ... de cette église romane. – (émotionné) Enzo tremble pour un rien ; il est ... . – (industrieuse) Plusieurs usines s'installent dans la zone ... . – (évider) Pour ... les ennuis, mieux vaut respecter le règlement. – (intégral) Aucun doute, ce juge est parfaitement ... . – (écharde) Cette actrice porte toujours une longue ... blanche. – (traite) Comme tu parles entre tes dents, je ne comprends pas un ... mot. – (tête) Galia ne trouve pas de ... aux dimensions de son oreiller. – (illusion) À quoi faites-vous ... en déclarant que le résultat est faux ?

**2 ▶ Copiez ces phrases en supprimant les pléonasmes.**

C'est le passage du Tour de France ; venez tous le voir sans exception. – Les débris de la toiture se sont enchevêtrés les uns dans les autres. – Cet atelier a le monopole exclusif de la fabrication des pales d'hélicoptère. – Ce village compte au grand maximum quatre cents habitants. – Pour assembler ce puzzle, il faut commencer d'abord par trier les morceaux. – Utilisez cette pommade, car en effet elle apaise les démangeaisons. – Ces paroles verbales sont restées dans toutes les mémoires. – Le chef scout a prévu à l'avance une courte pause après trois heures de marche. – Tu es descendu en bas pour ranger ta cave.

**3 ▶ Remplacez les barbarismes en gras par la forme correcte.**

Absent au procès, le malfaiteur a été condamné par **coutumace**. – Tu nous **rabats** les oreilles avec tes propositions extravagantes. – Dans cette usine, les ouvriers sont bien **rénumérés**. – Rien ne se passe comme prévu ; tout va de mal en **pire**. – La serveuse **soupoudre** la crêpe de sucre glace. – L'**apparution** d'un requin effraie les baigneurs. – Tous les enfants sont aujourd'hui vaccinés contre la **poliomélite**. – Certains serpents **hynoptisent** leur proie avant de la dévorer. – Après une bonne douche, on se sent **regaillardi**. – Pour clore son jardin, M. Clouet plante des **arbustres**. – Le bal **populeux** bat son plein. – Choisir entre ces deux programmes : quel **dilemne** ! – La troupe d'acteurs amateurs joue une **scènette** devant un public d'amis.

**SOLUTIONS P. 243**

# DES ANOMALIES ORTHOGRAPHIQUES

Pour trouver l'orthographe d'un mot, on peut s'aider d'un mot de la même famille.

## Les mots qui ont le même radical

Les mots, qui ont le même radical et un rapport de sens, appartiennent à **la même famille**.

l'exist**e**nce → exist**e**r → le son [ã] s'écrit avec un **e**
immen**se** → me**s**ure → s'écrit avec un **e** et un **s**
le pou**ls** → pu**l**sation → s'écrit avec un **l** et un **s**

## Les noms dérivés de verbes

• Les noms dérivés des verbes en **-guer** et **-quer**, formés avec les suffixes en **-a** (**-age, -ation, -aison, -abilité, -ateur**...) ou **-o** (**-on**) perdent le **u** après le **g** et transforment, le plus souvent, le **qu** en **c**.
fati**gu**er → la fati**ga**bilité          évo**qu**er → l'évo**ca**tion
**Exceptions** : le pi**qu**age – un atta**qu**ant – un trafi**qu**ant – un prati**qu**ant

• Pour les noms formés avec le suffixe **-eur**, le radical est conservé.
fu**gu**er → un fu**gu**eur          mar**qu**er → un mar**qu**eur

## Cas particuliers

**Dans une même famille :**
• des mots contiennent une consonne double et d'autres une consonne simple ;
la so**nn**erie / la so**n**orisation     l'ho**nn**eur / ho**n**orer     no**mm**er / no**m**inal
la cha**rr**ue / le cha**r**iot     une mo**nn**aie / mo**n**étaire     ba**tt**re / comba**t**if

• on peut trouver des modifications d'accents ;
la gr**â**ce / gr**a**cieux     le s**é**chage / la s**è**cheresse     extr**ê**me / l'extr**é**mité

• on peut trouver des anomalies.
ceindre → la ceinture / un cintre     le vent → venté / un vantail

Mots dont la prononciation n'est pas strictement conforme à l'orthographe.

| | | | |
|---|---|---|---|
| la fe**mm**e | l'a**qu**arelle | un s**qu**are | un albu**m** |
| sole**nn**el | l'a**qu**arium | le po**ê**le | un gérani**um** |
| la sole**nn**ité | a**qu**atique | la po**ê**le | un musé**um** |
| sole**nn**ellement | l'é**qu**ateur | po**ê**ler | du rh**um** |
| l'auto**mn**e | é**qu**atorial | un fa**on** | un sér**um** |
| conda**mn**er | l'é**qu**ation | un pa**on** | le référe**ndum** |
| se**c**ond | **qu**adragénaire | un ta**on** | le fai**s**an |
| la se**c**onde | **qu**adriennal | **monsieur** | fai**s**andé |
| se**c**ondaire | **qu**aternaire | mess**ieurs** | fai**s**able |
| se**c**onder | é**qu**ilatéral | un ga**rs** | la vi**ll**e |
| un para**s**ol | un **qu**adrilatère | un exame**n** | tran**qu**ille |
| un tourne**s**ol | un **qu**adrupède | un polle**n** | le baci**ll**e |
| vrais**e**mblable | des **qu**adruplés | un age**nd**a | le mi**ll**ion |
| la vrais**e**mblance | un **qu**atuor | un p**en**tagone | le mi**ll**iard |

## Quiz

**❶ Quel mot complète la phrase ?**

Le Premier ministre ... de sa présence le Salon de l'agriculture.

**a.** honnore        **b.** honorre        **c.** honore

**❷ Quel est le nom mal orthographié ?**

**a.** un trafiquant        **b.** un fabriquant        **c.** un pratiquant

**❸ Quel nom complète la phrase ?**

La société de chasse a procédé à un lâcher de ... à la veille de l'ouverture.

**a.** faisans        **b.** fesans        **c.** faizan

❶ **c.** Bien que de la famille de *honneur*, le verbe *honorer* ne prend qu'un n. ❷ **b.** On doit écrire *un fabri-cant*. ❸ **a.** La première syllabe se prononce [fa].

## Entraînement

**1** ▸ **À l'aide d'un mot de la même famille, justifiez les lettres en gras.**

Ex. : l'acrobatie → l'acrobate

| | | | | |
|---|---|---|---|---|
| partiel | contraire | l'écorce | la diplomatie | insulaire |
| la main | le respect | opportun | la démocratie | le rein |
| populaire | le minerai | serein | la baignade | vain |

**2** ▸ **Écrivez un nom dérivé de chacun de ces verbes.**

Ex. : naviguer → un navigateur

| | | | | | |
|---|---|---|---|---|---|
| reléguer | vaquer | irriguer | braquer | fourguer | abdiquer |
| tanguer | moquer | divulguer | arquer | déléguer | fabriquer |
| arguer | débarquer | conjuguer | divaguer | alléguer | éduquer |
| draguer | prodiguer | disloquer | estoquer | larguer | convoquer |

**3** ▸ **Complétez par des mots de la même famille que ceux entre parenthèses.**

(sonner) Cette salle est bien trop ... . – (souffler) Piqué par les moustiques, tu as le visage ... . – (tâter) Le douanier effectue un contrôle ... des bagages. – (verglacé) Sur le ..., il faut rouler lentement. – (l'homme) L'auteur de l'accident est inculpé d'... involontaire. – (un imbécile) Vouloir se baigner dans une eau à 10°, quelle ... ! – (invaincu) Ce château fort était ... . – (une mamelle) Les ... mettent au monde des petits vivants. – (la monnaie) La politique ... de l'Europe vient d'être arrêtée pour les prochains mois. – (fourmiller) Le tamanoir est communément appelé grand ... . – (nommer) Avez-vous trouvé le groupe ... de cette phrase ? – (une nourrice) Ce ... se porte à merveille.

**4** ▸ **Complétez ces phrases par un des mots proposés.**

**côte – coteau – rhum – rhume – quatre – quadrilatère – femme – gemme – lourdement – prudemment – gars – garçon – faisselle – faisan**

Le fromage égoutte dans sa ... . – Le chasseur a mal visé ; il a raté le ... . – Le funambule a chuté ... . – On marche ... pour ne pas glisser. – Rodrigue, tout le monde dit que c'est un bon petit ... . – Un ... porte rarement une jupe, sauf s'il est Écossais ! – Les coureurs gravissent la ... . – Le ... est planté de vignes. – En Pologne, il reste quelques mines de sel ... . – C'est une ... qui préside le parlement. – Un ... a ... côtés. – Le ... est produit à partir de la canne à sucre. – J'ai eu froid et maintenant j'ai un bon ... .

orthographe d'usage

SOLUTIONS P. 243

# GRAMMAIRE

# 86 LES PRÉPOSITIONS – LES CONJONCTIONS DE COORDINATION – LES INTERJECTIONS

Les prépositions, les conjonctions de coordination et les interjections sont des mots invariables.

## Les prépositions

**Les prépositions** introduisent des mots (ou des groupes de mots) qui ont la fonction de compléments.
Il s'arrête **devant** une affiche.　　Il peint **à la manière** de Georges Braque.
Les prépositions sont des **mots simples** *(de – à – avant – après – avec – chez – pour – par – dans – sous...)* ou des **locutions prépositives** *(à travers – afin de – au-dessous de – à côté de – au cours de – à condition que...).*

### ⚠ Remarques

**1** Certains participes présents et participes passés *(attendu que, étant donné, eu égard à, y compris, concernant, vu, excepté...)* peuvent être employés comme des prépositions.

**Concernant** notre itinéraire, il faudra l'étudier à l'aide d'une carte routière.
Dans le prix de ce canapé, tout est inclus, **y compris** le transport.

**2** Si certains verbes se construisent indifféremment avec **à** ou **de** devant un infinitif complément, d'autres marquent un sens différent selon la proposition.

Le bois continue **à** brûler.
= Le bois continue **de** brûler.

Norbert parle **à** ses amis.
≠ Norbert parle **de** ses amis.

## Les conjonctions de coordination

**Les conjonctions de coordination** relient deux mots, deux groupes de mots ou deux propositions de même nature. Il existe :
• sept **conjonctions de coordination simples** : *mais – ou – et – donc – or – ni – car*
• des **mots ou locutions conjonctives** (surtout des adverbes) : *aussi – en revanche – néanmoins – alors – d'ailleurs – en outre – en effet...*
L'île de Ré **et** le continent sont reliés par un pont.
La péniche arrive en vue de l'écluse, **mais** l'éclusier n'est pas à son poste.

## Les interjections

**Les interjections** traduisent l'attitude affective, la réaction, le sentiment de celui qui parle ou écrit.
Les interjections ne jouent aucun rôle grammatical ; elles viennent enrichir la phrase et sont généralement suivies d'un point d'exclamation.
**Courage !** Le sommet est en vue.
**Eh bien !** Cela n'a pas été une partie de plaisir.
Les interjections peuvent être employées seules.
**Attention !**　　**Bravo !**　　**Debout !**　　**Chut !**　　**Chiche !**
Un certain nombre d'interjections sont des onomatopées, c'est-à-dire des mots qui imitent un bruit.
**Pan !** la balle s'écrasa contre le mur.　　**Miaou !** le chaton est là.

**❶ Quelle préposition complète la phrase ?**

Comme il souffre d'une molaire cariée, M. Werner se rend … dentiste.

**a.** chez le　　　　　　　　**b.** au　　　　　　　　**c.** près le

**❷ Quelle interjection complète la phrase ?**

… ! Surtout ne dites plus un mot, on pourrait nous entendre.

**a.** Vlan　　　　　　　　**b.** Hélas　　　　　　　　**c.** Motus

**❸ Quelle est la seule locution de coordination de la liste ?**

en effet – au-dessus de – cahin-caha

**a.** en effet　　　　　　　　**b.** au-dessus de　　　　　　　　**c.** cahin-caha

❶ **a.** La préposition *au* convient seulement pour un lieu : M. Werner se rend *au* cabinet dentaire. Pour la 3ᵉ proposition, il faudrait écrire : M. Werner se rend *auprès du* dentiste. ❷ **c.** Cette interjection signifie *ne dire mot.* On la rencontre dans l'expression populaire : *Motus et bouche cousue.* ❸ **a.** *Au-dessus de* est une locution prépositive ; *cahin-caha* est une locution adverbiale.

# Entraînement

**1 ▶ Remplacez les prépositions en gras par celles qui conviennent.**

Comme il souffre d'une molaire, M. Storet se rend **au** dentiste. – Vous pouvez entrer, la clé est **après** la serrure. – Le couvreur appuie son échelle **après** le mur. – Les cow-boys devaient savoir monter **au** cheval en toutes circonstances. – Le maire inaugurera le gymnase samedi prochain ; M. Paillet l'a lu **sur** le journal. – Les journa-listes se sont assis **dans** les chaises mises **durant** leur disposition. – Depuis qu'il tra-vaille dans une agence de publicité, M. Mariotte habite **sur** Paris. – Deux fois **le** mois, un grand marché aux bestiaux se tient sur la place de Louhans. – Étourdi, Gabriel a oublié l'adresse **à** son cousin. – Martha se coiffe **de** son peigne. – **Selon** son service militaire, M. Guiter a beaucoup voyagé ; il était dans la marine.

**2 ▶ Complétez avec des conjonctions de coordination de votre choix.**

L'aigle royal … le faucon pèlerin sont des rapaces protégés. – L'avant-centre croyait avoir marqué, … le gardien de but arrêta le tir d'une prodigieuse détente. – Pour aller place de la Concorde, prenez le métro … l'autobus. – Le réservoir est vide, … l'automobiliste devra partir à la recherche d'une station-service ouverte. – M. Bazin voulait retenir une chambre, … l'hôtel était complet. – Au petit matin, ils sont partis sans tambour … trompette. – Je commanderai un thé au lait, … je ne bois jamais de café. – Après sa condamnation, Galilée aurait déclaré en parlant de la Terre, … … elle tourne. – Demain, il fera beau, … des orages sont possibles sur le Sud-Est.

**3 ▶ Complétez ces phrases avec les interjections proposées.**

**aïe – pouah – silence – ouf – à la bonne heure – hélas – heu – par exemple**

… ! Tu es arrivé à temps pour le début du spectacle. – … ! Le cariste ne voit pas comment il va s'y prendre pour déplacer ce conteneur. – … ! Je me suis piqué en confectionnant un bouquet de roses. – … ! Quelle odeur épouvantable dans ce local ; il faut l'aérer d'urgence. – … ! Vous ici ! Si je m'attendais à ça. – … ! Nous serons bientôt au bout de nos peines. – Le metteur en scène s'écria d'une voix de stentor : … ! – … ! Le dernier train pour Orléans vient de partir ; il faudra attendre demain.

*grammaire*

**SOLUTIONS P. 244**

Une phrase peut être formée d'une proposition (phrase simple), voire de deux ou plusieurs propositions (phrase complexe).

## Les propositions indépendantes

**Une proposition indépendante** comporte un seul verbe conjugué ; elle ne dépend d'aucune autre proposition et aucune autre ne dépend d'elle.
On a souvent besoin d'un plus petit que soi.
De nombreux sous-traitants travaillent pour cette usine automobile.

## Les propositions juxtaposées et coordonnées

• **Les propositions juxtaposées** sont reliées par une virgule, un point-virgule ou deux-points.
Mikaël attend devant la barrière**,** il n'y a plus de place au parking.
Le parking est complet **;** est-ce habituel ?
Le tarif de ce parking est élevé **:** beaucoup renoncent à le fréquenter.

• **Les propositions coordonnées** sont reliées par une conjonction de coordination, une locution conjonctive ou un adverbe de liaison.
Mikaël attend devant la barrière, **car** il n'y a plus de place au parking.
Le parking est complet **et** ce n'est pas habituel.
Le tarif de ce parking est élevé, **donc** beaucoup renoncent à le fréquenter.
Dans certains cas, la conjonction de coordination est précédée d'une virgule.

• Le rapport de sens entre les propositions juxtaposées est souvent moins fort que celui entre les propositions coordonnées. Les conjonctions de coordination peuvent exprimer :
**la cause →** Jacqueline est déçue, car toutes ses plantes perdent leurs feuilles.
**la conséquence →** Cette viande est trop grasse, donc je ne l'achèterai pas.
**l'opposition →** Ils voulaient faire du canotage, mais la barque prend l'eau.

### ⚠ Remarques

**1** Dans une même phrase, il est possible de rencontrer des propositions juxtaposées et des propositions coordonnées.

Tu suis le couloir, tu pousses la porte et
prop. juxtaposée    prop. juxtaposée
tu entres car c'est le lieu du rendez-vous.
prop. coordonnée    prop. coordonnée

**2** Dans les propositions coordonnées et juxtaposées, le groupe sujet ou le verbe peuvent ne pas être exprimés. Ce sont **des propositions elliptiques**.

L'agriculteur laboure son champ, le herse, puis sème du tournesol.
Oriane part en vacances aux Canaries, Roxane en Irlande.

**3** Certaines phrases n'ont pas de verbe ; ce sont **des phrases nominales**. Elles sont le plus souvent indépendantes, mais peuvent être juxtaposées ou coordonnées.

Beaucoup de bruit pour rien !
De bonnes intentions, mais sans résultat.

**1 Quelle est la nature de ces propositions ?**

Le cholestérol freine la circulation du sang et entraîne parfois des accidents cardiaques.

**a.** propositions indépendantes   **b.** propositions juxtaposées
**c.** propositions coordonnées

**2 Quelles propositions coordonnées correspondent à ces propositions juxtaposées ?**

Tu attends le renfort des secouristes ; tu poursuis seul les recherches.

**a.** Tu attends le renfort des secouristes ou tu poursuis seul les recherches.
**b.** Tu attends le renfort des secouristes et tu poursuis seul les recherches.
**c.** Tu attends le renfort des secouristes, donc tu poursuis seul les recherches.

**3 Quelles propositions elliptiques correspondent à cette phrase ?**

À la suite de l'explosion d'une plate-forme pétrolière, les côtes de Floride sont menacées.

**a.** Plate-forme pétrolière en panne ; la Floride privée de pétrole.
**b.** Explosion d'une plate-forme pétrolière ; les côtes de Floride menacées.
**c.** Explosion en Floride ; une plate-forme pétrolière à la dérive.

**1 c.** La présence de la conjonction de coordination et permet d'identifier la nature des propositions. **2 a.** Les deux dernières réponses ne sont pas logiques. **3 b.**

**1 ▸ Indiquez, entre parenthèses, la nature des propositions de ces phrases.**

Le marchand forain dispose ses tréteaux, installe les planches et dispose ses cartons de vêtements. – Guillaume crie au loup, mais personne ne le croit. – Ne laissez pas les enfants jouer avec des allumettes. – Le cholestérol freine la circulation du sang et entraîne parfois des accidents cardiaques. – Zacharie est en retard, alors il invoque des ennuis mécaniques, mais ses explications ne convainquent pas son employeur. – Le soigneur ne se déplace jamais sans sa trousse et son éponge miracle ! – Les médecins placent beaucoup d'espoir dans ce nouveau médicament ; il devrait soulager nombre de malades. – Payez avec votre carte bancaire ou signez un chèque ; la caissière acceptera dans les deux cas. – Ce jeune couple loue un appartement dans une cité de la banlieue de Lille. – Mes amies sont allées visiter les caves de Roquefort ; je n'ai pas voulu les accompagner car j'y suis déjà allée.

**2 ▸ Transformez ces propositions juxtaposées en propositions coordonnées.**

Tous les véhicules sont à bord du ferry-boat ; les marins larguent les amarres. – Pierrick a bien reçu les messages sur son ordinateur : il ne peut pas les ouvrir. – Karen a tenu son pari : il a plongé du haut de la falaise. – Les députés siègent depuis le début de l'après-midi, ils devraient avoir terminé l'examen de cette loi en fin de soirée. – M. Louis possède une montre boîtier d'une grande valeur ; il ne s'en séparera jamais. – César bat les cartes ; Marc les distribue. – Sarah m'a envoyé un SMS : elle est bien arrivée. – Le terrain est impraticable, le match a été annulé. – La météo annonce un temps clément au sud ; au nord, le ciel se couvrira en fin de journée. – Deux hommes ont été soupçonnés de vol ; ils sont innocents.

SOLUTIONS P. 244

grammaire

Dans une phrase complexe, la proposition principale peut avoir une ou plusieurs propositions subordonnées relatives sous sa dépendance.

## Les subordonnées relatives

• **La proposition subordonnée relative** permet de compléter un nom ou un pronom appartenant à la proposition principale.
Portez à la déchetterie ces objets / **qui** sont encombrants.
      proposition principale      proposition subordonnée relative

• La proposition subordonnée relative peut être enchâssée dans la proposition principale.
Ces objets,     **qui** sont encombrants,     portez-les à la déchetterie.
prop. principale    prop. subordonnée relative     prop. principale

## Les pronoms relatifs

• **Un pronom relatif** unit une proposition subordonnée à un nom (ou pronom) placé dans la proposition principale.
L'artisan **qui** vient de s'installer embauchera bientôt un apprenti.
Le film **dont** vous m'avez parlé n'est pas diffusé dans mon quartier.

• Les pronoms relatifs peuvent être :
– de **formes simples** : *qui – que – quoi – dont – où* ;
– de **formes composées** : *lequel – laquelle – lesquels – lesquelles*.
Ces formes composées sont parfois construites avec les prépositions *à* et *de* :
*à laquelle – auquel – auxquels – duquel – desquels...*

• Le nom, le groupe nominal, le pronom ou la proposition, remplacés par le pronom relatif, sont ses **antécédents**. Le pronom relatif s'accorde avec son antécédent.
La voiture de sport **que** je lave appartient à mon oncle.
Celles **qui** gênent la circulation devront être déplacées.
Les personnes **auxquelles** je pense auront un avertissement.

• Dans la subordonnée relative, le pronom relatif a diverses fonctions :
– **sujet** : Tu as parié sur le cheval **qui** a remporté la course du tiercé.
– **COD** : Louise apprécie le bijou **que** son mari lui a offert.
– **COI** : La séance de cinéma **à laquelle** j'ai assisté commençait à seize heures.
– **complément du nom** : L'outil **dont** tu aiguises la lame est dangereux.

### ⚠ Remarque

Il existe des **adjectifs relatifs** qui ne sont que très rarement employés.
Il se peut que le bureau des renseignements soit fermé, **auquel** cas tu chercheras sur Internet.

Les manifestants défilent boulevard Saint-Michel, **lesquels** manifestants brandissent d'immenses banderoles.

## Quiz

**❶ Quel est le pronom relatif de cette phrase ?**

Je reconnais que la chanteuse dont tu me vantes les qualités enthousiasme les foules.

**a.** que      **b.** dont      **c.** me

**❷ Quel pronom relatif complète la phrase ?**

La situation dans ... l'espion se trouve pourrait lui coûter la vie.

**a.** laquelle      **b.** lequel      **c.** quoi

**❸ Par quelle proposition relative peut-on remplacer le mot en italique ?**

Sur la plage de Perros-Guirec, nous ne ramassons que les coquillages *comestibles*.

**a.** s'ils sont comestibles      **b.** parce qu'ils sont comestibles

**c.** qui sont comestibles

❶ **b.** *Que* est une conjonction de subordination et *me* un pronom personnel. ❷ **a.** L'antécédent la *situation* est un nom féminin singulier. ❸ **c.** La première réponse est une subordonnée conjonctive de condition ; la deuxième une subordonnée conjonctive de cause.

## Entraînement

**1 ▶ Soulignez les propositions principales et encadrez les propositions subordonnées relatives.**

Chloé sort d'un spectacle où tout le public riait. – Je te prête ce livre dont l'auteur vient d'obtenir le Prix Goncourt. – Toi qui parles italien couramment peux-tu me traduire cette notice ? – Le kangourou, qui ne vit qu'en Australie, bondit à des hauteurs impressionnantes. – Le plat pour lequel j'ai incontestablement une préférence, c'est le couscous. – Les mauvaises habitudes de langage que prennent les enfants sont difficiles à perdre. – Le chanteur pour lequel Camille a le plus d'admiration vient de sortir un album. – L'excursion que M. Charlet a organisée nous conduira dans le massif de la Vanoise.

**2 ▶ Remplacez les mots en gras par une proposition subordonnée relative.**

M. Duverger retourne chaque année dans le village **natal de ses parents**. – Le président de la République ranime la flamme du tombeau du Soldat **inconnu**. – Dans ce grand centre commercial, on trouve des meubles **facilement démontables**. – En fin de journée, les Africains se réunissent sous l'arbre **à palabres**. – Une boutique **de vêtements** vient d'ouvrir dans le quartier. – Mme Wagner a remplacé ses lunettes par des lentilles **invisibles**. – M. Dussolier est abonné à un journal **quotidien**. – Au Darfour, cette organisation humanitaire recueille les enfants **orphelins**.

**3 ▶ Remplacez les antécédents en gras par ceux entre parenthèses.**

**Le coteau** (la colline) sur lequel des vignes sont plantées bénéficie d'une exposition au sud. – **La solution** (le résultat) à laquelle le mathématicien est arrivé est exacte. – **L'employé** (les employés) auquel je m'adresse me renseigne. – **Les produits** (les boissons) pour lesquels une réduction est accordée sont signalés par un étiquetage spécial. – J'ai eu l'occasion de visiter **la région** (le département) de laquelle viennent la plupart des poulets nourris exclusivement de maïs. – **Le piège** (la situation) dans lequel se trouve l'espion pourrait lui coûter la vie. – On installe **un télescope** (une lunette) avec lequel les astronomes observent les étoiles lointaines.

SOLUTIONS P. 244

# 89 LES SUBORDONNÉES CONJONCTIVES LES CONJONCTIONS DE SUBORDINATION

Dans une phrase complexe, la proposition principale peut avoir une ou plusieurs propositions subordonnées conjonctives sous sa dépendance.

## Les subordonnées conjonctives

• **Les propositions subordonnées conjonctives** complètent le verbe de la proposition principale ou expriment une circonstance de l'action de la principale.
Le stade de France permet **que** 80 000 spectateurs assistent aux compétitions.
Je téléphone **pour que** tu n'oublies pas ton rendez-vous.

• **Les subordonnées complétives** – introduites par *que* – sont le plus souvent compléments d'objet du verbe de la principale et ne peuvent être ni déplacées ni supprimées sans modifier le sens de la phrase.
M. Ayraud attend **que** les pompiers interviennent.    → COD
M. Ayraud s'étonne **que** les pompiers soient déjà là.  → COI
Le mode – indicatif ou subjonctif – du verbe de la subordonnée complétive dépend du verbe de la principale ou de la forme de ce verbe.
Je pense que tu viendras. → indicatif   Je doute que tu viennes. → subjonctif

• **Les subordonnées circonstancielles** précisent les circonstances de l'action de la proposition principale.
**Quand** on détecte un incendie, on appelle les pompiers. → compl. circ. de temps
Les subordonnées circonstancielles peuvent suivre, précéder ou être insérées dans la proposition principale.
**Bien qu'**il ait rempli tous les formulaires, M. Dumontel n'a pas obtenu de réponse.
M. Dumontel n'a pas obtenu de réponse **bien qu'**il ait rempli tous les formulaires.
M. Dumontel, **bien qu'**il ait rempli tous les formulaires, n'a pas obtenu de réponse.

### ⚠ Remarques

**1** Il est possible qu'une proposition subordonnée dépende d'une autre proposition subordonnée et non de la proposition principale.

Il se peut       / que l'orage ait éclaté
prop. principale     prop. subordonnée

/ pendant que nous dormions.
      prop. subordonnée

**2** Il ne faut pas confondre la proposition subordonnée conjonctive introduite par *que* avec la proposition subordonnée relative également introduite par *que*.

Il m'apporte la lettre **que** j'attends.
→ relative

J'attends **qu'**il m'apporte la lettre.
→ conjonctive

## Les conjonctions de subordination

Une proposition conjonctive commence toujours par :
• **une conjonction de subordination** (*que – quand – si – lorsque – puisque – comme – quoique – sinon...*)

• ou **une locution conjonctive**, assez souvent formée sur la conjonction *que* (*afin que – parce que – depuis que – aussitôt que – en sorte que – sans quoi – au cas où – dès que – en attendant que...*).

**❶ Quelle est la nature de la proposition en italique ?**

*Le distributeur de billets était en panne* si bien que je n'ai pas pu retirer d'argent.

**a.** proposition principale **b.** proposition subordonnée relative

**c.** proposition subordonnée conjonctive

**❷ Quelle conjonction de subordination complète la phrase ?**

M. Renucci ne parvient pas à convaincre ses amis ... il avance des arguments censés.

**a.** afin qu' **b.** bien qu' **c.** de même qu'

**❸ Par quelle proposition circonstancielle peut-on remplacer les mots en italique ?**

Les spectateurs s'installeront *dès l'ouverture des portes*.

**a.** pendant l'ouverture des portes

**b.** lorsque les portes s'ouvriront

**c.** pour que les portes s'ouvrent

**❶ a.** La proposition qui suit la principale est une subordonnée circonstancielle de condition. **❷ b.** Avec les deux autres réponses, la phrase n'a pas de sens. **❸ b.** Le groupe nominal est un complément de temps qui ne peut être remplacé que par une proposition subordonnée circonstancielle de temps.

## Entraînement

**1 ▶ Remplacez les groupes de mots en gras par une proposition subordonnée conjonctive.**

Ces employés espèrent **une augmentation**. – Les responsables de la circulation souhaitent **l'étalement des départs en vacances**. – L'orateur réclame **un peu de silence au public**. – Les agriculteurs craignent **la suspension des autorisations d'arrosage**. – Ce portillon permet **un contrôle des bagages des voyageurs**. – La municipalité accepte **le stationnement provisoire des véhicules sur les trottoirs**. – Les diplomates se battent **pour la libération des otages en Colombie**. – La population locale déplore **la fermeture de la biscotterie d'Annot**.

**2 ▶ Mettez le verbe de la proposition subordonnée au présent de l'indicatif ou au présent du subjonctif.**

Ces parents font des sacrifices pour que leur fille **entreprendre** des études de médecine. – Bien que le skieur **connaître** les risques d'avalanche, il s'est engagé dans une zone dangereuse. – Pouvez-vous nous communiquer votre numéro de client afin que nous **pouvoir** enregistrer votre commande ? – Toutes les fois que nous **franchir** un col, nous jouissons d'un panorama exceptionnel. – Après que le cyclone **avoir** ravagé la Nouvelle-Orléans, les plans de reconstruction se sont succédé.

**3 ▶ Soulignez les propositions subordonnées conjonctives et encadrez les propositions subordonnées relatives.**

Le médecin annonce à son patient que son taux de cholestérol est trop élevé. – Le patient que soigne ce dermatologue devrait guérir rapidement. – Autrefois, les enfants des écoles attendaient avec impatience que des prix leur soient distribués. – Les livres que distribue le directeur de l'école récompensent les meilleurs élèves.

grammaire

SOLUTIONS
P. 245

# LES ADVERBES

Les adverbes sont des mots invariables.

## Règles générales

• Les adverbes modifient le sens :
– d'un **verbe** ;

Axel aide **volontiers** ses camarades.
Axel aide **parfois** ses camarades.

Axel aide **souvent** ses camarades.
Axel aide **rarement** ses camarades.

– d'un **adjectif** ;
Ce café est **très** chaud.
Ce café est **plutôt** chaud.

Ce café est **assez** chaud.
Ce café est **extrêmement** chaud.

– d'un **autre adverbe**.
Ces vêtements coûtent **trop** cher. Ces vêtements coûtent **finalement** cher.

• Il existe des adverbes de manière *(plutôt – mieux – bien…)*, de lieu *(ici – partout – ailleurs…)*, de temps *(jamais – tard – autrefois…)*, de quantité *(assez – encore – trop…)*, d'affirmation *(vraiment – bien sûr – sans doute…)*, de négation *(ne … guère – ne … pas – ne … point)*.

### ⚠ Remarques

**1** Les adverbes placés avant les adjectifs qualificatifs ne s'accordent pas.

une ligne **bien** droite – des traits **bien** droits

**2** Certains adverbes *(jamais – toujours – volontiers – ailleurs – auprès – dehors – dessus – dessous…)* sont terminés par un **-s** muet.

**3** Les adverbes *debout, ensemble, pêle-mêle, à demi* sont invariables.

Les spectateurs sont restés **debout**.
Les joueurs sont restés **ensemble**.
Les pièces du puzzle s'étalent **pêle-mêle** sur la table.
La statue est à **demi** recouverte d'un voile blanc.

## Cas particuliers

• **Les locutions adverbiales** sont des groupes de mots équivalant à des adverbes.
Ce café est assez chaud.
Axel aide parfois ses camarades.
Ces vêtements coûtent trop cher.

Ce café est **à peu près** chaud.
Axel aide **de temps en temps** ses camarades.
Ces vêtements coûtent **sans doute** cher.

• **Certains adjectifs** sont employés comme des adverbes ; ils sont alors invariables.
Ce monsieur est fort (musclé).
Ce monsieur parle **fort** (beaucoup).

Ces messieurs sont forts (musclés).
Ces messieurs parlent **fort** (beaucoup).

• L'adverbe peut parfois jouer le rôle d'un **déterminant**.
Avec *un peu*, l'accord du verbe se fait au singulier :
**Un peu de** repos vous ferait du bien.
Avec *beaucoup de*, il se fait au pluriel :
**Beaucoup de** personnes habitent la région parisienne.

**❶ Combien y a-t-il d'adverbes dans cette phrase ?**

Même dans les virages peu relevés, Sébastien Loeb maîtrise plutôt bien son bolide.

**a.** 2                    **b.** 3                    **c.** 4

**❷ Quel adverbe complète cette phrase ?**

Tu consultes ... ta messagerie.

**a.** jamais              **b.** toujours            **c.** plus

**❸ Quels adverbes complètent cette phrase ?**

Il fait ... froid dans cette pièce, mais ..., c'est ... pire !

**a.** presque – avant – assez      **b.** maintenant – souvent – autant
**c.** plutôt – dehors – encore

❶ c. *Même, peu, plutôt* et *bien* peuvent être supprimés ; la phrase demeure correcte. ❷ b. *Jamais* et *plus* sont les secondes parties de locutions adverbiales négatives dont les premières parties sont *ne* ou *n'*, qui ne figurent pas dans la phrase. ❸ c.

# Entraînement

**1 ▶ Complétez ces phrases avec des adverbes de quantité.**

Au Sahara, il ne pleut pas bea... . – Sur ce trajet, prendre un taxi est à pei... plus rapide que de marcher. – Un litre de lait pèse env... un kilogramme. – À la fin de l'heure, mon devoir était pre... terminé. – On n'est jamais aus... bien servi que par soi-même. – Si vous saviez com... cette escalade est périlleuse ! – Avec cet appareil numérique, on prend aut... de photos que l'on veut. – Dans ce ruisseau, il n'y a gu... d'eau.

**2 ▶ Complétez ces phrases avec des adverbes de temps.**

Dem..., les robots exécuteront de plus en plus de tâches matérielles. – Sous l'effet du gel, la chaussée se transforma sou... en patinoire. – En 1650, la France était alo... gouvernée par Louis XIV. – Aut..., les paysans ne disposaient pas d'outils perfectionnés. – La nouvelle agence postale sera bie... ouverte. – Henriette se rend quel... en vacances chez sa grand-mère. – Nadia ne mettra pas lon... pour retrouver la bonne direction.

**3 ▶ Écrivez les noms en gras au pluriel, et faites les accords nécessaires en distinguant les adverbes des adjectifs.**

Le **peuplier** s'élève droit dans le ciel de la Beauce. – L'**hirondelle** vole bas ; la pluie n'est pas loin. – Ajoutez un **brin** de persil haché menu sur ce poisson. – Un menu **détail** permet de distinguer ces deux reproductions. – On prétend que ce **gaucher** est très fort dans le maniement du fleuret. – Voici un fort beau **bijou** qui doit valoir une fortune. – L'**explorateur** tient bon et il ne renoncera pas à son projet. – Ton **ami** te donne un bon **conseil** que tu suis.

**4 ▶ Remplacez les adverbes en gras par leur contraire.**

Vous trouverez **ailleurs** ce que vous cherchez depuis des heures. – Le jeu et les distractions, c'est agréable ; mais le travail passe **après**. – Les îles polynésiennes, c'est très **loin**. – Le dimanche, toute la famille se lève **tôt**. – Dans ce plat, il y a **peu** d'épices et le goût en est dénaturé. – L'autoroute est surélevée car la rivière coule **au-dessus**. – On **ne** rencontre **jamais** des icebergs dans l'océan Antarctique.

**grammaire**

SOLUTIONS
P. 245

# LES ADVERBES DE MANIÈRE EN -*MENT*

Les adverbes de manière en -*ment* sont formés à partir d'un adjectif qualificatif, généralement féminin.

brave – brave → brave**ment**

doux – douce → douce**ment**

dur – dure → dure**ment**

brutal – brutale → brutale**ment**

naturel – naturelle → naturelle**ment**

curieux – curieuse → curieuse**ment**

## Comment orthographier les adverbes en -*ment* ?

• Dans certains cas, on place un accent sur le **e** qui précède la terminaison -***ment***.

confus – confuse → conf**é**sément ~~confus – confuse → conf**é**ment~~ confus – confuse → confus**é**ment

énorme – énorme → énorm**é**ment

• Les adverbes correspondant à des adjectifs terminés au masculin par -***é, -ai, -i, -u*** sont formés à partir de l'adjectif masculin.

aisé → **aisé**ment

infini → **infini**ment

vrai → **vrai**ment

résolu → **résolu**ment

On ajoute quelquefois un accent circonflexe sur le ***u***.

assidu → **assidû**ment

cru → **crû**ment

• Les adverbes formés à partir d'adjectifs terminés par le son [ã] s'écrivent :

-***emment***, s'ils sont formés à partir d'adjectifs terminés par -***ent*** ;

impati**ent** → impati**emment**

prud**ent** → prud**emment**

-***amment***, s'ils sont formés à partir d'adjectifs terminés par -***ant***.

suffis**ant** → suffis**amment**

brill**ant** → brill**amment**

⚠ **Remarques**

**1** Pour ne pas confondre les adverbes, les noms et les adjectifs terminés par le son [ã], on remplace :

– l'adverbe (invariable) par l'expression de manière… ;

Les savants sont **généralement** des personnes modestes.

Les savants sont **de manière générale** des personnes modestes.

– le nom (variable) par un autre nom ;

Ces savants étudient les **glissements** de terrains.

Ces savants étudient les **modifications** de terrains.

– l'adjectif (variable) par un autre adjectif.

Ces rues portent les noms de savants **éminents**.

Ces rues portent les noms de savants **célèbres**.

**2** On ne peut pas former des adverbes de manière avec tous les adjectifs qualificatifs (*immobile, content, familial, fameux, aigu, lointain…*). Au lieu de l'adverbe, il faut alors employer une périphrase.

Les enfants ouvrent leurs cadeaux **en famille**.

Les enfants ouvrent leurs cadeaux **d'un air content**.

**1** Quelle est la nature grammaticale du mot en italique ?
Pourquoi n'avez-vous pas renouvelé votre *abonnement* téléphonique.
a. nom                    b. adverbe                    c. adjectif qualificatif

**2** Quelle est la forme de l'adverbe correctement orthographiée ?
a. fréquamment            b. fréquemment                c. fréquament

**3** Par quel adverbe peut-on remplacer les mots en italique ?
La Beauce produit *en abondance* du blé.
a. abondament            b. abondamment                c. abondement

**1** a. **2** b. L'adverbe est dérivé de l'adjectif *fréquent*. **3** b. L'adverbe est dérivé de l'adjectif *abondant*.

# Entraînement

**1** ▸ **Écrivez ces expressions avec des adverbes de manière en *-ment* formés à partir des adjectifs en gras.**

Ex. : partir **vrai** → partir **vraiment**

| | | | |
|---|---|---|---|
| s'amuser **fou** | répondre **gentil** | se reposer **long** | parler **franc** |
| arriver **tardif** | sourire **innocent** | agir **inconscient** | entrer **silencieux** |
| vivre **misérable** | se casser **sec** | avancer **timide** | se redresser **fier** |

**2** ▸ **Complétez avec des adverbes formés à partir des adjectifs en gras.**

Les Nantais n'apprécient que **moyen** le report du match. – Il n'est **nul** obligatoire de répondre à ce questionnaire. – Le coup a fait mouche ; le buffle est **mortel** blessé. – Cet électricien est **fréquent** sollicité pour des dépannages. – Le maire a fait **public** l'éloge du doyen de la commune. – Le remplacement des ampoules est **régulier** effectué. – Les enfants sont partis **gai** en promenade. – Trop lent, ce coureur ne pourra **évident** pas dépasser son adversaire. – Les Bretons sont **naturel** d'excellents marins. – Le savant vérifie **concret** la valeur de ses hypothèses. – Les pièces de ce château sont **riche** décorées. – M. David a crevé ; **heureux** qu'il a une roue de secours. – Les frites sont excellentes ; tu t'es servi **copieux**. – Ce cadre est **léger** éraflé ; il faudra le revernir. – On ne peut pas **impuni** violer les règles du code de la route.

**3** ▸ **Remplacez les mots en gras par un adverbe de manière en *-ment*.**

La lumière s'est éteinte **de façon brusque**. – Ce magazine de mode paraît **tous les mois**. – Farida a présenté **avec clarté** la situation au directeur. – Les empereurs chinois vivaient **dans le luxe** de la Cité interdite. – Il faut toujours traverser **avec prudence** sur les passages protégés. – Les arboriculteurs produisent des cerises **en abondance**. – L'actrice a jeté **avec négligence** une cape de soie sur ses épaules.

**4** ▸ **Écrivez les noms en gras au pluriel, accordez comme il convient, puis encadrez les adverbes.**

Le **compliment** toucha énormément Harold. – Le **hurlement** de la sirène est vraiment assourdissant. – L'**éboulement** emporta totalement la vieille masure. – M. Laurent conserve précieusement un **document** ancien. – Ce **logement** vient d'être récemment réparé. – Le **règlement** doit être obligatoirement respecté. – L'**aboiement** du chien fait fuir rapidement le **malfaiteur**.

grammaire

SOLUTIONS P. 246

# 92 LES PRONOMS POSSESSIFS, DÉMONSTRATIFS, INDÉFINIS

Les pronoms remplacent généralement un groupe nominal déjà mentionné afin d'éviter une répétition.

## Les pronoms possessifs

• **Le pronom possessif** remplace un groupe nominal dont le déterminant peut être adjectif possessif.
Gloria enfile son pull ; **le mien** est introuvable.
Ces meubles sont en merisier ; **les nôtres** sont en acajou.

• Les pronoms possessifs des première et deuxième personnes du pluriel prennent **un accent circonflexe** ; les adjectifs possessifs n'en ont pas.
Notre appartement domine le parc municipal ; **le vôtre** donne sur le gymnase.

| singulier | | | pluriel | | |
|---|---|---|---|---|---|
| 1re personne | 2e personne | 3e personne | 1re personne | 2e personne | 3e personne |
| le mien | le tien | le sien | le nôtre | le vôtre | le leur |
| la mienne | la tienne | la sienne | la nôtre | la vôtre | la leur |
| les miens | les tiens | les siens | les nôtres | les vôtres | les leurs |
| les miennes | les tiennes | les siennes | | | |

## Les pronoms démonstratifs

• **Le pronom démonstratif** remplace un groupe nominal dont le déterminant peut être un adjectif démonstratif.
Je suis devant les boutiques ; enfin **celles** qui sont ouvertes !

• Le pronom démonstratif **ce** subit l'élision devant toute forme du verbe *être* commençant par une voyelle, ainsi que devant le pronom personnel *en*.
**C'**est le début du printemps. **C'**était un jour de fête. **C'**en est fini de ce travail.

| | | | masculin | féminin | neutre |
|---|---|---|---|---|---|
| formes simples | | sing. | celui | celle | ce |
| | | plur. | ceux | celles | |
| formes composées | démonstratifs proches | sing. | celui-ci | celle-ci | ceci |
| | | plur. | ceux-ci | celles-ci | |
| | démonstratifs lointains | sing. | celui-là | celle-là | cela – ça |
| | | plur. | ceux-là | celles-là | |

## Les pronoms indéfinis

**Le pronom indéfini** remplace un groupe nominal dont le déterminant peut être un adjectif indéfini.
Tout le nécessaire manque.          → **Tout** manque.
Les pronoms indéfinis sont nombreux : *aucun – autre(s) – autrui – chacun(e) – certains – personne – nul – plusieurs – quiconque – tout, tous – la plupart…*

**❶ Quel pronom possessif complète la phrase ?**

La tenue de Maria est un peu voyante, ... est plus discrète : tu as meilleur goût.

**a.** la tienne      **b.** la mienne      **c.** la sienne

**❷ Quel pronom démonstratif complète la phrase ?**

Les griffes du chat sont rétractiles, mais pas ... du chien.

**a.** celui      **b.** celles      **c.** celle

**❸ Quel pronom indéfini complète la phrase ?**

Ne faites pas à ... ce que vous ne voulez pas que l'on vous fasse.

**a.** chacun      **b.** autrui      **c.** personne

❶ **a.** La dernière partie de la phrase fournit la bonne réponse : 2ᵉ personne du singulier. ❷ **b.** Le pronom démonstratif remplace *les griffes*, nom féminin pluriel. ❸ **b.** *Autrui* est un pronom indéfini peu fréquent ; il signifie : *à un autre.*

# Entraînement

**1 ▶ Complétez ces phrases avec un pronom possessif.**

J'ai présenté mon billet au contrôleur alors que ... est encore dans ta poche. – Lauriane a toujours son permis de conduire dans son sac ; Lisette oublie parfois ... . – Au moment du départ, le conducteur ôte sa casquette ; le receveur remet ... . – Nous prenons soin de nos livres et vous ... . – Lorsque nous sortons, nous enfermons nos chiens alors que nos voisins laissent ... en liberté. – Cette idée n'est pas ..., mais je la respecte. – Vous joindrez vos efforts ... pour nettoyer cette salle. – Je dois reconnaître que votre raquette est plus performante que ... . – Pouvez-vous nous communiquer l'adresse de votre coiffeur, ... est en vacances ?

**2 ▶ Complétez ces phrases avec un pronom démonstratif.**

Cette avenue allonge le parcours alors que ... qui longe le canal est beaucoup plus directe. – Cet arrêt est obligatoire ; ... est facultatif. – ... fait vingt minutes que j'attends devant la caisse du supermarché ; ... n'est pas normal. – Ces taxis empruntent le couloir qui leur est réservé ; ... restent sur la chaussée. – ... ne sert à rien de courir, tu aurais dû partir plus tôt. – Le marché de Charolles se tient le lundi, ... de Paray le Monial le mercredi. – Adam adore les frites ; il ne mange que ... lorsqu'il va à la cafétéria. – J'hésite entre ces deux melons ; ... a l'air plus mûr que ... . – Le programme électoral de ce candidat est radicalement opposé à ... de son concurrent. – Les tableaux de ce peintre sont réalistes alors que ... de son élève sont abstraits.

**3 ▶ Complétez ces phrases avec des pronoms indéfinis qui conviennent.**

« Que ... ne bouge ! » s'écria le shérif en brandissant son arme. – Certains pays africains possèdent d'importantes ressources minières ; ... connaissent de sérieux problèmes de développement. – Comme le directeur est satisfait du travail de ses ouvriers, il octroie à ... une prime. – J'ai oublié une partie de mes affaires, mais je ne peux pas penser à ... ! – Beaucoup de touristes aiment se reposer sur la plage, mais ... préfèrent visiter les musées. – Ne faites pas à ... ce que vous ne voulez pas qu'on vous fasse. – Les participants à ce jeu télévisé restent muets : ... n'a la bonne réponse. – ... présentera l'appareil dans son emballage d'origine sera remboursé.

grammaire

SOLUTIONS
P. 246

# LA VOIX PASSIVE – LE COMPLÉMENT D'AGENT

La voix passive présente la même action que la voix active, mais de façon différente.

Voix active : le sujet fait l'action.

Une bâche protège le tas de bois.

Voix passive : le sujet subit l'action.

Le tas de bois est protégé par une bâche.

## La voix passive

- Le COD du verbe actif devient le sujet du verbe passif et le sujet du verbe actif devient le complément d'agent du verbe passif.

| Une bâche | protège | le tas de bois. | Le tas de bois | est protégé | par une bâche. |
|---|---|---|---|---|---|
| sujet | | COD | sujet | | compl. d'agent |

- En général, il n'y a que les verbes transitifs directs qui peuvent être employés à la voix passive puisque c'est le COD qui devient sujet.

- Au passif, tous les verbes sont conjugués avec *être* qui porte la marque du temps.

présent de l'indicatif :

Les cheveux de Sabine **sont** retenus par un ruban.

présent du conditionnel :

Les cheveux de Sabine **seraient** retenus par un ruban.

présent du subjonctif :

Il faut que les cheveux de Sabine **soient** retenus par un ruban.

### ⚠ Remarques

**1** Les verbes comme *arriver, tomber, entrer, partir,* etc. dont la conjugaison se fait toujours avec l'auxiliaire *être,* ne sont jamais à la voix passive.

**2** Un verbe pronominal peut avoir un sens passif.

Ces appartements se sont loués en quelques jours.

## Le complément d'agent

- Le complément d'agent est souvent introduit par les prépositions *par* et *de.*

L'Étranger a été écrit **par** Albert Camus. → Albert Camus a écrit L'Étranger.

L'Étranger est connu **de** beaucoup de lecteurs. → Beaucoup de lecteurs connaissent L'Étranger.

- Il est possible que le complément d'agent soit sous-entendu.

L'immeuble a été bâti en peu de temps.

Le passage à l'actif se fait avec le pronom sujet *on.*

On a bâti l'immeuble en peu de temps.

Quand le complément d'agent est sous-entendu, il n'est pas toujours aisé de distinguer le verbe passif et le verbe *être* suivi d'un participe passé employé comme adjectif.

Le parking est occupé. Le parking est occupé par des véhicules. → passif

Le parking est occupé. Le parking est vide.

→ *occupé* et *vide* sont attributs du sujet

**1** Quelle phrase à la voix passive correspond à cette phrase à la voix active ?

Le préfet inaugure la foire agricole de Matour.

**a.** La foire agricole de Matour est inaugurée par le préfet.

**b.** Le préfet a inauguré la foire agricole de Matour.

**c.** La foire agricole de Matour sera inaugurée par le préfet du département

**2** Quel est le complément d'agent de la phrase ?

Les sentinelles sont rapidement désignées par le sergent pour garder le dépôt.

**a.** rapidement          **b.** par le sergent          **c.** pour garder le dépôt

**3** Quelle phrase à la voix active correspond à cette phrase à la voix passive ?

Le poteau électrique a été renversé par un chauffard qui roulait trop vite.

**a.** Un chauffard qui roule trop vite renverse le poteau électrique.

**b.** Un chauffard qui roulait trop vite a renversé le poteau électrique.

**c.** Le poteau électrique est renversé par un chauffard qui roule trop vite.

**1 a.** Dans la deuxième réponse, la phrase est encore à la voix active, avec un changement de temps. Dans la dernière réponse, à la voix passive, il y a un changement de temps puisque le verbe est au futur simple. **2 b.** La présence de la préposition *par* permet d'identifier le complément d'agent. **3 b.** Dans la première réponse (voix active), il y a un changement de temps. La dernière réponse est encore à la voix passive.

**1** ▶ **Transformez ces phrases à la voix active. Respectez les temps.**

La route est coupée par une avalanche. – Les récoltes furent détruites par un violent orage. – La paix avait été signée par les généraux. – Vous avez été surpris par ce bruit. – Les Italiens de notre ville jumelle furent reçus par le maire. – La fillette sera élevée par ses grands-parents. – Un nouvel hymne national est adopté par la Géorgie. – Tu es émerveillée par les décorations de Noël. – Le sol est durci par le gel. – La piscine était surveillée par les maîtres nageurs. – La naissance de la petite sœur de Dimitri est attendue avec impatience par toute la famille. – Les enfants royaux étaient instruits par des précepteurs. – Le pavillon noir fut hissé par les pirates lorsqu'ils aperçurent le galion espagnol. – Les deux satellites furent placés sur leur orbite par la fusée Ariane. – L'exposition a été réalisée par un conservateur admirateur de Gustave Courbet.

**2** ▶ **Transformez ces phrases à la voix passive. Respectez les temps.**

Les convives ont apprécié le repas. – Gutenberg a inventé l'imprimerie. – Blandine nous a invités à déjeuner. – Le contrôleur a vérifié les billets. – Le demi de mêlée transforme l'essai. – Ian Fleming a découvert la pénicilline. – Une réglementation stricte fixe les prix. – Le plombier soudait les tuyaux. – La Lune éclipsait peu à peule Soleil. – La loi interdit la contrefaçon de vêtements de luxe. – La réaction du fauve surprend le dompteur. – Le daltonien confondra ces couleurs. – Dans le métro, des milliers de personnes lisent les journaux. – Un architecte de talent dessinera les plans du nouvel hôtel des finances. – À la fin de l'enquête, les gendarmes avaient recueilli, non sans mal, tous les témoignages. – Après le potage, le serveur apporte un loup en croûte sous les regards gourmands des invités.

**grammaire**

SOLUTIONS
P. 246

# 94

# LES FORMES AFFIRMATIVE, NÉGATIVE, PRONOMINALE, EMPHATIQUE ET IMPERSONNELLE

Une phrase peut prendre différentes formes, voire combiner ces formes.

## Les formes affirmative et négative

• **La forme négative** s'oppose à la forme affirmative.
Lucas part en avance.          Lucas **ne** part **pas** en avance.

• Le verbe est le seul élément de la phrase qui puisse être encadré par une locution négative. Aux temps composés, la négation encadre l'auxiliaire (ou parfois le verbe et un adverbe).
Lucas **n'**est **pas** parti en avance.      Lucas **n'**est vraiment **pas** parti en avance.

• Il existe **plusieurs locutions négatives** : *ne ... pas – ne ... rien – ne ... plus – ne ... jamais – ne ... guère – ne ... que – ne ... ni ... ni – ne ... point.*
Parfois, le second terme de la négation est placé avant *ne.*
**Aucun** ne connaît la réponse.      **Personne** ne connaît la réponse.
Lorsque le verbe est à l'infinitif, la locution négative est placée avant lui.
Vous devez apprendre à **ne pas** mentir.

## La forme pronominale

• Un verbe à **la forme pronominale** est conjugué avec **un pronom personnel réfléchi**.
Je **me** repose un peu.  Tu **te** lances à l'aventure.  Les villages **s'**embellissent.

• Les temps composés d'un verbe à la forme pronominale se construisent avec l'auxiliaire *être*.
Je **me** suis reposée un peu.      Les villages **se** sont embellis.

## La forme emphatique

**La forme emphatique** met en relief certains mots en utilisant des présentatifs ou le déplacement de groupes de mots avec reprise par un pronom.
C'est le modèle que je préfère. → Le modèle que je préfère, c'est celui-ci.

## La forme impersonnelle

À **la forme impersonnelle**, le sujet du verbe ne représente ni une personne, ni un animal, ni une chose définie. Les verbes impersonnels ne se conjuguent qu'à la 3$^e$ personne du singulier avec le sujet il (parfois *ce, ça* ou *cela*) du genre neutre.
Que vous arrive-t-**il** ?      L'accident, **ça** n'arrive pas qu'aux autres.

# Quiz

**❶ Quels mots faut-il ajouter pour mettre la phrase à la forme négative ?**

Le soir, les rues du quartier sont éclairées.

a. n' – pas        b. ne – guère        c. ne – aucune

**❷ Quelle est la seule phrase à la forme impersonnelle ?**

a. Avant le début du spectacle, il est rappelé au public d'éteindre les portables.

b. Avant le début du spectacle, le metteur en scène demande l'extinction des portables.

c. Avant le début du spectacle, les portables doivent être éteints.

**❸ Quelle phrase à la forme empathique correspond à cette phrase ?**

Le bon maçon se reconnaît au pied du mur.

a. Le pied du mur permet de reconnaître le bon maçon.

b. C'est au pied du mur qu'on reconnaît le bon maçon.

c. Reconnaître le bon maçon se fait au pied du mur.

# Entraînement

**1 ▶ Mettez ces phrases à la forme négative en utilisant les locutions proposées.**

**ne … pas – ne … rien – ne … plus – ne … jamais – ne … guère – ne … que – ne … ni … ni – ne … point – personne ne – aucun … ne**

Tout le monde réagit aux propos de cet homme politique. – Quelques-uns des bateaux appareilleront dans la soirée. – Les musiciens reprennent le dernier mouvement de la symphonie. – Ces prédictions convainquent ceux qui ont une confiance illimitée en leur horoscope. – La machine à vapeur a survécu à l'apparition de l'électricité et du moteur à explosion. – Contrairement à tous les usages, le vendeur garantit le remplacement des pièces et la main-d'œuvre. – Malgré un régime draconien, ces personnes maigrissent. – Ce nouvel outil sert à tout. – Comme la piste est en réfection, les avions atterrissent à Marignane. – Martin s'endort toujours sans avoir lu un article de son journal ou un chapitre de roman.

**2 ▶ Mettez ces phrases à la forme emphatique en choisissant l'élément à mettre en évidence.**

La station d'épuration permet de préserver la qualité de la nappe phréatique. – La région de Sisteron est renommée pour la qualité de ses agneaux. – Cette personne âgée perçoit sa retraite chaque trimestre. – Dans le conte de Perrault, le Petit Poucet a volé les bottes de Sept Lieues de l'ogre. – Les violettes fleurissent dès la mi-février. – Les touristes s'installent au camping des Flots bleus. – Le curry donne un goût particulier à tous les plats à base de riz. – Les chaînes sportives retransmettent la finale du tournoi de Roland-Garros. – Des parasites perturbent la réception des appels téléphoniques. – Le magicien mystifie les badauds incrédules. – Le pont Alexandre III est le plus beau pont de Paris.

**grammaire**

SOLUTIONS
P. 247

# 95

# DES ERREURS À ÉVITER (1)

À l'oral comme à l'écrit, de nombreuses erreurs de sens peuvent être évitées.

## Les contresens

• Se tromper sur l'interprétation d'un mot ou d'une expression, c'est commettre un contresens.
Ne pas avoir un sou vaillant.
➝ ne pas avoir un sou qui vaille (qui vaut quelque chose), et non avoir un sou courageux

• Assez souvent, le contresens provient d'un mot pris au sens propre et non au sens figuré.
Être dans ses petits souliers.
➝ être mal à l'aise, et non porter des souliers trop petits

## Les erreurs les plus fréquentes (1)

• *Amener* s'emploie plutôt pour des êtres.
La maman **amène** ses enfants à l'école.
*Apporter* s'emploie plutôt pour des choses.
La maman **apporte** le goûter à ses enfants.

• On ne dit pas : Vous n'êtes pas sans ignorer que la Thaïlande se trouve en Asie.
Mais : Vous **n'êtes pas sans savoir** que la Thaïlande se trouve en Asie.
ou : Vous **n'ignorez pas** que la Thaïlande se trouve en Asie.

• Il faut éviter de terminer une phrase par la préposition *avec*.
On ne dit pas : Le journal proposait un DVD gratuit ; je l'ai pris avec.
Mais : J'ai pris le DVD gratuit offert **avec** le journal.

• On ne dit pas : Malgré qu'il soit fatigué, il termine son travail.
Mais : **Bien qu'**il soit fatigué, il termine son travail.

• On n'emploie jamais *car* et *en effet* ensemble.
On ne dit pas : Rentrons, car en effet la nuit tombe.
Mais : Rentrons, **car** la nuit tombe.          Rentrons, **en effet** la nuit tombe.

• On ne dit pas *de façon à ce que* ou *de manière à ce que* ; on dit :
Il dispose les objets **de façon qu'**il puisse les atteindre facilement.
Il dispose les objets **de manière qu'**il puisse les atteindre facilement.

• Lorsque le verbe est suivi de deux pronoms compléments, le COD se place le plus près du verbe.
Rendez-**les**-moi.          Dites-**le**-vous pour dit.

• On ne peut rentrer quelque part que si l'on en est sorti.
On dit : Après mon travail, je **rentre** chez moi.
Et : J'**entre** à la mairie.

• On n'est pas furieux après quelqu'un, mais **furieux contre** quelqu'un.

# Quiz

**❶ Que signifie cette expression ?**

Il ne ferait pas de mal à une mouche.

**a.** Il est incapable de faire du mal à qui que ce soit.

**b.** Il respecte les être vivants, quels qu'ils soient.

**c.** Il étudie le mode de vie des mouches.

**❷ Où se trouve l'erreur dans la phrase ?**

M. Maréchal est sorti à l'improviste de la salle, mais il reviendra de suite.

**a.** à l'improviste       **b.** il reviendra       **c.** de suite

**❸ Où se trouve l'erreur dans la phrase ?**

Votre ami vous a prêté des CD ; rendez-lui-les car il souhaite les enregistrer sur son iPod.

**a.** Il faut accorder le participe passé : « prêtés ».

**b.** Il faut inverser les deux compléments d'objet : « rendez-les-lui ».

**c.** Il faut modifier la terminaison de « enregistrer ».

❶ **a.** Cette expression s'applique à une personne au caractère doux et pacifique. ❷ **c.** Il faut écrire : [...] il reviendra *tout de suite* (sans délai, sans attendre). *De suite* signifie *qui se suivent exactement* : M. Maréchal a conduit cinq heures *de suite*. ❸ **b.** Le participe passé *prêté* ne s'accorde pas car le COD est placé après. Le verbe *enregistrer* est bien à l'infinitif : ... il souhaite les *prendre*.

# Entraînement

**1 ▶ Cherchez le sens de ces expressions et complétez comme il convient.**

**couper l'herbe sous le pied – un homme de paille – être à cheval sur les principes – bâtir des châteaux en Espagne – le pot aux roses – sans merci – prendre la mouche – être comme chien et chat – veiller au grain**

Ces deux garçons se disputent souvent ; ils ... . – M. Maillard rêve qu'il a touché le gros lot ; il ... . – Pour sa toilette, Mme Avet est très exigeante ; elle ... . – Dorothée s'énerve pour un rien ; elle ... . – Ces deux boxeurs veulent gagner à tout prix ; ils disputent un combat ... . – Cet escroc cherche ... pour signer les chèques. – Alexandre a mis à jour un secret bien gardé ; il a découvert ... . – Le maître d'hôtel donne ses ordres aux serveurs et il ... . – En dévoilant le futur mariage de cette célèbre actrice, ce journaliste ... de ses concurrents.

**2 ▶ Des erreurs se sont glissées dans ces phrases ; corrigez-les.**

Le vase **à qui** je tiens particulièrement m'a été offert par mon meilleur ami. – Pendant notre voyage en Amazonie, nous avons eu des **avatars** qui ont perturbé le bon déroulement de cette expédition. – Comme je m'y attendais, cette nouvelle **s'avère** fausse. – Vous voulez vendre ces cartes postales anciennes, alors montrez-**moi-les**. – L'exposition Matisse ouvre enfin ses portes ; les visiteurs **rentrent** un à un. – Paulin n'a pas coupé l'eau et la salle de bains est inondée ; son père est furieux **après** lui. – **Malgré que** cette piste soit interdite, des surfeurs imprudents l'empruntent **aveuglement** ; pourtant ils ne sont pas sans **ignorer** qu'ils sont à la merci d'une avalanche. – Comme Samuel n'a plus rien à faire, il **bâille** aux corneilles. – Madeleine habite **en face** la poste. – Cet escrimeur a **amené** une seconde médaille d'or à la France ; La Marseillaise retentit **pour nouveau**.

**grammaire**

SOLUTIONS
P. 247

# DES ERREURS À ÉVITER (2)

## Les erreurs les plus fréquentes (2)

• De nombreuses erreurs sont commises dans la conjugaison des verbes. Il faut éviter ces incorrections en identifiant d'abord le groupe auquel les verbes appartiennent, puis en consultant les tableaux de conjugaison correspondants. Par exemple : le verbe *mourir* appartient au 3ᵉ groupe ; à l'imparfait de l'indicatif, on ne place pas l'élément **-ss-** caractéristique des verbes du 2ᵉ groupe. On ne dit pas : il mourrissait    Mais : il mourait

• Il existe des verbes proches qui appartiennent à des groupes différents.
*ressortir de*, 3ᵉ groupe : Les spectateurs **ressortent** enchantés **de** ce concert.
*ressortir à*, 2ᵉ groupe : Ces procès **ressortissent au** tribunal correctionnel.

• Le nom qui marque la nationalité ou qui désigne les habitants d'un lieu est un nom propre ; il prend une majuscule.
Les **F**rançais et les **I**taliens sont des **L**atins.
Je savoure un fromage de **R**oquefort.
Le nom qui désigne une langue, un produit d'origine, ainsi que l'adjectif qualificatif, s'écrivent sans majuscule.
Le **f**rançais et l'**i**talien sont des langues **l**atines.
N'abusez pas du **b**eaujolais nouveau.

• Il ne faut pas confondre l'emploi des deux adverbes *jadis* et *naguère*.
*Jadis* signifie : « Il y a fort longtemps » et *naguère* : « Il n'y a guère de temps. »
**Jadis**, les serfs étaient malheureux.
Ces rues, **naguère** fréquentées, sont maintenant désertes.

• Comme *pallier* est un verbe transitif, on ne dit pas :
L'éleveur pallie au manque de foin en donnant de la paille à ses bêtes.
Mais : L'éleveur **pallie** le manque de foin en donnant de la paille à ses bêtes.

• Ne pas confondre l'adverbe *voire*, qui a le sens de *même*, et l'infinitif *voir*.
Ce champignon est comestible, **voire** savoureux.
Je vais **voir** si ce champignon est comestible.

• Ne pas confondre la locution adverbiale *à l'envi*, qui a le sens de *à qui mieux mieux*, et le nom *l'envie*.
Les hyènes se disputaient **à l'envi** la carcasse du gnou.
Cette femme enceinte a **une envie** de fraises.

• Le participe passé du verbe *dire* – *dit* – se soude avec l'article défini et avec l'adverbe *sus* dans des expressions pour rappeler qu'il a déjà été question des personnes ou des choses.
Je suis certain que **ladite** signature est une imitation grossière.
Mon adresse **susdite** est celle de mon lieu de vacances.
Mais les deux mots sont distincts lorsque *le* est un pronom personnel précédant le verbe au présent de l'indicatif.
Il ne viendra pas ; il me **le dit** calmement.

# Quiz

**1 Quel groupe nominal complète la phrase ?**

Nous sommes arrivés sans les prévenir chez nos cousins ; ils nous ont accueillis ... .

**a.** à la bonne flanquette      **b.** à la bonne franquette  **c.** à la bonne blanquette

**2 Quel verbe complète la phrase ?**

L'accusé exprima des regrets sincères ; cela lui ... une condamnation plus légère.

**a.** valut                **b.** valit               **c.** valai

**3 Quel adjectif complète la phrase ?**

Ce cheval a un caractère ... ; si vous le montez, ne le rudoyez pas.

**a.** ombragé           **b.** ombrageux        **c.** ombreux

**1 b.** *À la bonne franquette* signifie : *sans façon*. On aurait pu écrire également : *à la fortune du pot*. Le nom *franquette* n'existe pas, et *la blanquette* est le nom d'un plat. **2 a.** Le verbe *valoir* forme son passé simple sur la voyelle *u*. La terminaison *ai* est celle de la 1ʳᵉ personne du singulier des verbes du 1ᵉʳ groupe. **3 b.** *Ombrageux* signifie ici : *qui a peur de son ombre*. *Ombragé* signifie placé sous un ombrage et *ombreux*, qui fait de l'ombre.

# Entraînement

**1** ▶ **Remplacez les formes incorrectes en gras par les formes qui conviennent.**

Après son opération, M. Stein a **recouvert** tous ses moyens. – S'ils ne sont pas arrosés, ces arbustes **mouriront**. – Si le brocanteur baisse son prix, l'affaire se **concluera** probablement. – Pour s'offrir ces vêtements, il faut qu'ils **voyent** s'ils ont assez d'argent. – Les prisonniers **vivèrent** des moments difficiles avant d'être libérés. – Quand il aura son permis moto, Nasser **acquérira** une Honda 600. – L'eau **bouille**, c'est le moment d'y jeter les nouilles. – S'il **aurait** su que le film était si long, Constant ne l'**aura** pas regardé. – Le cheval fit un écart et le cavalier **tombit**. – Dans sa jeunesse, Carlos **courissait** le 100 mètres en moins de 11 secondes.

**2** ▶ **Placez les majuscules uniquement pour les noms propres.**

La misère et la pauvreté sévissent dans beaucoup de pays africains. – Beaucoup d'africains rêvent de venir s'installer en europe. – La mythologie grecque a inspiré de nombreux peintres. – Les vieilles femmes grecques sont souvent vêtues de noir. – Les roumains sont fiers d'avoir battu les français 25 à 14. – Parler allemand, c'est fort courant pour un strasbourgeois. – Les canadiens s'adaptent bien aux grands froids. – Les anglais, les pakistanais et les indiens sont pratiquement les seuls à jouer au cricket. – Les italiens mangent de grandes quantités de pâtes. – À l'époque romantique, les femmes portaient des anglaises. – Pendant la première guerre mondiale, la champagne fut le lieu de combats acharnés. – La brie est une région où les terres sont fertiles.

**3** ▶ **Des erreurs se sont glissées dans ces phrases ; corrigez-les.**

Ce jeune blanc-bec est insolent **vis-à-vis des** personnes plus âgées. – Quentin affirme n'importe quoi ; il parle **de trop**. – Le coursier est sorti, mais il reviendra **de suite**. – Ce jongleur rattrape les huit balles sans difficulté ; je suis **stupéfié**. – Pour le mariage de sa fille, ce riche industriel a fait des dépenses **somptuaires**. – Si les vents lui sont favorables, ce navigateur **risque de gagner** la course transatlantique. – Julien en a assez d'avoir les oreilles **rabattues** par les mêmes histoires. – Le livre **de qui** vous parlez est en tête des ventes de cette semaine.

SOLUTIONS
P. 248

grammaire

# 1 ❭ Les points

**1** ❭ À peine entre-t-on dans la ville que l'on est étourdi par le fracas d'une machine bruyante et terrible en apparence. Vingt marteaux pesants, et retombant avec un bruit qui fait trembler le pavé, sont élevés par une roue que l'eau du torrent fait mouvoir. Chacun de ces marteaux fabrique, chaque jour, je ne sais combien de milliers de clous. Ce sont des jeunes filles fraîches et jolies qui présentent aux coups de ces énormes marteaux les petits morceaux de fer qui sont rapidement transformés en clous. Ce travail, si rude en apparence, est un de ceux qui étonnent le plus le voyageur qui pénètre pour la première fois dans les montagnes qui séparent la France de l'Helvétie.

**2** ❭ Pourquoi n'avez-vous pas réservé […] ? – […] éteignez la lumière ! – […] sommes-nous tombées ? – Quelle est la portée […] ? – […] respirez ! – Ces murs anti-bruit sont-ils […] ? – […] portez toujours un casque ! – Les abeilles survivront-elles […] ? – […] quelle imprudence ! – […] a-t-il été fait prisonnier ? – […] ne sortez pas votre paquet de cigarettes !

**3** ❭ Le mulet est le croisement d'un cheval et d'une ânesse. – À quel étage […] habite-t-il ? – La consommation de pétrole est en constante augmentation. – […] beaucoup de traboules […] sont inaccessibles aux touristes. – Le bâtiment est-il bien isolé ? – Ce film est encensé par tous les critiques. – La station d'épuration […] fonctionne-t-elle ? – Combien coûte ce lecteur […] ? – […] les commerçants ont fait un effort pour décorer leurs vitrines.

# 2 ❭ La virgule

**1** ❭ Après un vol mouvementé, l'avion s'est posé sans difficulté. – Pierre-Antoine est un grand lecteur, il dévore les romans. – Assise devant son téléviseur, Ursula se contente d'un simple plateau-repas. – Avant d'être élu président de la République d'Afrique du Sud, Nelson Mandela fut emprisonné de longues années. – Pour ne pas se blesser, ce soudeur porte des lunettes protectrices. – Atteindre le centre de la Terre, cela reste une utopie. – Déçu par la qualité de ce journal, tu n'as pas renouvelé ton abonnement. – Pour rejoindre le point de départ du rallye, il faut emprunter ce raccourci. – Devant l'obstacle, il arrive que les meilleurs chevaux se dérobent.

**2** ❭ L'excursion, écourtée pour cause de mauvais temps, a déçu les participants. – *Le Blanc Mesnil, Urbana des Étoiles, Belle du Pré*, voilà les trois chevaux favoris de la course du tiercé. – La grippe aviaire, très contagieuse, reste une menace pour les élevages de volailles. – Caroline, chargée de la rédaction du procès-verbal de la réunion, écoute soigneusement les propos de chacun. – Charles, séduit par les études historiques, s'inscrit à la faculté de Marseille. – Au niveau du troisième étage de la tour Eiffel, le dernier, on jouit d'un panorama exceptionnel sur Paris. – Ce feuilleton, je l'avoue à regret, ne m'a pas plu. – Pour aller de Nîmes à Narbonne, ou de Béziers à Perpignan, empruntez l'autoroute.

**3** ❭ Chaque été, ce terrain accueille les tentes, les caravanes, les camping-cars et même les amateurs de sommeil à la belle étoile ! – Au petit-déjeuner, nous avons le choix entre un café, un thé au lait, un thé citron ou un chocolat. – Le téléphone portable, l'ordinateur, les clés USB, les baladeurs MP3, tous ces objets technologiques font désormais partie de notre environnement. – Les dessins animés, ainsi que les films d'animation, séduisent les petits et les grands ! – Soudain, la partie s'anime, les joueurs servent puissamment, le public manifeste sa satisfaction et l'arbitre n'a plus à intervenir.

## 3 ▶ Le point-virgule – les points de suspension

**1** ▶ Le Tadjikistan est un pays mystérieux ; peu d'étrangers le visitent. – Le disjoncteur a coupé le courant ; l'ampérage est trop faible. – Le lanceur a parfaitement fonctionné ; le satellite est sur la bonne orbite. – La cartouche de mon imprimante est vide ; en as-tu une à me prêter ? – Ne confondons pas l'emmenthal et le beaufort ; ce dernier n'a pas de trous. – M. Robert a oublié son code confidentiel ; il ne peut plus utiliser sa carte bancaire. – La planète se réchauffe ; les glaciers reculent […].

**2** ▶ Connaissez-vous […] ? – […] l'enthousiasme et l'amour dans sa jeunesse, puis l'incompréhension, l'enfermement, la richesse et même la vengeance… – Sais-tu […] ? – Cinq mètres cubes de béton suffiront-ils […] ? – […] elle hésite… – […] il doute… – Pourquoi veux-tu […] ? – […] un lourd parfum flottait… – Cette valise pèse-t-elle […] ? – Sylvie […] se demande si elle osera aller plus loin…

**3** ▶ Dans cette école, la semaine scolaire […]. – Le parking est complet ; la file d'attente […]. – Marcel Pagnol a vécu une enfance heureuse ; il l'a racontée […]. – Comme il fait froid, la récolte […]. – La fête de la musique bat son plein ; les virtuoses […]. – Le cours du cuivre est au plus haut ; les spéculateurs […]. – En servant l'apéritif, Florian a renversé […].

## 4 ▶ Les deux-points – les guillemets – les parenthèses

**1** ▶ Je ne resterai pas dans cette pièce : l'odeur des lilas m'incommode. – Le proverbe est formel : « La parole est d'argent mais le silence est d'or. » – Voilà une offre exceptionnelle : trois CD pour le prix d'un ! – Cette maison est à vendre : les acheteurs potentiels la visitent. – L'eau de la piscine est à 18° : pas question de se baigner aujourd'hui.

**2** ▶ Cette route (départementale ou nationale ?) traverse de nombreux petits villages. – Le château de Brandon (monument historique) vient d'être restauré. – Ce cuisinier (meilleur ouvrier de France) s'est constitué une clientèle […]. – Au rayon jardinage (au fond du magasin) on trouve tout le nécessaire […]. – Les Vikings (de hardis navigateurs) ont probablement atteint les côtes américaines […]. – Ces tuiles plates (fabriquées exclusivement à Couzan) respectent […] ce petit village. – Dubrovnik (une ville de Croatie) a conservé son charme médiéval […].

**3** ▶ Depuis un petit moment, l'air de rien, le maquignon tournait autour d'un magnifique taureau. Il décida enfin d'aborder l'éleveur : « Quel âge a cet animal ? – Trois ans depuis janvier. – Pouvez-vous me certifier son origine charolaise ? – Aucun problème, j'ai tous les justificatifs. – Vous en voulez combien ? – Quinze cents euros ! – Vous êtes fou ! Je vous en donne seulement mille. – Alors douze cents. – Topez là ! L'affaire est conclue. »

## 5 ▶ Les majuscules

**1** ▶ Le tigre bondit. – la Banque de France – les châteaux de la Renaissance – le Tigre et l'Euphrate – un billet de banque – la renaissance de la nature – Je rends la monnaie. – une grande armée – les Temps Modernes – l'hôtel de la Monnaie – la Grande Armée – des immeubles modernes – L'électricité s'éteint. – le nez du clown – l'académie de Lyon – la fée Électricité – le cap Gris-Nez – l'Académie française – la rue de la Bourse – le jardin des Tuileries – le festival de Cannes – la bourse ou la vie – un jardin à la française – un festival de musique

**2** ▶ Ma sœur Nathalie passe toutes ses vacances sur la côte sud de la Bretagne. – Myriam téléphone à son amie Marjorie qui vit en Lorraine, près de Nancy. – La rade de Toulon est le port d'attache de la flotte française lorsqu'elle fait escale en Méditerranée. – Le lac de Chambon se trouve au cœur des monts d'Auvergne. – Partirez-vous en vacances pour Noël ou pour la Pentecôte ? – Le camping du village de Castellane est ouvert dès les premiers jours du mois de mai. – Saviez-vous que les Brésiliens ne parlent pas l'espagnol mais le portugais ? – Le professeur Charpak a obtenu le prix Nobel de physique. – À Chinon, Jeanne d'Arc a reconnu le roi Charles VII parmi l'ensemble des nobles réunis ce jour-là.

**3** ▶ La Fronde, guerre civile qui eut lieu sous la minorité de Louis XIV, eut pour cause la politique de Mazarin. L'origine de ce mot est le jeu de la fronde auquel s'amusaient les enfants de cette époque. – Les principaux architectes de la Renaissance sont : Pierre Chambiges, Jean Bullant, Jean Delespine, Pierre Lescot, Philibert Delorme. – Le printemps marque le retour des hirondelles. – Jean Valjean, Javert, Fantine, Cosette, Marius sont les principaux personnages du célèbre roman de Victor Hugo, *Les Misérables*. – Des sans-abri endurent les rigueurs de l'hiver. – Les loups ont fait leur réapparition dans les Alpes de Haute-Provence ; les bergers de Jausiers sont inquiets.

## 6 ▶ Le genre des noms

**1** ▶ Une lunule […]. – […] une moufle […]. – Une clémentine est un agrume […] ? – […] une once […]. – […] un chat noir était un funeste augure. – […] un (une) météorite […]. – […] un effroyable holocauste. – […] une arabesque […]. – Un codicille […]. – […] un méandre […]. – […] une ouïe […]. – […] une stèle […].

**2** ▶ un incendie – un tissu – une cargaison – une fanfare – un individu – une tragédie – une vertu – un diapason – un barbare – une entrevue – un stratège – une tomme – une estafilade – une guitare – une fourrure – un sortilège – un tome – une croisade – un cigare – un (une) faux – un orme – une géode – une peau – une paroi – un taux – un arôme – un épisode – un veau – un renvoi – une guérison – un idiome – un exode – un ciseau – un emploi – un hérisson – une échappatoire – un loto – une forêt – une croix – un cancre

**3** ▶ […] un conseil : prenez un livre ! – […] une livre. – Le page […]. – La rubrique […] au milieu de la page […]. – […] le manche de la pioche. – […] la manche au jeu décisif. – Le maçon a terminé le gros œuvre […]. – *Le Radeau de la Méduse* est une œuvre […]. – Le mode impératif […]. – […] la mode […]. – La poste […]. – […] un poste important […]. – Le navigateur solitaire amène la voile. – La mariée porte un voile […].

## 7 ▶ Le féminin des noms

**1 ▶** **une** correspondante – **une** ourse – **une** voisine – **une** fiancée – **une** brune – **une** châtelaine – **une** étudiante – **une** experte – **une** commerçante – **une** amie – **une** habituée – **une** bourgeoise – **une** marquise – **une** figurante – **une** blonde – **une** camarade – **une** candidate – **une** dévote – **une** concurrente – **une** employée – **une** écolière – **une** bergère – **une** fermière – **une** cuisinière – **une** boulangère – **une** ouvrière – **une** étrangère – **une** infirmière – **une** cavalière – **une** prisonnière

**2 ▶** **une** gardienne – **une** baronne – **une** muette – **une** cadette – **une** sotte – **une** championne – **une** musicienne – **une** lionne – **une** patronne – **une** chienne – **une** pharmacienne – **une** comédienne – **une** espionne – **une** collégienne – **une** mécanicienne – **une** monitrice – **une** électrice – **une** correctrice – **une** voyageuse – **une** éditrice – **une** masseuse – **une** chanteuse – **une** médiatrice – **une** tricheuse – **une** spectatrice

**3 ▶** **une** maîtresse – **une** duchesse – **une** poétesse – **une** tigresse – **une** abbesse – **une** cane – **une** dinde – **une** déesse – **une** compagne – **une** reine – **une** biche – **une** oie – **une** truie – **une** levrette – **une** mule – **une** hase – **une** laie – **une** femme – **une** dame – **une** mère – **une** vache – **une** fille – **une** sœur – **une** nièce – **une** chèvre

**4 ▶** La **trotteuse** […]. – La **dépanneuse** […]. – […] une savoureuse **jardinière** […]. – […] une **médecine** douce […]. – La **mandarine** […]. – […] une **pèlerine**. – […] une **chevalière** […]. – […] une **cafetière** électrique. – […] la **marine** marchande. – […] une excellente **routière**.

## 8 ▶ Le pluriel des noms

**1 ▶** **des** nez – **des** pieux – **des** drapeaux – **des** poireaux – **des** vaisseaux – **des** riz – **des** œufs – **des** chandails – **des** autorails – **des** poitrails – **des** journaux – **des** bocaux – **des** cals – **des** feux – **des** cérémonials – **des** dieux – **des** étangs – **des** essaims – **des** pianos – **des** étaux – **des** merguez – **des** bourgs – **des** peaux – **des** coucous – **des** trains

**2 ▶** **des** tableaux – **des** canaux – **des** quintaux – **des** arceaux – **des** éventails – **des** gâteaux – **des** arsenaux – **des** locaux – **des** fléaux – **des** cailloux – **des** essieux – **des** capitaux – **des** rorquals – **des** vœux – **des** écrous – **des** aveux – **des** gavials – **des** tribunaux – **des** sous – **des** matous – **des** attirails – **des** chenaux – **des** métaux – **des** bisous – **des** poux

**3 ▶** **un** intrus – **un** monsieur – **un** échec – **un** temps – **un** loup – **un** revenu – **un** silex – **un** poids – **un** adieu – **un** remous – **un** relais – **une** paroi – **un** bail – **un** taudis – **un** propos – **un** balai – **un** chamois – **un** matériau – **un** souci – **un** lavabo – **un** secours – **un** adieu – **un** signal – **un** camaïeu – **un** débris

**4 ▶** Dans ces **marécages**, […] des **roseaux** et des **bambous**. – Les **genoux** sont des **articulations** fragiles […] les **sportifs**. – Les **touristes** admirent les **détails** des **vitraux** […]. – Les **festivals** […] attirent de nombreux **mélomanes**. – Les **joyaux** des **souverains** […] sont exposés dans des **coffrets** en verre. – Les **jeux** de **société** […] les **initiatives** […]. – Des **monceaux** de **bouteilles** en **plastique** obstruent les **boyaux** des **égouts**.

## 9 ❯ Le pluriel des noms propres et des noms d'origine étrangère

**1** ▶ Les **Arméniens** […]. – Les frères **Goncourt** […] à deux **Romain Gary** […] **Émile Ajar**. – Les **Zidane(s)** […] de **France**. – […] deux **Cézanne(s)** […]. – Les deux **Allemagnes** […] la chute du mur de **Berlin**. – […] la dynastie des **Bourbons**.

**2** ▶ […] *Les Frères Karamazov* ? – Les premiers titres des **Rougon-Macquart** […]. – Les **Waterman** […]. – […] les **David(s)** de quatrième division […] les **Goliath(s)** de première division. – […] plusieurs **Hercules** sculptés […]. – Les **Cassandre(s)** […] ! – […] les **Italiens** […] au tour des **Flandres**. – Les *Commentaires* de la **Guerre** des **Gaules** […].

**3** ▶ […] les **Inuits** bâtissent des **igloos**. – […] plusieurs **trios** […]. – […] des dizaines d'**Ave** […]. – Les **Mazué** ont passé la soirée […] un plat de **spaghettis**. – […] les **hippys** (**hippies**) manifestaient […]. – Ces **tennismans** (**tennismen**) disputent leurs **matchs** en trois **sets** gagnants.

## 10 ❯ Le pluriel des noms composés

**1** ▶ des amours-propres – des ronds-points – des hauts-fonds – des grandes-duchesses – des chasse-neige – des sans-abri – des fusils-mitrailleurs – des semi-remorques – des choux-fleurs – des lave-vaisselle – des papiers-filtres – des libres-services – des marteaux-piqueurs – des hors-la-loi – des après-ski – des serre-tête – des balais-brosses – des bric-à-brac – des micro-ordinateurs – des gratte-ciel – des wagons-lits – des croque-monsieur – des faux-nez – des casse-croûte – des porte-monnaie – des coffres-forts – des presse-purée

**2** ▶ Les **sourds-muets** […]. – Les **rhino-pharyngites** […] les grandes **cités-dortoirs** […]. – […] les **arcs-boutants** […]. – Les **plates-formes** […]. – […] des **poissons-chats**. – Les **petits-fours** […] ! – […] de **lauriers-roses**. – Un **porte-avions** […]. – […] de véritables **coupe-choux**.

**3** ▶ des chefs-lieux – des courts-circuits – des longues-vues – des sous-marins – des à-coups – des passe-droits – des crocs-en-jambe – des souffre-douleur – des hôtels-restaurants – des monte-en-l'air – des tout-petits – des bateaux-mouches – des non-lieux – des pousse-pousse – des arrière-boutiques – des bouche-trous – des aides-comptables – des chiens-loups

## 11 ❯ Le féminin des adjectifs qualificatifs

**1** ▶ un résultat **exact** / une réponse **exacte** / une somme **exacte** – une nuit **noire** / un pantalon **noir** / une chaussure **noire** – une situation **réelle** / un fait **réel** / une présence **réelle** – une mère **affectueuse** / un animal **affectueux** / une chatte **affectueuse** – une **bonne** blague / une **bonne** claque / un **bon** coin – un **beau** matin / une **belle** journée / une **belle** photo

**2** ▶ une aventure fort **captivante** – une brise du nord souvent **vive** – une scène **spéciale** très **visuelle** – une performance **mondiale** – une soupe **savoureuse** – une démarche **lente** – une mêlée bien **confuse** – une note **confidentielle** – une **fausse** déclaration – une matinée **grise** et **pluvieuse** – une petite ville **lointaine** – une étoffe **unie** et **épaisse**

**3** ▶ […] cette **affreuse** potion **amère** […] ? – […] la note **finale** […]. – Cette émission […] trop **longue** et **ennuyeuse**. – […] une **étrange** perruque **rousse**. – La route **forestière** est **pentue**. – Votre valise est bien **lourde**. – La **nouvelle** comédienne […]. – Cette personne est bien **naïve** […]. – […] une conclusion **hâtive** […] une analyse **concrète** […]. – […] une tumeur **maligne**.

**4** ▶ un propos flatteur / une réputation **flatteuse** – un thème musical / une soirée **musicale** – un battement régulier / une cadence **régulière** – un combat naval / une bataille **navale** – un sol sec / une terre **sèche** – un terrain boueux / une route **boueuse** – un passage fréquent / une relation **fréquente** – un geste fou / une course **folle** – un plat délicieux / une tarte **délicieuse** – un jour nouveau / une journée **nouvelle** – un raisonnement rigoureux / une démonstration **rigoureuse** – un guetteur attentif / une sentinelle **attentive** – un public nombreux / une foule **nombreuse** – un mouvement brutal / une prise **brutale** – un sentier étroit / une ruelle **étroite** – un texte confus / une diction **confuse** – un homme ambitieux / une femme **ambitieuse** – un journal quotidien / une émission **quotidienne** – un tableau évocateur / une photographie **évocatrice** – un gazon ras / une pelouse **rase**

## 12 ▶ Le pluriel des adjectifs qualificatifs

**1** ▶ des torchons **propres** – de **sages** décisions – des avantages **sociaux** – des armoires **anciennes** – des **faux** papiers – des propos **bénins** – des actes **légaux** – des coteaux **provençaux** – des buissons **touffus** – des visages **joviaux**

**2** ▶ des lits **jumeaux** – des comptes **ronds** – des mêlées **confuses** – de **fraîches** soirées – des salades **grecques** – des palais **épiscopaux** – des notes **aiguës** – des combats **navals** – des esprits **jaloux** – des repas **familiaux** – des abris **protecteurs** – des matins **calmes** – des quartiers **centraux** – des amis **loyaux** – des édifices **monumentaux** – des faits **réels** – des gouffres **profonds** – des jardins **privatifs**

**3** ▶ **Seuls** les candidats **inscrits** […]. – Ces statues […] semblent plus **vraies** […]. – […] des gestes aussi **brutaux** sont **indignes** de joueurs **professionnels**. – […] le four et le pressoir **banaux**. – […] les trois accords **finals**. – Les auditeurs **attentifs** ne perdent pas une **seule** des paroles […]. – […] des congés **post-natals**. – Ces raisonnements sont […] **bancals** […]. – Ces chaussées **dangereuses** […] **interdites** aux poids **lourds**.

**4** ▶ des temples **francs-maçons** – des avions **long-courriers** – des députés **sociaux-démocrates** – les **avant-derniers** rangs – des signes **avant-coureurs** – des cuirs **extra-souples** – des paroles **douces-amères** – des prépositions **sous-entendues**

## 13 ▶ Les participes passés employés comme adjectifs qualificatifs

**1** ▶ des casiers **garnis** – une permission **accordée** – la porte **verrouillée** – des couleurs **confondues** – un discours **écrit** – un moteur **réglé** – une veste bien **coupée** – une voiture **lavée** – des branches **brisées** – des chemises **repassées** – de l'argent **épargné** – une issue **entrevue**

**2** ▶ une corvée terminée – des messages **reçus** – des lettres **signées** – un événement **inattendu** – des joues **rougies** – des maisons **restaurées** – des murs **noircis** – des joueurs **qualifiés** – un (des) candidat(s) **admis** – des légumes **bouillis** – des jupes **fendues** – des mots **connus**

# Corrigés des exercices

**3** ▶ Beaucoup de fromages **produits** […] des consommateurs **avertis**. – **Vu** ses convictions […]. – **Passé** certaines températures […]. – […] y **compris** les personnes retardataires. – Les habitants **satisfaits** […]. – […] les villages **détruits**. – […] des saucisses **grillées** […].

**4** ▶ Une casquette à visière de cuir, **rabattue**, cachait […] son visage **brûlé** […]. Sa chemise […], **rattachée** au col […]. Il avait une cravate **tordue**, un pantalon […], **usé** et **râpé**, blanc à un genou, **troué** à l'autre, une vieille blouse […] **rapiécée** […], les pieds sans bas dans des souliers **ferrés**, la tête **tondue** et la barbe longue.

## 14 ) Les adjectifs qualificatifs et les participes passés épithètes ou attributs

**1** ▶ Les messages **enregistrés** […] seront **écoutés** […]. – Des vapeurs **brûlantes** s'échappent des durites **percées** […]. – Les accidents […] sont peu **fréquents**, mais ils sont **catastrophiques**. – Les salaires **mensuels** des femmes sont souvent **inférieurs** […], même si elles possèdent des qualifications **identiques**. – Les pneus **gonflés**, la chaîne **graissée**, le guidon **relevé**, la selle bien **réglée**, ses bidons **remplis**, Laurent entreprend la **longue** ascension […]. – De **douloureuses** insomnies **répétées** rendent les nuits […] **interminables**. –[…] de **multiples** crampons **chevelus**.

**2** ▶ La plage était **pleine** de touristes **heureux** […]. – Après une **courte** halte […], la caravane retrouve le sable **brûlant** […]. – […] un homme **averti** […]. – […] de **somptueux** locaux. – Les **petites** embarcations sont **rentrées** […]. – La boulangerie est **fermée** […] de pain **frais** […]. – Les employés **qualifiés** […] les appareils **ménagers** dans de **grands** cartons.

**3** ▶ La musicienne est **exigeante** (A) […] ; elle reste **concentrée** (A) des heures **entières** (E) […] les morceaux les plus **difficiles** (E). – Les expéditions **spatiales** (E) sont désormais **habituelles** (A) ; les charges **transportées** (E) sont […] **importantes** (A). – […] les langues **étrangères** (E) sont **étudiées** (A) […]. – Une **violente** (E) tempête **inattendue** (E) […] cette région **côtière** (E). – Géraldine est **perdue** (A) […] les ruelles **sombres** (E) et **étroites** (E) de cette ville **moyenâgeuse** (E). – De **téméraires** (E) trapézistes […] des figures **compliquées** (E) […] les spectateurs **émerveillés** (E). – Les figurants **amateurs** (E) sont **attentifs** (A) aux conseils **avisés** (E) […].

## 15 ) L'apposition

**1** ▶ […] **innocentés** par des témoins **dignes** […], les suspects sont […] **relâchés**. – **Rassemblés** […], les supporters, **déchaînés** […]. – **Repus**, les lions […]. – **Providentielles**, les pluies […]. – **Recyclables**, ces produits […]. – Les manifestants, **partisans** d'un cessez-le-feu **immédiat**, […]. – **Douces** et […] **sucrées**, ces pâtisseries […]. – **Placés** […], ces légumes seront […] **disponibles** […] une **petite** faim.

**2** ▶ **Annotées**, **raturées** et même **tachées**, ces copies sont **illisibles**. – **Prêt** […], Damien […] la marine **marchande**. – **Prioritaires** […], ces personnes accèdent aux **premiers** rangs. – **Paradisiaques**, ces îlots […] les **vrais** amateurs d'une nature **préservée** […]. – **Rares**, donc **précieuses**, ces statuettes […] une somme **importante**. – Ces ouvriers, […] **syndiqués**, […].

**3** Encensée [...], cette pièce [...] un **franc** succès. – Les piétons, **semblables** à une colonne de **minuscules** fourmis, [...]. – Ces **jeunes** chiots, **abandonnés** par des maîtres **indignes**, sont [...] **désemparés**. – Acheminées [...], les lettres seront **distribuées** [...]. – Contrariée par des vents **violents**, la montgolfière [...] sa base **habituelle**. – Rancunière, Justine [...].

Cette pièce de théâtre, **encensée** par tous les critiques, connaît un **franc** succès. – **Semblables** à une colonne de **minuscules** fourmis, les piétons s'acheminent [...]. – **Abandonnés** par des maîtres **indignes**, ces **jeunes** chiots sont [...] **désemparés**. – Les lettres, **acheminées** par avion, seront **distribuées** [...]. – La montgolfière, **contrariée** par des vents **violents**, s'éloigne de sa base **habituelle**. – Justine, **rancunière**, ne pardonnera [...].

## 16 Les particularités de l'accord des adjectifs qualificatifs

**1** [...] un chemisier et un pantalon **légers**. – Cette excursion et ce projet de voyage [...] **irréels**. – La chienne et son maître rentrent **malheureux** [...] ; ils sont **bredouilles**. – [...] les idées les plus **folles** [...]. – **Arrosés** [...], la pelouse et le massif de rosiers [...]. – Seulement quelques passagers, **confiants** [...]. – **Joués** [...], la belote et le tarot exigent d'**excellentes** qualités de mémoire.

**2** [...] à moitié **nus**, le torse **avantageux**, [...] les regards **admiratifs** des touristes. – La statue, à **demi voilée** [...] : un **magnifique** buste [...]. – À quatre heures et **demie** [...]. – [...] des **demi-cercles**. – Ces tourterelles sont à **demi mortes** [...]. – [...] deux centimètres et **demi** [...]. – Des dispositifs **semi-automatiques** [...]. – Les canaux **semi-circulaires** [...] un **grand** rôle [...] du corps **humain**.

**3** Pratiqués [...], la marche et le vélo sont **recommandés** aux personnes **âgées**. – [...] toutes les sottises **possibles** et **imaginables**. – [...] tout ce qu'il était **possible** de voir dans cette cité **médiévale**. – [...] du meilleur des mondes **possibles**. – [...] de **possibles** orages [...]. – [...] le moins de mouvements **possible**. – Ces produits **semi-finis** [...]. – [...] treize ans et **demi** [...]. – Il est des plus **indiscret** [...]. – **Persuasifs**, David et Cécilia [...].

## 17 Les adjectifs qualificatifs de couleur

**1** Les grenouilles **vertes** [...] les **hautes** herbes [...]. – [...] sa serviette **châtain foncé** [...]. – Les joues **cramoisies**, [...] une **violente** colère. – Les taureaux sont **excités** [...] des capes **écarlates**. – [...] aux ongles **incarnats** [...] les yeux **étonnés** [...]. – **Déterminés**, les joueurs [...] des regards **fauves** [...]. – Dans les pages **roses** [...] de **nombreuses** locutions **latines** encore **employées** [...].

**2** [...] des flamants **roses**. – [...] ses chaussons **blancs**. – [...] couleur **rose**, [...] les murs **peints** en **vert clair**. – [...] des tenues **bleu horizon**. – La collection de livres **rouge et or** [...]. – [...] des carreaux de faïence **corail** [...] **assortis** à la peinture **abricot** [...]. – [...] des bas couleur **chair**.

**3** [...] les poils **marron** [...]. – [...] la rosette **violette**. – [...] sa moustache **poivre et sel**. – Ces vases **vert-bouteille** [...]. – Ces vestons **anthracite** sont **soldés** car ils sont [...] **passés** [...]. – [...] des guêtres **café au lait**. – [...] des tuniques **pourpres**. – [...] des épis **bleu violet**. – [...] des reflets **nacrés**. – [...] des fruits **jaunes**, **rouges**, **dorés**.

## 18 ) Les adjectifs numéraux

**1** ▶ vingt-trois degrés – quarante-six jours – cinquante-cinq concurrents – soixante-dix-sept ans – cent huit pages – cinq cents euros – mille trois cent soixante-huit numéros

**2** ▶ […] **sept** branches. – […] **cent quatre-vingts** kilos. – […] **quatre-vingt-cinq** euros […]. – **quatre cent cinquante** kilomètres […]. – […] **trois cent vingt** bovins […] **deux cent soixante-dix** hectares […]. – […] **sept cents** litres […]. – […] **quatre-vingt-dix-neuf** ans.

**3** ▶ Il y a une **vingtaine** d'années, […] des **milliers** de travailleurs ; […] quelques **centaines** […]. – […] un **quatre**-mâts, à six **mille** kilomètres […]. – Des **millions** d'insectes […]. – Les **neuvièmes** rencontres […]. – […] les trois **cinquièmes** […]. – […] les **seconds** rôles. – […] aux **troisièmes**.

**4** ▶ […] **quarante-cinq millions cinq cent mille** euros. – […] **quarante mille** bouteilles […]. – […] **trente-cinq** tonnes. – […] les **six mille** mètres. – […] **deux millions quatre cent mille** touristes […]. – […] **cinq cent mille** années-lumière.

## 19 ) Les adjectifs indéfinis

**1** ▶ De **chaque** tribune, de **chaque** rangée […]. – […] **nulle** part […]. – […] il n'y a **aucun** doute […]. – […] **diverses** solutions […]. – […] en **maints** endroits.

**2** ▶ […] **tel** père, **tel** fils, […] **telle** fille […] ? – […] **nul** n'est tenu. – […] **plusieurs** possibilités. – **Nul** n'est prophète […]. – **Aucune** valise […] ? – **Chaque** fois […]. – […] **aucuns** honoraires […].

**3** ▶ **Maintes** (*adj. indéf.*) démarches […] **inutiles** (*adj. qual.*) […] **maintes** (*adj. indéf.*) précisions […]. – […] une **telle** (*adj. qual.*) musique ? – Les bulletins **nuls** (*adj. qual.*) […]. – […] **maints** (*adj. indéf.*) traits de ressemblance. – […] **chaque** (*adj. indéf.*) appartement […]. – **Aucune** (*adj. indéf.*) société […]. – […] **aucuns** (*adj. indéf.*) pourparlers de paix ? – […] **aucunes** (*adj. indéf.*) intempéries.

**4** ▶ **Telles quelles**, ces lignes de pêche, mal **montées**, […]. – […] beaucoup de villas sont **restées telles quelles** […]. – […] je la retrouve **telle qu'elle** a toujours été. – **Telle quelle**, cette œuvre apparaît […]. – **Pas une** seule revue […]. – […] il n'y a rien de **tel** […]. – **Telles quelles**, ces toiles ne peuvent être **vendues** […].

## 20 ) Les accords dans le groupe nominal

**1** ▶ […] **des** tableaux bien éclairés. – Ces figues sont bien trop **sèches** ; elles sont **immangeables**. – De **violents** vents […] balaient les **immenses** plaines. – Les arbres des jardins publics perdent **leurs** feuilles. – Ces photographies, prises […], permettent d'apprécier les **moindres** détails […]. – Avec de **telles** calculatrices, les opérations les plus **compliquées** sont des jeux d'enfants. – Les grues des chantiers voisins soulèvent des charges […] : quelles performances exceptionnelles !

**2** ❯ Les professeurs **à la retraite** […]. – Ce pilote **d'expérience** […] des vols **de nuit**. – Les problèmes **d'aujourd'hui** […] les hommes **du gouvernement**. – Des préparatifs **de guerre** […] à la frontière **de la Chine et de la Russie**. – […] un traitement **contre la toux**. – […] un homme **d'honneur** […].

**3** ❯ Ce sportif a battu un record. – Les randonneurs se réfugient sous un abri. – Le dompteur agite son fouet. – Ce témoin parle avec un accent. – Le ministre réunit ses collaborateurs. – Quelques habitants envisagent un déménagement.

**4** ❯ La hauteur **de ce mât** […]. – Un groupe **de curieux** […] décollage **de la fusée**. – […] une glace **à la vanille** ou un sorbet **au citron** ? – Dans les parcs **de Tanzanie**, […] des rhinocéros **de grande taille**. – Les pièces **de deux euros** […]. – Ce coup **de téléphone** […]. – Plusieurs groupes **d'acteurs** […] la scène **du théâtre des Amandiers**.

## 21 ❭ Les verbes

**1** ❯ renaissent (*renaître*) – ne resserviront pas (*resservir*) – affiche (*afficher*) – adoptent (*adopter*) – se taisent (*se taire*), pénètrent (*pénétrer*) – émet (*émettre*) – vous hissez (*se hisser*), verrez (*voir*) – utilises (*utiliser*) – vient (*venir*)

**2** ❯ Quelque chose nous dit qu'il va se produire […]. – Ton retard nous inquiète ; nous téléphonons […] tu étais […]. – De nombreux scientifiques cherchent à mettre […]. – Le médecin examinera […] avant de rédiger […] deux cachets à avaler […]. – […] Yannick mit la table sans protester.

**3** ❯ utilisait (*utiliser*, 1er g.) – entrent (*entrer*, 1er g.), obstruent (*obstruer*, 1er g.) – fragilisent (*fragiliser*, 1er g.), menace (*menacer*, 1er g.) – n'apercevons plus (*apercevoir*, 3e g.), a disparu (*disparaître*, 3e g.) – exige (*exiger*, 1er g.) – invitera (*inviter*, 1er g.) – sors (*sortir*, 3e g.)

**4** ❯ Le facteur **distribue** […]. – Nous **vérifions** […]. – Le gendarme **arrête** […]. – Je **remplace** […]. – Vous **payez** […]. – Je ne **skie** jamais […]. – Les coureurs attardés **pédalent** […].

## 22 ❭ L'accord du verbe

**1** ❯ **Les chirurgiens** opèrent […]. – **Le bruit** couvre […]. – **L'odeur** allèche […]. – **Les cloches** sonnent […]. – **La caissière** rend […]. – **Les témoins** se succèdent […]. – **Les feuilles** jaunissent […]. – **L'expert** garantit […]. – **Les daltoniens** confondent […]. – **Le pont** relie […]. – **La navette** permet […].

**2** ❯ Nous écoutons […] ; l'une d'elles nous **plaît** […]. – Les avions de chasse décollent […]. – Se chauffer au bois s'avère […]. – La tour du Bois du Verne compte […] ; celle des Églantines n'**abrite** […]. – Les issues de secours **facilitent** […]. – Les émanations de gaz toxiques indisposent […].

**3** ❯ […] la mienne **reste** […]. – Qui **dévale** […] ? Ce ne **peut** être […]. – Ce cerf-volant **présente** […] celui-là **fait** […]. – Cet agriculteur **cultive** […] il les **vend** […]. – Quiconque […] ne **voit** plus […].

**4** ▶ Que l'autoroute soit bloquée n'**empêche** [...]. – Qui **sonne** [...] ? – Les poids lourds de cette entreprise **empruntent** [...]. – Qu'Olivier adore les bandes dessinées ne me **surprend** pas [...]. – Ces pictogrammes **ressemblent** [...] ; je me **demande** qui **peut** [...]. – Parcourir à pied le désert du Sahara **exige** [...]. – Cet historien, spécialiste des relations internationales, **publie** [...].

## 23 ▶ Le sujet *tu* – le sujet *on* – le sujet *qui*

**1** ▶ Tu **laces** (laceras, laçais, laças) tes chaussures à crampons. – Tu **jettes** (jetteras, jetais, jetas) du pain aux canards. – Tu **suis** (suivras, suivais, suivis) les instructions à la lettre. – Tu **manifestes** (manifesteras, manifestais, manifestas) des craintes. – Tu **fermes** (fermeras, fermais, fermas) le portail. – Tu **veux** (voudras, voulais, voulus) te reposer. – Tu **déchiffres** (déchiffreras, déchiffrais, déchiffras) ces manuscrits. – Tu **maudis** (maudiras, maudissais, maudis) le sort contraire.

**2** ▶ Brice, tu lui **reproches** [...] tu **as** raison. – [...] Leïla **fait** preuve [...], tu l'encourages [...]. – Cette région **peut** paraître [...] à ceux qui ne la **connaissent** pas. – M. London **éprouve** [...] qui l'**ont** sauvé [...]. – Les clients qui ne **souhaitent** pas [...] ne **doivent** pas [...]. – On ne **doit** pas [...], elle **est** trop fragile et on ne **sait** jamais ce qui **peut** arriver.

**3** ▶ [...] le téléphone **sonnera**, tu **répondras** [...]. – Est-ce votre frère qui vous **accompagnera** ? – [...] on **trouvera** [...]. – On ne **verra** pas la mer, mais on l'**entendra**. – Tu me **diras** quand tu **seras** prêt [...]. – Tu nous **conduiras** [...] nous **découvrirons** [...]. – [...] on **enfilera** [...].

**4** ▶ Lui qui **résout** [...], **reste** [...]. – Joachim s'**abonne** [...] qui **paraît** [...]. – [...] ceux qui **jouent** [...]. – Les réfugiés [...] **portent** des haillons qui ne les **protègent** [...]. – [...] on **questionne** [...]. – [...] on **recherche** [...].

## 24 ▶ L'accord du verbe : cas particuliers (1)

**1** ▶ [...] s'**alignent** des centaines de visiteurs. – Les feuilles [...] que **traitent** les agents [...] **permettent** [...]. – Personne ne **sait** ce que **pensent** les téléspectateurs de l'émission [...] qu'ils **regardent** [...]. – Les olives que **broie** la meule [...] **proviennent** [...]. – Les papiers que **présente** cet escroc **sont** [...]. – [...] s'**élève** un brouhaha qui **nuit** [...]. – Où **vais**-je [...] ? – Que **deviennent** les marais où **nichent** les hérons ? – **Attendez**-vous [...] ?

**2** ▶ Le chantier **est** [...] s'**affairent** les maçons [...]. – On **entend** [...] le murmure des vagues que **couvrent** [...] les cris des mouettes. – Beaucoup de gens **parlent** [...], mais peu **sont** [...]. – [...] **trônent** les portraits [...]. – D'où **viennent** ces mangues ? – On **rénove** [...] où **vivent** Vivian et Dorothée. – Il **flotte** [...]. – L'ensemble des employés s'**habitue(nt)** [...]. – Pourquoi **secoues**-tu [...] ? – Il **stationne** [...].

**3** ▶ Un certain nombre [...] ne **satisfont** pas [...] ils **sont** [...]. – Trop de réclamations **affluent** [...] quelque chose ne **fonctionne** pas [...]. – Je ne **sais** pas ce que me **rappellent** les odeurs [...]. – Le supermarché, où s'**attardent** les derniers clients, **ferme**

[…]. – La majorité des voitures **est** (**sont**) équipée(s) […]. – La multitude d'étoiles que **découvre** le navigateur **constitue(nt)** […]. – Une cinquantaine de mécaniciens **compose(nt)** […].

## 25 L'accord du verbe : cas particuliers (2)

**1** ▶ Rien ne **vaut** la douceur que **procurent** des vacances […]. – Sortir un plat du congélateur et le placer dans le four micro-ondes ne **prend** que […]. – Le nickel, aussi bien que le cuivre, **procurent** […]. – Le Loto, aussi bien que le Keno, **voient** […]. – L'Espagne, comme la France, **acceptent** […]. – C'**est** pour ses enfants que M. Carret **installe** […]. – […] rien ne me **surprend** de ta part.

**2** ▶ Tes amis et toi **faites** une pause […]. – Florian et Émilie **portent** […] que **tricote** leur tante. – Ces champignons **sont** appétissants […] personne n'**ose** les manger. – […] comme **disent** les anciens. – L'autoroute et la nationale **contournent** […] plus d'un habitant **apprécie** le calme. – La beauté des paysages et la douceur du climat **attirent** […]. – Les habitants de cet immeuble **proposent** […]. – […] la place et l'esplanade **se vident**. – Il **reste** moins de deux personnes qui **connaissent** […]. – Le chêne, pas plus que le hêtre, ne **conserve** […].

**3** ▶ Vous et moi **serons** […] : ces rideaux bleus ne **s'harmoniseront** […]. – Le regard de Mohamed et le son de sa voix **trahiront** […]. – Moins de deux minutes **suffiront** […]. – Un appel, un geste, un simple hochement de tête, rien ne **distraira** […]. – Morgane et moi **participerons** […]. – L'Australie et la Nouvelle-Zélande **disputeront** […]. – Un morceau de pain et un fruit **calmeront** […]. – La paix et non la guerre **règnera** […] et l'ensemble des nations **cohabitera(ont)** […]. – Mme et M. Raynaud **réaliseront** […].

## 26 Les pronoms personnels compléments

**1** ▶ Présent de l'indicatif : Les cartes, je les **distribue**. – La pizza, on te la **prépare**. – Nous leur **envoyons** un SMS. – Ton canari, tu le **soignes**. – Les comptes, le caissier les **présente**. – M. Colin, vous le **remplacez**. – Les coupables, la police les **identifie**. – La boussole leur **indique** le nord. – La sueur leur **colle** au front. – Ce dessin animé, les enfants l'**adorent**. Imparfait de l'indicatif : Les cartes, je les **distribuais**. – La pizza, on te la **préparait**. – Nous leur **envoyions** un SMS. – Ton canari, tu le **soignais**. – Les comptes, le caissier les **présentait**. – M. Colin, vous le **remplaciez**. – Les coupables, la police les **identifiait**. – La boussole leur **indiquait** le nord.

**2** ▶ Les noix, Boris les **casse** […]. – Les lions **se jettent** […] **dévorent**. – […] les contribuables **paient** […], le percepteur leur **délivre** […]. – Les opérateurs ne **savent** plus […] tout le monde leur **demande** […]. – Ces jeunes mariés **veulent** […] ; le banquier leur **fixe** […]. – […] personne ne les **lit** […].

**3** ▶ Non, ils ne le sont pas. – Non, je ne leur ai pas donné à manger. – Non, il ne l'est pas. – Non, ils ne le sont pas. – Non, elle ne les attire pas. – Non, ils ne les démontent pas. – Non, il ne l'a pas rempli. – Non, il ne la leur montre pas. – Non, elle ne l'est pas.

**4** ▶ […] les musiciens **apparaissent**, le public les **applaudit**. – Le représentant **enregistre** les commandes […] il les **transmet** […]. – Les compagnies pétrolières souhaitent […] le bureau de géologie leur **conseille** […]. – Comme tes amis **partent** […], tu les **accompagnes**. – Les naïfs **croient** […] ils se **trompent** ? – La réforme […], les joueurs la **réclament** […].

## 27 Nom ou verbe ?

**1** ▶ le thon – **il** tond – **le** père – **la** paire – **il/elle** perd – **il** gèle – **le** gel – **le** salut – **tu** salues – **je (il/elle)** salue – **la** fin – **la** faim – **il** feint – **des** envois – **j'(il/elle)** envoie – **un** appel – **j'(il/elle)** appelle – **je (tu)** veux – **des** vœux – **le** vœu – **le** coût – **il/elle** coud – **le** cou – **ils/elles** signalent – **le** signal – **des** tris – **je (il/elle)** trie – **le** tri – **tu** pleures – **des** pleurs

**2** ▶ […] un **ciré** […]. / Pour **cirer** […]. – […] de **cuir**. / Ce rôti doit **cuire** […]. – Il a **noyé** […]. / […] un **noyer**. – Pour **pallier** […]. / […] sur le **palier**.

**3** ▶ […] le demi de mêlée marque un **essai** […]. – […] le **défi** est de taille. – Le chasseur […] visa le **cygne** […] ! – […] les chopes en **étain**. – […] tous les agriculteurs se rendaient au **bourg**. – […] un vrai **crack** ! – […] menacé par les **boues** rouges. – […] des **jouets** en bois.

**4** ▶ […] tu **vaincs** (*vaincre*) ton appréhension […]. – […] le sourcier **forait** (*forer*) le sol. – […] les jambes […] **flageolaient** (*flageoler*). – M. Rivet **souffre** (*souffrir*) […]. – […] le patron du chalutier **cornait** (*corner*) […]. – […] Priscilla **prit** (*prendre*) […]. – […] Virginie **plaît** (*plaire*) […]. – […] seule Sylvie se **tait** (*taire*). – Les petits ruisseaux **font** (*faire*) […].

## 28 Le participe passé employé avec l'auxiliaire *être*

**1** ▶ […] ces personnalités seront **admises** […]. – La neige est **tombée** […] les véhicules qui sont **équipés** […], les autres seront **obligés** […]. – Les citernes ont été **vidées** afin d'être **nettoyées**. – La galette était **réussie** et elle a été **appréciée** […] c'est Tiphaine qui est **tombée** […] elle a été **couronnée** […].

**2** ▶ **Présent :** Je suis interrogé(e) sur mon emploi du temps, tu es interrogé(e) sur ton emploi du temps, il/elle est interrogé(e) sur son emploi du temps, nous sommes interrogé(e)s sur notre emploi du temps, vous êtes interrogé(e)s sur votre emploi du temps, ils/elles sont interrogé(e)s sur leur emploi du temps. – Je suis découragé(e) par le sort contraire, tu es découragé(e), il/elle est découragé(e), nous sommes découragé(e)s, vous êtes découragé(e)s, ils/elles sont découragé(e)s. – Je suis débordé(e) par le travail, tu es débordé(e), il/elle est débordé(e), nous sommes débordé(e)s, vous êtes débordé(e)s, ils/elles sont débordé(e)s. – Je suis saisi(e) d'effroi à la vue d'une araignée, tu es saisi(e), il/elle est saisi(e), nous sommes saisi(e)s, vous êtes saisi(e)s, ils/elles sont saisi(e)s. – Je suis cloué(e) au lit par la fièvre, tu es cloué(e), il/elle est cloué(e), nous sommes cloué(e)s, vous êtes cloué(e)s, ils/elles sont cloué(e)s. – Je suis contrarié(e) par le mauvais temps, tu es contrarié(e), il/elle est contrarié(e), nous sommes contrarié(e)s, vous êtes contrarié(e)s, ils/elles sont contrarié(e)s. – Je suis dénué(e) du moindre euro, tu es dénué(e), il/elle est dénué(e), nous sommes dénué(e)s, vous êtes dénué(e)s, ils/elles sont dénué(e)s. – Je suis froissé(e) par les critiques, tu es froissé(e), il/elle est froissé(e), nous sommes froissé(e)s, vous êtes froissé(e)s, ils/elles sont froissé(e)s.

**Passé composé :** J'ai été interrogé(e) sur mon emploi du temps, tu as été interrogé(e)

sur ton emploi du temps, il/elle a été interrogé(e) sur son emploi du temps, nous avons été interrogé(e)s sur notre emploi du temps, vous avez été interrogé(e)s sur votre emploi du temps, ils/elles ont été interrogé(e)s sur leur emploi du temps. – J'ai été découragé(e) par le sort contraire, tu as été découragé(e), il/elle a été découragé(e), nous avons été découragé(e)s, vous avez été découragé(e)s, ils/elles ont été découragé(e)s. – J'ai été débordé(e) par le travail, tu as été débordé(e), il/elle a été débordé(e), nous avons été débordé(e)s, vous avez été débordé(e)s, ils/elles ont été débordé(e)s. – J'ai été saisi(e) d'effroi à la vue d'une araignée, tu as été saisi(e), il/elle a été saisi(e), nous avons été saisi(e)s, vous avez été saisi(e)s, ils/elles ont été saisi(e)s. – J'ai été cloué(e) au lit par la fièvre, tu as été cloué(e), il/elle a été cloué(e), nous avons été cloué(e)s, vous avez été cloué(e)s, ils/elles ont été cloué(e)s. – J'ai été contrarié(e) par le mauvais temps, tu as été contrarié(e), il/elle a été contrarié(e), nous avons été contrarié(e)s, vous avez été contrarié(e)s, ils/elles ont été contrarié(e)s. – J'ai été dénué(e) du moindre euro, tu as été dénué(e), il/elle a été dénué(e), nous avons été dénué(e)s, vous avez été dénué(e)s, ils/elles ont été dénué(e)s. – J'ai été froissé(e) par les critiques, tu as été froissé(e), il/elle a été froissé(e), nous avons été froissé(e)s, vous avez été froissé(e)s, ils/elles ont été froissé(e)s.

**3** ▸ Nous serons **attendu(e)s** […]. – Les arbres étaient **dépouillés**, les rivières étaient **gelées**, la terre était **durcie** […]. – […] les passants sont **pressés** […]. – Que sont **devenues** les voitures […] ? – Ces enveloppes seront **décachetées** […]. – […] ils furent **soulevés**, **entraînés**, puis **roulés** […].

**4** ▸ Ces jeunes lecteurs sont **captivés** […] ils sont **transportés** […]. – Cette revue est **tirée** […] elle est très **attendue**. – Les affiches […] sont **placardées** […]. – […] la télévision est **arrivée** […]. – […] une grande actrice est **née**.

## 29) Identifier le complément d'objet direct

**1** ▸ COD : des réactions aussi spontanées – la vallée de l'Ariège – celui-ci – une excellente mémoire – le flacon – que les horaires s'affichent – que (mis pour *mont Blanc*)

**2** ▸ les enfants – les conducteurs – ce texte – une tranchée – le malade – le parcours – la leçon – les légumes – les pentes – les déchets – les immeubles

**3** ▸ COD : tes outils (*nom*) / que tu fasses de la place (*subordonnée*) / de la place (*gr. nominal*) – combien l'esprit de cet enfant était éveillé (*subordonnée*) – remarcher (*infinitif*) – une longue lettre (*gr. nominal*) – que vous me rapportiez un perroquet d'Amérique du Sud (*subordonnée*) – un laboratoire d'observation (*gr. nominal*) – ce terrain (*nom*) / les vipères (*nom*) – tes clés (*nom*) / les (*pro. pers.*)

**4** ▸ Il touche **son salaire**. – Il a regardé **un film**. – Je réussis **mon permis**. – Elle change **les piles**. – Le conducteur ralentit **l'usure de son véhicule**. – Tu comprends **l'anglais**. – Le satellite émet **des signaux**. – Ces joueurs de loto perdent **beaucoup d'argent**. – Les mésanges pondent **des œufs**.

## 30) Identifier le complément d'objet indirect

**1** ▸ COI : d'affaires – des événements heureux de son existence – de la mouche – à toute la communauté scientifique – à ceux qui n'y ont pas encore renoncé – au SMS qu'elle reçoit – de compétitions – de sa mission / à ses supérieurs

**2** ▶ à ses admirateurs – aux héritiers – à ses élèves – aux malades – à son voyage – à son banquier – du bruit – à la pluie

**3** ▶ COI : de leurs problèmes (*gr. nominal*) – à un chantier d'une ampleur exceptionnelle (*gr. nominal*) – que vous la répariez (*subordonnée*) – à tous (*pro. indéf.*) – de consulter les panneaux d'offres d'emploi (*infinitif*) – de son déménagement (*gr. nominal*)

**4** ▶ Galilée a prouvé <u>à ses détracteurs</u> | qu'il avait raison de prétendre que la Terre est ronde. | – Maeva envoie | un chèque | <u>à une association</u>. – L'avant-centre passe | le ballon | <u>à son ailier</u>. – Pour son anniversaire, ses amies ont offert | un sac à main | <u>à Mme Tardy</u>. – Pour traverser, les enfants donnent | la main | <u>à leurs parents</u>.

## 31 ) Le participe passé employé avec l'auxiliaire *avoir*

**1** ▶ Les boucles d'oreilles que vous m'avez **offertes** […]. – L'assurance que Clément a **souscrite** […]. – […] la date tu l'as bien **inscrite** […]. – La sonde spatiale a **émis** des signaux […] que la base […] a **captés**. – Nathalie a **commis** […] et a **renversé** […]. – Leur réputation, ces maîtres verriers l'ont **assise** […]. – Cette toile monumentale, Picasso l'a **peinte** […]. – La récompense que tu m'avais **promise**, je l'ai **attendue** […] je n'ai pas été **déçu(e)**. – Combien de paniers […] avons-nous **cueillis** ?

**2** ▶ J'ai acheté des CD et je les ai écoutés, tu as acheté […] et tu les as écoutés, il/elle a acheté […] et il/elle les a écoutés, nous avons acheté […] et nous les avons écoutés, vous avez acheté […] et vous les avez écoutés, ils/elles ont acheté […] et ils/elles les ont écoutés. – J'ai planté des géraniums et je les ai arrosés, tu as planté […] et tu les as arrosés, il/elle a planté […] et il/elle les a arrosés, nous avons planté […] et nous les avons arrosés, vous avez planté […] et vous les avez arrosés, ils/elles ont planté […] et ils/elles les ont arrosés. – J'ai préparé une infusion et je l'ai bue, tu as préparé […] et tu l'as bue, il/elle a préparé […] et il/elle l'a bue, nous avons préparé […] et nous l'avons bue, vous avez préparé […] et vous l'avez bue, ils/elles ont préparé […] et ils/elles l'ont bue. – J'ai perçu des bruits et je les ai identifiés, tu as perçu […] et tu les as identifiés, il/elle a perçu […] et il/elle les a identifiés, nous avons perçu […] et nous les avons identifiés, vous avez perçu […] et vous les avez identifiés, ils/elles ont perçu […] et ils/elles les ont identifiés. – J'ai lutté contre les courants et je leur ai résisté, tu as lutté […] tu leur as résisté, il/elle a lutté […] et il/elle leur a résisté, nous avons lutté […] et nous leur avons résisté, vous avez lutté […] et vous leur avez résisté, ils/elles ont lutté […] et ils/elles leur ont résisté. – J'ai retiré les piles et je les ai remplacées, tu as retiré […] et tu les as remplacées, il/elle a retiré […] et il/elle les a remplacées, nous avons retiré […] et nous les avons remplacées, vous avez retiré […] et vous les avez remplacées, ils/elles ont retiré … et ils/elles les ont remplacées. – J'ai revu ses cousins et je leur ai parlé, tu as revu […] tu leur as parlé, il/elle a revu […] et il/elle leur a parlé, nous avons revu […] et nous leur avons parlé, vous avez revu […] et vous leur avez parlé, ils/elles ont revu […] et ils/elles leur ont parlé. – J'ai sellé la jument et je l'ai montée, tu as sellé […] et tu l'as montée, il/elle a sellé […] et il/elle l'a montée, nous avons sellé […] et nous l'avons montée, vous avez sellé […] et vous l'avez montée, ils/elles ont sellé […] et ils/elles l'ont montée.

**3** ▶ Les personnes que vous avez [...] **vexées** ne vous l'ont jamais **pardonné**. – Une ritournelle est **revenue** [...] ; elle lui a **rappelé** [...]. – Lorsque Mme Rossi a **pris** sa retraite, elle a **regagné** [...]. – Vous n'avez jamais **douté** [...]. – [...] Marco Polo a-t-il **sillonné** les routes [...] ? – [...] les documents que nous t'avions **prêtés**. – La moto qu'a **réparée** le mécanicien [...]. – Cette nouvelle t'a **rassuré(e)** et elle t'a **apporté** [...]. – Pauline a **suivi** [...] il n'y a pas **eu** [...] tout a bien **fonctionné**. – Les livres [...] les as-tu tous **lus** ? – Quelle trajectoire la fusée a-t-elle **prise** ? – Combien d'années [...] a-t-elle **duré** ?

## 32 ▶ Le participe passé suivi d'un infinitif

**1** ▶ Les enfants [...], je les ai **vus** grandir [...]. – [...] la lessive je te l'ai **laissé** faire. – [...] la personne qu'il avait **sentie** s'approcher [...]. – Ses cartes [...], M. Pisani les a **fait** imprimer [...]. – La pièce détachée, le magasinier l'a **fait** envoyer [...]. – [...] il les a **laissé(s)** savourer leur victoire.

**2** ▶ La vaisselle que le plongeur a **laissé(e)** sécher [...]. – [...] des patients qu'il a **envoyés** consulter [...]. – Cette chanson que tu as **entendu** chanter [...]. – [...] je les ai **regardés** courir [...]. – Les véhicules prioritaires que les gendarmes ont **laissé(s)** circuler [...]. – [...] pourquoi le dompteur les a-t-il **laissé(s)** rugir ?

**3** ▶ [...] nous les avons **vus** trépigner [...] leurs parents n'ont pas **cédé**. – [...] je l'ai **laissé** faire. – [...] Victoria ne les a pas **vues** passer. – La fusée que chacun a **vue** décoller [...]. – La date [...] est **dépassée**, Omar n'a pas **osé** [...].

**4** ▶ Les pigeons **réunis** [...], vous les avez **entendus** roucouler. – [...] le bûcheron les a **vus** mourir [...]. – La personne que Thierry avait **cru** reconnaître [...]. – Cette issue, je l'ai **sentie** venir lorsque j'ai **compris** [...]. – Ces tapis qu'on m'a **dit** venir [...].

## 33 ▶ Le participe passé précédé de *en* et particularités

**1** ▶ Les enfants ont **cueilli** des lilas [...] les brassées qu'ils en ont **rapportées**, ils les ont **mises** [...]. Toute la maison en a été **embellie** et **parfumée**. – [...] il en a **reçu** pour son anniversaire. – [...] j'en ai **acheté** une pleine boîte. – [...] ces raisons, la secrétaire les a **examinées** et **pesées** [...]. – Les trente minutes que Mathilde a **couru** l'ont **essoufflée**. – [...] Ghislaine en a **lu** des dizaines. – La tempête qu'il y a **eu** a **empêché** [...].

**2** ▶ [...] Mme Davy est **allée** visiter la Pologne, la description qu'elle en a **faite** à ses neveux les a **ravis**. – M. Monet a **rendu** [...]. Ceux-ci ne lui en ont jamais **rendu**. – [...] tu en as déjà **rempli** [...]. – [...] je n'en ai jamais **rencontré**. – M. Bouquin **a ramassé** des chanterelles et il en a **préparé** [...]. – [...] Apolline les eût **préférés** [...]. – Le peu de mots que l'homme a **prononcé** n'a pas **permis** [...]. – Je ne connais pas les pays que vous avez **visités**.

**3** ▶ La température qu'il a **fait** [...], **a fatigué** [...]. – Les dangers que ces cascadeurs **ont courus** [...]. – La première mêlée, le pilier [...] l'a **vécue** [...]. – Pendant les quatre-vingts jours qu'a **duré** le voyage [...], le gaz [...] **a continué** à brûler. – La gloire que son courage lui **a value a permis** [...].

## 34 Le participe passé des verbes pronominaux

**1** ▶ Je me suis lavé les mains, tu t'es lavé les mains, il/elle s'est lavé les mains, nous nous sommes lavé les mains, vous vous êtes lavé les mains, ils/elles se sont lavé les mains. – Je me suis lavé(e) soigneusement, tu t'es lavé(e), il/elle s'est lavé(e), nous nous sommes lavé(e)s, vous vous êtes lavé(e)s, ils/elles se sont lavé(e)s. – Je me suis réservé(e) pour la fin, tu t'es réservé(e) pour la fin, il/elle s'est réservé(e), nous nous sommes réservé(e)s, vous vous êtes réservé(e)s, ils/elles se sont réservé(e)s. – Je me suis réservé un moment de repos, tu t'es réservé un moment de repos, il/elle s'est réservé un moment de repos, nous nous sommes réservé un moment de repos, vous vous êtes réservé un moment de repos, ils/elles se sont réservé un moment de repos. – Je me suis allongé(e) au soleil, tu t'es allongé(e), il/elle s'est allongé(e), nous nous sommes allongé(e)s, vous vous êtes allongé(e)s, ils/elles se sont allongé(e)s. – Je me suis servi une tranche de viande, tu t'es servi une tranche de viande, il/elle s'est servi une tranche de viande, nous nous sommes servi une tranche de viande, vous vous êtes servi une tranche de viande, ils/elles se sont servi une tranche de viande. – Je me suis servi(e) pour la seconde fois, tu t'es servi(e), il/elle s'est servi(e), nous nous sommes servi(e)s, vous vous êtes servi(e)s, ils/elles se sont servi(e)s. – Je me suis retiré une épine du pied, tu t'es retiré une épine du pied, il/elle s'est retiré une épine du pied, nous nous sommes retiré une épine du pied, vous vous êtes retiré une épine du pied, ils/elles se sont retiré une épine du pied. – Je me suis retiré(e) sur la pointe des pieds, tu t'es retiré(e), il/elle s'est retiré(e), nous nous sommes retiré(e)s, vous vous êtes retiré(e)s, ils/elles se sont retiré(e)s. – Je me suis nourri(e) de fruits, tu t'es nourri(e), il/elle s'est nourri(e), nous nous sommes nourri(e)s, vous vous êtes nourri(e)s, ils/elles se sont nourri(e)s.

**2** ▶ […] les papillons se sont **brûlé** les ailes. – Les locataires se sont **donné** beaucoup de mal […]. – Regardez les mains que le pompier s'est **brûlées** […]. – Les randonneurs se sont **cherché** un abri […]. – Les faux papiers que l'espion s'est **fabriqués** sont […] **imités**. – Mme Dupont s'est **assurée** […]. – Les volleyeuses […] se sont **assuré** une […] avance […]. – Nous nous sommes **plu** à admirer […]. – […] l'image s'est **brouillée**. – La hyène s'est **acharnée** […]. – […] les comédiennes se sont **maquillé** le visage. – La panthère s'est **laissé** capturer […].

**3** ▶ L'avocat et son client se sont **donné** rendez-vous […]. – La Joconde, Adrien se l'était **imaginée** […]. – Lorsque Marianne et Doris se sont **rencontrées**, elles se sont **souri**. – Les professeurs se sont **déclarés enchantés** […]. – Ces jeunes filles se sont **promis** […]. – Les cueilleurs de fruits se sont **fait** payer […]. – Les parachutistes se sont **assurés** […]. – Sa retraite, M. Combe se l'est **constituée** […]. – **Frappés** par une mystérieuse maladie, ces hommes se sont **affaiblis** […]. – La crème dont tu t'es **enduit** […].

## 35 Formes verbales en *-é, -er* ou *-ez*

**1** ▶ L'autobus **coincé** […] a de la peine à **avancer**. – M. Cormier est très **honoré**, car on vient de lui **attribuer** […]. – Ce cascadeur a **risqué** […]. – Tu as **décacheté** l'enveloppe pour **constater** […] ! – […] les pirates ont **écumé** les mers afin d'**aborder** les navires […] et les **piller**. – Ce rideau est **démodé** ; il faut le **changer**. – Comment canaliser un tel flot […] ? – La bâche est **déroulée** pour **protéger** […]. – La France doit **importer** […] tous les véhicules puissent **rouler** et que les logements soient **chauffés**. – Vous **encollez** […] vous **posez** […]. – Pour **manger** un yaourt, il faut **utiliser** […]. – Les coureurs **dopés** […]. – Les visiteurs sont **fascinés** […]. – Rien ne sert de **critiquer**, il faut **proposer** […].

**2** ▶ Morgane ne veut rien **décider** […]. – L'ouragan a **provoqué** […]. – Pour **fabriquer** un violon […]. – Pour **effectuer** un saut parfait […]. – […] elle doit **peser** […]. – Lucas a **rédigé** […].

**3** ▶ […] un espace **neutralisé**. – Pour **photographier** ce paysage […]. – […] une musique **rythmée**. – Tu décides d'**acheter** […]. – […] seront **valorisés**. – […] à **mémoriser**.

## 36 Participe passé ou verbe conjugué ?

**1** ▶ **Présent** : Je franchis le gué, tu franchis, il/elle franchit, nous franchissons, vous franchissez, ils/elles franchissent. – Je sors sous la pluie, tu sors, il/elle sort, nous sortons, vous sortez, ils/elles sortent. – Je plais à chacun, tu plais, elle plaît, nous plaisons, vous plaisez, ils/elles plaisent. – Je dors comme un loir, tu dors, il/elle dort, nous dormons, vous dormez, ils/elles dorment. – Je vis un rêve, tu vis, il/elle vit, nous vivons, vous vivez, ils/elles vivent. – Je sers à boire, tu sers, il/elle sert, nous servons, vous servez, ils/elles servent. – Je rougis de honte, tu rougis, il/elle rougit, nous rougissons, vous rougissez, ils/elles rougissent. – J'apprends l'arabe, tu apprends, il/elle apprend, nous apprenons, vous apprenez, ils/elles apprennent. – J'interviens à temps, tu interviens, il/elle intervient, nous intervenons, vous intervenez, ils/elles interviennent.

**Passé simple** : Je franchis le gué, tu franchis, il/elle franchit, nous franchîmes, vous franchîtes, ils/elles franchirent. – Je sortis sous la pluie, tu sortis, il/elle sortit, nous sortîmes, vous sortîtes, ils/elles sortirent. – Je plus à chacun, tu plus, il/elle plut, nous plûmes, vous plûtes, ils/elles plurent. – Je dormis comme un loir, tu dormis, il/elle dormit, nous dormîmes, vous dormîtes, ils/elles dormirent. – Je vécus un rêve, tu vécus, il/elle vécut, nous vécûmes, vous vécûtes, ils/elles vécurent. – Je servis à boire, tu servis, il/elle servit, nous servîmes, vous servîtes, ils/elles servirent. – Je rougis de honte, tu rougis, il/elle rougit, nous rougîmes, vous rougîtes, ils/elles rougirent. – J'appris l'arabe, tu appris, il/elle apprit, nous apprîmes, vous apprîtes, ils/elles apprirent. – J'intervins à temps, tu intervins, il/elle intervint, nous intervînmes, vous intervîntes, ils/elles intervinrent.

**Passé composé** : J'ai franchi le gué, tu as franchi, il/elle a franchi, nous avons franchi, vous avez franchi, ils/elles ont franchi. – Je suis sorti(e) sous la pluie, tu es sorti(e), il/elle est sorti(e), nous sommes sorti(e)s, vous êtes sorti(e)s, ils/elles sont sorti(e)s. – J'ai plu à chacun, tu as plu, il/elle a plu, nous avons plu, vous avez plu, ils/elles ont plu. – J'ai dormi comme un loir, tu as dormi, il/elle a dormi, nous avons dormi, vous avez dormi, ils/elles ont dormi. – J'ai vécu un rêve, tu as vécu, il/elle a vécu, nous avons vécu, vous avez vécu, ils/elles ont vécu. – J'ai servi à boire, tu as servi, il/elle a servi, nous avons servi, vous avez servi, ils/elles ont servi. – J'ai rougi de honte, tu as rougi, il/elle a rougi, nous avons rougi, vous avez rougi, ils/elles ont rougi. – J'ai appris l'arabe, tu as appris, il/elle a appris, nous avons appris, vous avez appris, ils/elles ont appris. – Je suis intervenu(e) à temps, tu es intervenu(e), il/elle est intervenu(e), nous sommes intervenu(e)s, vous êtes intervenu(e)s, ils/elles sont intervenu(e)s.

**2** ▶ Ferdinand **réagit** [...] ; il **a** tort. – Le maçon **bâtit** [...]. – [...] cet animal qui **glapit** ? – Une épidémie [...] **sévit** [...]. – [...] le lion **rugit** [...]. – Je **rejoins** [...]. – Tu **noircis** [...]. – Il y **a** [...] l'avion **atterrit** [...]. – Le témoin **décrit** [...]. – La gendarmerie **interdit** [...]. – Willy **traduit** [...]. – [...] je **garnis** [...]. – [...] tu **vis** [...].

**3** ▶ Le hall d'exposition [...] **s'agrandit** (*s'agrandissait*) [...]. – [...] l'acrobate **rebondit** (*rebondissait*) [...]. – Ce terrain, **conquis** sur la mer [...]. – Ophélie **nourrit** (*nourrissait*) [...]. – Un bien mal **acquis** [...]. – L'augmentation de salaire **promise** [...]. – Le message, **transmis** [...], **parvient** (*parvenait*) [...]. – [...] j'en **ris** (*riais*) [...]. – Cette mauvaise nouvelle **refroidit** (*refroidissait*) [...]. – Tu as **lu** la question [...] tu as **su** [...].

## 37 ) Est – es – et – ai – aie – aies – ait – aient / a – as – à

**1** ▶ [...] l'électricité **est** coupée, le réfrigérateur **et** le congélateur [...] la viande **et** les légumes [...]. – La répétition [...] **est** terminée, il **est** temps de quitter la salle [...] **et** de rentrer. – La rue [...] **est** étroite et tortueuse. – La Garonne **est** en crue, [...] des eaux rapides **et** boueuses. – La parole **est** d'argent et le silence **est** d'or. – Il **est** difficile [...] il **est** ovale. – Quand tu **es** [...], ton entourage **est** ravi **et** tout se passe bien. – L'informaticien **est** devant son écran **et** il tente [...]. – Cette maison **est** à vendre, mais tu n'**es** pas [...].

**2** ▶ Le voyageur **a** composté [...] **à** l'entrée [...]. – Pourquoi **as**-tu peur [...] **à** la cave ? – Le plagiste **a** rentré [...] il **a** peur [...]. – Il y **a** **à** peine [...] tu **as** reçu [...] tu **as** déjà répondu. – Tu **as** tourné **à** droite [...] tu **as** commis [...] tu seras **à** l'amende. – Le supermarché **a** fermé [...] **à** vingt-deux heures. – Tu **as** le choix [...] **à** la vanille [...] **à** la crème. – Ce que tu **as** **à** nous dire **a** [...] **à** nos yeux. – [...] **à** tous les produits, **à** tous les lavages, **à** tous les procédés transmis de bouche **à** oreille [...].

**3** ▶ J'**ai** trouvé [...] j'**ai** eu [...] le brocanteur l'**ait** mise [...]. – Avant que les fruits **aient** mûri [...]. – Comment se fait-il que tu n'**aies** jamais [...] ? – [...] les seuls qui **aient** [...]. – [...] pour autant que tu **aies** [...]. – J'**ai** attendu que la caissière **ait** [...]. – Les locataires s'opposent à ce que des inconnus **aient** [...].

## 38 ) Tout – tous – toute – toutes

**1** ▶ [...] **toute** satisfaction. – [...] envers et contre **tous**. – [...] « Un pour **tous** et **tous** pour un ». – [...] un point, c'est **tout**. – [...] une fois pour **toutes**. – [...] **tout** de suite. – **Tout** est bien [...]. – C'est **tout** vu [...] **tous** les participants [...]. – [...] **toutes** les femmes [...] **tous** les jours [...]. – [...] **tous** leurs pétales [...]. – [...] **tout** intérêt [...]. – [...] **toutes** les bougies. – [...] **tous** les programmes de **toutes** les chaînes.

**2** ▶ [...] **tout** (*tous*) mouillés. – **Toutes** les autoroutes [...] **tous** les vacanciers sont **tous** partis [...]. – [...] **tout** a une fin. – [...] **à tous** égards [...]. – [...] **tout** autre musique. – À **tous** les lieux [...]. – [...] **tout** en conduisant [...] **tous** les risques. – [...] **tout** à fait [...] ! – [...] les pensionnaires [...] vont **tous** [...]. – [...] c'est **tout** le portrait [...].

**3** ▷ [...] **toutes les rues**. – La **mariée** était **tout de blanc vêtue**. – **Toute tremblante**, la **nageuse** [...]. – [...] la **députée** est **tout émue**. – [...] **tous les outils nécessaires** [...]. – **Toutes ces vestes** [...]. – Les **actrices** [...] je les ai **toutes trouvées excellentes**. – **Tout appétissante** que soit **cette glace** [...].

## 39 ) Même – mêmes

**1** ▷ Avec les **mêmes** lettres [...]. – [...] **même** les plus futiles, [...]. – **Même** les chameaux [...]. – [...] **même** ceux [...]. – [...] les **mêmes** traits [...] les **mêmes** intonations [...]. – [...] jamais les **mêmes**. – [...] **même** à plusieurs kilomètres. – [...] **même** dans les pays [...]. – [...] **même** sur les littoraux [...].

**2** ▷ [...] venir **eux-mêmes** [...]. – [...] on peut **même** voir [...]. – [...] participent **même** [...]. – [...] les **mêmes** armes [...]. – [...] **même** ceux [...]. – [...] les **mêmes** causes [...] les **mêmes** effets. – [...] ils ont **même** obtenu [...]. – Ces bâtiments **même** [...]. – **Même** en mauvais état [...].

**3** ▷ Les castors bâtissent **eux-mêmes** [...]. – **Même** lorsque les platanes [...]. – [...] ils ont **même** repeint [...]. – Toutes les réformes, **même** les plus [...]. – [...] les **mêmes** vêtements. – [...] **même** les plus petits balcons [...].

## 40 ) Quel(s) – quelle(s) – qu'elle(s)

**1** ▷ [...] **quelle** merveille ! – **Quel** que soit son talent [...]. – **Quelles** sont les montagnes [...] ? – [...] je suis bien certaine **qu'elles** sont fausses [...] ! – **Quels** sont ces villages [...] ? – [...] la poire **qu'elle** mange [...]. – Dans **quel** tiroir [...] ? – **Quels** sont vos goûts [...] ? – De **quelle** façon [...] ? – Admirez avec **quelle** grâce et **quel** sang-froid [...].

**2** ▷ Sur **quelles preuves** [...] ? – Ces pâtes, **qu'elles sont salées** ! – [...] **quelles dimensions impressionnantes** ! – Cette journaliste est bien **renseignée** ; les informations **qu'elle** possède [...]. – [...] à **quelle date** [...]. – **Quel médecin** [...] ? – L'imitateur a fait rire **l'assistance** ; il pense **qu'elle** s'est **retirée satisfaite**. – Cette voiture accidentée, il faut **qu'elle** soit [...] **remorquée**. – Cette boutique, il est probable **qu'elle** va être **fermée**.

**3** ▷ Dans **quelles revues** [...] ? – **Quels magnifiques tableaux** ! Qui **les a peints** ? – [...] **quels** seront les vainqueurs. – [...] **quels dons** ! – Les patineuses sont si **élégantes qu'elles** semblent [...]. – **Quels** sont les sièges les plus **confortables** [...] ? – [...] des **droits** pour **lesquels** [...]. – Voici **les planches** à voile avec **lesquelles** [...].

## 41 ) Se (s') – ce (c') – ceux / sont – son

**1** ▷ **Présent** : Je me repose dans ce chalet, tu te reposes, il/elle se repose, nous nous reposons, vous vous reposez, ils/elles se reposent. – Je me rends au cinéma, tu te rends, il/elle se rend, nous nous rendons, vous vous rendez, ils/elles se rendent. – Je m'engage franchement, tu t'engages, il/elle s'engage, nous nous engageons, vous vous engagez, ils/elles s'engagent. – Je me perds dans les ruelles, tu te perds, il/elle se perd, nous nous perdons, vous vous perdez, ils/elles se perdent. – Je me confie à un ami, tu te confies, il/elle se confie, nous nous confions, vous vous confiez, ils/elles se confient. – Je m'agrippe au câble, tu t'agrippes, il/elle s'agrippe, nous nous agrippons, vous vous agrippez, ils/elles s'agrippent.

**Passé composé :** Je me suis reposé(e) dans ce chalet, tu t'es reposé(e), il/elle s'est reposé(e), nous nous sommes reposé(e)s, vous vous êtes reposé(e)s, ils/elles se sont reposé(e)s. – Je me suis rendu(e) au cinéma, tu t'es rendu(e), il/elle s'est rendu(e), nous nous sommes rendu(e)s, vous vous êtes rendu(e)s, ils/elles se sont rendu(e)s. – Je me suis engagé(e) franchement, tu t'es engagé(e), il/elle s'est engagé(e), nous nous sommes engagé(e)s, vous vous êtes engagé(e)s, ils/elles se sont engagé(e)s. – Je me suis perdu(e) dans les ruelles, tu t'es perdu(e), il/elle s'est perdu(e), nous nous sommes perdu(e)s, vous vous êtes perdu(e)s, ils/elles se sont perdu(e)s. – Je me suis confié(e) à un ami, tu t'es confié(e), il/elle s'est confié(e), nous nous sommes confié(e)s, vous vous êtes confié(e)s, ils/elles se sont confié(e)s. – Je me suis agrippé(e) au câble, tu t'es agrippé(e), il/elle s'est agrippé(e), nous nous sommes agrippé(e)s, vous vous êtes agrippé(e)s, ils/elles se sont agrippé(e)s.

**2** ▶ Ces lustres, ce sont d'authentiques œuvres d'art. – Du haut de ces balcons, […]. – Ces livres, ce sont des romans traduits […]. – Ces naturalistes se sont spécialisés […]. – Les jardiniers se servent […]. – Les ingénieurs dirigent le percement de ces tunnels. – Ces chariots se sont embourbés et il faudra les dégager […]. – […] ces maladroits se sont coupés. – Les enfants se laissent séduire par ces jeux vidéo.

**3** ▶ Ce téléphérique […] pour ceux […]. – […] ce qu'il y a […]. – […] ceux que le hasard […]. – Les deux délégations […] se quittent […]. – Pour se faire entendre, […] ce porte-voix. – Dans ce gouffre se trouvent des stalagmites […]. – Il faut se méfier car ce champignon […].

**4** ▶ […] dans son pays les terres sont fertiles. – […] son pantalon […] les enfants sont ravis. – Ces vieilles demeures sont en ruine […] elles sont inhabitées. – Les files d'attente sont si longues que les clients sont mécontents. – Margot a choisi son futur métier […] son amour […]. – Les coquelicots sont rouges […] les pervenches sont bleues. – Ces films sont sous-titrés […] les malentendants sont satisfaits. – […] son sac de sport ; son entraîneur […] son étourderie.

## 42) Ces – ses / c'est – s'est – sait – sais

**1** ▶ Ces truffes […] ses spécialités […] ses clients. – […] ces entrefaites […] ses admirateurs ; ses gardes […] ces manifestations […]. Ses (Ces) caprices […]. – […] ses moutons […] ces pâturages […]. – Ces chansons […] ses enfants. – […] ses gestes.

**2** ▶ […] ses premières dents […]. – […] ses clients […]. – […] ses habitudes […] ses comptes […] ses amis […]. – […] ses camarades […] ces manèges […] ses clés […] ses poches. – […] ces bois […] ses frères. – […] ces oiseaux […] ses gelées, ses chutes […] ses belles fêtes et ses cadeaux. – […] ses sables brûlants. – Ces vendeurs […] ses questions. – […] ces (ses) factures […].

**3** ▶ Le clown s'est étalé […] il ne s'est pas fait mal. – […] je ne sais pas si c'est la bonne solution. – Tu ne sais pas […] c'est vraiment difficile […]. – La secrétaire sait […] c'est très rapide. – Flore s'est confiée […] elle sait […]. – Anatole s'est égaré […] il ne sait plus […]. – Tu sais […] c'est pourquoi […]. – Personne ne sait comment cet animal s'est fossilisé […].

# Corrigés des exercices

## 43) Ont – on – on n'

**1** L'agriculteur […]. – **Les représentants des trois ordres ont** aboli […]. – **Claude** […]. – Quand **les hommes s'unissent** […] **ils ont** le sentiment d'être plus **efficaces**. – **Abdel** s'assoit […] **il** place **ses** bagages […]. – **Le pompier** […]. – **L'écologiste** […] mais **il** n'est pas […]. – **Philippe** […]. – **Le promeneur** […].

**2** Quand **on** oublie […] **on** est […] **on** doit […]. – Quand **on** reçoit […]. – **On** a […] ceux qui **ont** […]. – **Les rafales ont** secoué […] les volets **ont** claqué et quelques vitres **ont** volé […]. – **Les pays qui ont** la chance […]. – […] **on** récupère […] **on** les recycle. – Les ingénieurs **ont** étudié […]. – **On** épluche […] **on** les coupe et **on** les met […]. – […] les grues **ont** soulevé […] les **ont** placés […].

**3** **Ces plats ont** un aspect […] **on** n'ose pas **les** manger. – **Ces objets ont** de la valeur, […]. – […] **les spectateurs ont** les pieds […]. – **Les baguettes cuites** […] **ont** gardé **leur** saveur […]. – **Ces artisans ont** de qui tenir, **leurs** parents […]. – **Ces chiens ont** le museau […]. – **Les techniciens ont** du mal à garder **leur** sérieux […]. – **Les météorologistes ont** prévu […]. – **Ces sportifs ont** exclu […].

## 44) C'est – ce sont / c'était – c'étaient / soi – soit – sois

**1** […] **c'est** un bel exploit ! – Mes vrais amis, **ce sont** ceux […]. – […] **c'est** un emploi temporaire […]. – […] **ce sont** les meilleurs […]. – […] **c'est** agréable […] !

**2** […] **c'était** fermé. – […] **c'étaient** ses émissions préférées. – […] **c'étaient** de nouvelles mélodies […]. – […] **c'étaient** le calme, le silence et la quiétude […]. – […] **c'était** la menace […].

**3** […] **ce furent** les pirates […]. – […] **ce fut** un tonnerre […]. – […] **ce fut** un superbe exploit […]. – […] **ce furent** des événements […]. – […] **ce fut** un déluge […]. – […] **ce fut** une occasion […].

**4** […] chez **soi**. – […] **soi**-même. – […] **soi**-même […]. – […] pour **soi**. – […] **soit** comme arrière, **soit** comme demi de mêlée. – Bien qu'il **soit** […]. – […] **soit** 1 000 litres. – […] le satellite ne **soit** pas […].

## 45) Si – s'y / ni – n'y

**1** […] **si** haut qu'un homme **s'y** tient […]. – **Ni** les films comiques **ni** les dessins animés […]. – […] on **s'y** habitue. – […] l'homme **n'y** est jamais allé […] il **n'y** a **ni** eau **ni** oxygène. – Le tracteur […] **s'y** embourbe. – […] un animal **si** cruel ? – […] **ni** famille **ni** domicile […]. – […] elle **s'y** met […]. – **Si** le douanier […]. – Comme il **n'y** a **ni** panneaux indicateurs **ni** feux tricolores […].

**2** […] il ne faut pas **s'y** risquer. – […] les jeunes **s'y** rendent […]. – […] l'électricien **s'y** installe […]. – […] les amateurs de pétanque **s'y** retrouvent. – […] les attaquants **s'y** plient […]. – […] le gymnaste **s'y** suspend […].

**3** Mme Rey **n'y** voit […] – […] le photographe **n'y** est pas opposé. – […] ce plongeur **n'y** arrivera pas. – […] on **n'y** trouve pas […].

## 46 ) Sans – sent – s'en – c'en / dans – d'en

**1** ▸ Le pêcheur **sent** […]. – […] les feuilles **s'en** détachent. – L'accusé se rassit **sans** avoir […]. – Le nageur **sent** […]. – […] le patient ne **sent** rien. – **Sans** se décourager […] et **sans s'en** douter […]. – […] il ne faut pas **s'en** effrayer […]. – […] ces deux camarades **s'en** vont […]. – **Sans** leçons […]. – Le skieur **sent** la neige […].

**2** ▸ **C'en** est fait […] mais elle **s'en** remettra […]. – **Sans** une réaction […], **c'en** sera fini […]. – […] à **s'en** barbouiller […]. – Les spectateurs **s'en** vont […]. – […] un VTT **sans** garde-boue. – **Sans** paix et **sans** justice […]. – […] **sans** utiliser de calculatrice […] ?

**3** ▸ […] **dans** le Périgord […] **d'en** rapporter […]. – […] **dans** le massif du Mont-Blanc […] **d'en** gravir […]. – […] **dans** les bouchons […] **d'en** sortir. – […] **dans** sa chambre […] **d'en** assurer […]. – […] **dans** le salon […]. – […] **dans** la troupe […] **d'en** imposer […] !

## 47 ) Quelque(s) – quel(s) que – quelle(s) que

**1** ▸ **Quelles que** soient les émissions […]. – […] **quelque** piège […]. – […] **quelque** affectation […]. – **Quelques** alpinistes […]. – **Quelle que** soit l'heure du départ […]. – […] **quelque** animosité […]. – **Quel que** soit l'endroit […]. – […] **quelques** regrets.

**2** ▸ […] la clientèle **quelle qu'elle** soit. – **Quelle que** soit la saison, […]. – **Quelle que** soit la valeur […]. – **Quelles que** soient les conséquences […]. – […] les modalités de paiement, **quelles qu'elles** soient. – **Quelle que** soit ta performance […]. – […] une compétition, **quelle qu'elle** soit. – **Quelles que soient les dernières minutes** du film […] elles seront heureuses. – **Quelque cruels** que soient les événements […].

**3** ▸ **Quelque perfectionnés** que **soient ces portables, ils doivent** être **rechargés** […]. – **Quelque discrètes** que **soient ces personnes, elles ne passeront pas inaperçues.** – **Quelque fonctionnels** que **soient ces appartements, ils** n'en **demeurent** pas moins très **sombres.** – **Quelque chanceux soient-ils, ces joueurs** ne **gagneront pas** […]. – **Quels que soient les programmes** […], je ne **les** regarderai pas. – **Quelque tendres** que **soient ces escalopes, elles** n'ont […]. – **Quelques légumes** que vous consommiez […].

## 48 ) La – l'a – l'as – là / sa – ça – çà

**1** ▸ […] **là**-dessus […]. – **Là** où il y a de la gêne […]. – […] tu **l'as** avalé […] **là**, tu nous étonnes ! – […] **la** vedette […] personne ne **l'a** remarquée ! – **La** lettre « J » […] l'Académie française ne **l'a** introduite […]. – À cette heure-**là**, […] **la** porte […]. – […] **la** table, **la** serveuse **l'a** débarrassée. – […] **la** carte, **la** forteresse se trouve **là** […] **la** colline.

**2** ▸ […] **çà** et **là** […]. – **Ça** fait […] comment […] expliquent-ils **ça** ? – […] **ça** ne s'invente pas ! – […] **sa** formation […]. – […] **sa** réputation. – […] **çà** et **là** […]. – Si **ça** ne t'ennuie pas […]. – […] **sa** cravate. – […] **sa** voiture, **ça** peut […] !

**3** ▸ […] Mme Blot **l'a** réglée […]. – […] tu ne **l'as pas portée** […]. – […] Cézanne **l'a** puisée […]. – […] Yolande **l'a chargée** […]. – […] la sonnerie **l'a réveillée** […]. – La visite de Marion […] ne **l'a pas déçu**.

## 49) Prêt(s) – près / plus tôt – plutôt

**1** [...] si **près** [...] les concurrents sont **prêts** [...]. – [...] une boutique de **prêt**-à-porter tout **près** d'une maroquinerie. – [...] ces chômeurs sont **prêts** à [...] **près** de la frontière [...]. – [...] à peu **près** [...] il n'est pas **prêt** [...]. – [...] de **près** [...], il faut à peu **près** dix minutes [...]. – [...] tout **près** du filet, **prêts** à [...]. – Vous étiez **prêts** à [...] **près** de l'étang.

**2** Jonathan est **prêt** [...]. – Les pompiers se tiennent **prêts** à [...]. – L'avion est **prêt** [...]. – **Prêt** à [...], **ce groupe industriel** [...]. – **Les admirateurs** veulent être **prêts** [...]. – **Le voilier** ne paraît pas **prêt** [...]. – **Prêts** [...], **les comédiens** [...]. – [...] **les motards** sont **prêts** [...].

**3** [...] **plutôt** meilleurs [...]. – [...] **plutôt** faciliter [...]. – **Plutôt** que [...]. – [...] dit **plus tôt** [...] ? – [...] M. Duivon était **plutôt** [...]. – [...] **plus tôt** qu'en Provence. – **Plutôt** que d'attendre [...]. – [...] le **plus tôt** [...]. – **Plutôt** réfléchir [...].

## 50) Peut – peux – peu

**1** Cette berline ne **peut** pas [...] **peu** d'essence [...]. – Cette salle [...] **peut** accueillir [...]. – Tu **peux** [...] tu as **peu** de chance [...], tu es encore un **peu** jeune. – Il se **peut** que [...]. – Versez **peu** à **peu** [...] un tout petit **peu** de liqueur [...]. – **Peux**-tu écrire un **peu** mieux ? Je ne **peux** pas te lire. – J'ai **peu** de temps et je ne **peux** pas [...]. – [...] **peu** abondante, [...] ne **peut** pas [...]. – Si **peu** que [...] cela ne **peut** que [...] un **peu** d'espoir.

**2** Ce commerçant ne **peut** [...] **ses** stocks [...]. – [...] l'homme **peut** [...]. – Quand **il est mécontent** de **ses** conditions [...], l'ouvrier **peut** [...]. – **Le consommateur** ne **peut** pas [...] il n'a que **peu** [...]. – **L'hirondelle peut** [...]. – **Cet employé** ne **peut** [...] il n'a que trop **peu** [...]. – **Cette péniche** ne **peut** pas [...] **son** gabarit [...].

**3** [...] à peu près [...]. – [...] depuis peu. – [...] pour un peu [...]. – [...] quelque peu [...]. – [...] peu à peu. – [...] un peu mieux [...]. – [...] peut-être [...].

## 51) Quand – quant – qu'en / ou – où

**1** **Quand** l'expédition [...]. – [...] **quant** au résultat [...]. – **Quand** ce chalet [...] ? – Ce n'est **qu'en** [...]. – **Quand** on tombe [...]. – [...] **qu'en** connaissance [...]. – [...] **quant** à la Bretagne [...]. – [...] aux **qu'en**-dira-t-on [...]. – [...] ce n'est **qu'en** automne [...]. – [...] **quand** il fait [...]. – **Quant** à mettre [...]. – [...] **quant** à toi, [...] ? – [...] **quant** à la conduite, on ne sait **quand** [...].

**2** [...] je ne sais **qu'en** faire [...] ! – **Quand** on n'a pas [...]. – [...] **qu'en** Italie. – [...] **quant** à l'actrice [...]. – [...] **quand** l'eau [...]. – [...] **quant** à la troisième [...]. – [...] **qu'en** train [...].

**3** [...] deux **ou** trois [...] ! – [...] **où** se trouve [...] ? – [...] là **où** il veut [...]. – [...] d'un serval **ou** d'un guépard ? – [...] l'avion **ou** l'Eurostar. – Dans l'état **où** [...]. – [...] une île **où** [...]. – [...] un étang **où** [...]. – [...] la choucroute **ou** la bouillabaisse ?

## 52  Quoique – quoi que / parce que – par ce que / pourquoi – pour quoi

**1** […] **quoique** avec moins […]. – **Quoi que** vous plantiez […]. – […] **quoiqu'il** y ait […]. – **Quoi que** M. Marmier […]. – **Quoique** […] outillé, […]. – **Quoiqu'il** […]. – **Quoi qu'**elle […]. – […] **quoiqu'**il […]. – **Quoi qu'**il […]. – **Quoi que** Chaïda […]. – […] **quoi que** vous […].

**2** […] **parce que** le commandant […]. – […] **par ce qu'**il […]. – […] **parce qu'**il […]. – […] **par ce qu'**il […]. – […] **parce qu'**elle […]. – **Par ce que** le gendarme […]. – […] **parce qu'**ils […].

**3** **Pourquoi** souffrir […] ? – […] **pour quoi** faire ? – […] c'est **pourquoi** […]. – […] c'est ce **pour quoi** […]. – […] c'est **pourquoi** […]. – Expliquez-moi **pourquoi** […]. – **Pourquoi** tous les automobilistes […] ? – Ne me demandez pas **pourquoi** […]. – […] ni par qui ni **pour quoi** […].

## 53  Le participe présent et l'adjectif verbal

**1** […] **des hommes parlant** le chinois et le japonais ? – **Perçant** le dallage, **les plombiers préparent** […] **leurs tuyaux.** – […] **des messages alarmants** […]. – **Observant** l'éclipse […] **les astronomes sont enthousiasmés.** – **Affamés et terrifiants, les lions se sont jetés** sur **leur proie.** – **Les bénéfices** de ce mois **sont encourageants** […]. – **Ces enfants imprudents se sont brûlés en jouant** […]. – **En les invitant** […], vous avez fait plaisir à **vos amis.**

**2** Les torrents **bondissants** […]. – Les torrents **bondissant** […]. – Des éclairs **éblouissants** […]. – **Éblouissant** les autres […]. – […] les prix **alléchants** […]. – C'est en **alléchant** […] ! – Les bateaux […], **rompant** […]. – **Rompant** […].

**3** L'audace **étonnante** […]. – Quentin étale **une peinture** très **résistante** […]. – **Les joueurs, obéissant** […] aux conseils de **leur** entraîneur, **progresseront** […]. – […] **une potion calmante.** – **Les promeneurs grimpaient** en s'arrêtant […]. – **Tuant** le temps comme **ils peuvent, les anciens** du village **sont les seuls** […]. – **En portant** secours […] **les marins pompiers ont pris** […]. – **Magali** resta **interdite, pestant** contre les graviers […].

## 54  Les accents

**1** un réflexe – la flèche – un poème – minéral – la fougère – réfléchir – auprès – malgré – la guerre – le règlement – un mètre – désormais – un élève – guère – la règle – célèbre – un zèbre – la lèvre – le décès – régler

**2** un bateau – la bâche – en août – la boîte – le côté – un château – la mâche – ruminer – boiter – détrôner – un cadeau – la cache – la sûreté – dîner – la zone – un râteau – fâcher – la bûche – l'huile – un hôtel

**3** un intérêt – un piéton – un chêne – un ancêtre – véhiculer – un évêque – la grêle – l'aéroport – la trêve – l'extrémité – parallèle – le grésil – la fenêtre – la déesse – la tête – réciter – la planète – l'arène – inquiéter – téter – rêver – enquêter – prêter – honnête – pédaler

**4** ▶ Dans la nuit étoilée, nous avons aperçu une comète ou une étoile filante ; nous n'avons pas pu la reconnaître précisément. – Pour se déplacer dans les plaines enneigées de Finlande, un traîneau est nécessaire. – Les pylônes et les câbles électriques défigurent les vallées et découpent de larges saignées dans les forêts. – Sur la scène du théâtre, chaque acteur joue son rôle avec opiniâtreté. – Pour la première fois de sa vie, René a goûté de la tarte aux poireaux ; ce n'était pas trop désagréable. – La petite troupe tomba en arrêt devant un nid de guêpes qu'elle croyait abandonné. Armé d'un bâton, André décida de l'écarter pour éviter les douloureuses piqûres. – Au moment où elle grésille dans la poêle, la sole doit être salée et poivrée. – Pour la fête de la musique, Valérie a exécuté une mélodie de Schubert.

## 55 ) La cédille – le tréma – le trait d'union – l'apostrophe

**1** ▶ Ce résumé donne un bon aperçu de ce que peut être la langue provençale. – Nous renonçons à prendre ce tronçon d'autoroute car les ouvriers procèdent au traçage des lignes blanches. – Le cavalier débutant a rapidement vidé les arçons. – Lorsqu'il pêchait, Lucien commençait par monter de petits hameçons sur sa ligne. – Ce mot polonais qui ne compte qu'une seule voyelle est imprononçable pour un Français.

**2** ▶ Léo a franchi ces gorges encaissées sur un petit canoë : c'est un exploit inouï ! – Dans cette ancienne demeure, on a découvert de magnifiques mosaïques. – L'utilisation d'une faucille pour moissonner est un véritable archaïsme. – Le racisme et l'égoïsme sont des sentiments haïssables ; il faut les combattre sans relâche. – Le trafic de cocaïne est sévèrement réprimé par la loi. – Lorsque le navigateur héroïque parle de l'exiguïté de sa coquille de noix, le public est tout ouïe.

**3** ▶ [...] contre-espionnage, [...] passe-temps [...]. – Le contre-la-montre [...] Aix-les-Bains. – Participerez-vous [...] vous abstiendrez-vous ? – Renseigne-toi [...] d'aide-soignante. – [...] vingt-cinq [...] au-dessus [...]. – C'est en mille neuf cent quatre-vingt-dix-huit [...] en Extrême-Orient.

**4** ▶ On pense qu'un jour l'homme s'envolera jusqu'à la planète Mars. – Je n'ai pas écrit correctement l'adresse et mon courrier n'arrivera pas jusqu'à vous. – À l'arrêt de l'autobus, les portes s'ouvrent automatiquement. – Puisqu'il fait beau, nous n'avons pas besoin de prendre un parapluie. – Hervé connaît quelqu'un qui s'est inscrit pour travailler dans l'usine d'ameublement. – L'huile d'olive est délicieuse parce qu'on l'a obtenue en une seule presse.

## 56 ) Les abréviations – les sigles – les symboles

**1** ▶ un anarchiste – un vélocipède – une permission – sensationnel – une exposition – un hebdomadaire – la radiophonie – chapitre – c'est-à-dire – madame – un maximum – exemple – boulevard – la philosophie – une interrogation – édition – supplément – suivant – la météorologie – un indicateur

**2** ▶ professionnel, survêtement, cross-country, performance, chronomètre – stylographe, dictionnaire, documents, typographie – laboratoire, professeur, mathématiques, amphithéâtre, faculté – publicité, télévision, cinématographe, mélodrames, informations

**3** ▸ la société nationale des chemins de fer français – un curriculum vitæ – un knock-down – l'organisation des nations unies – l'acide désoxyribonucléique – le bacille Calmette Guérin – une appellation d'origine contrôlée – la caisse d'allocations familiales – le train à grande vitesse – après Jésus-Christ – nota bene – post-scriptum – un président directeur général – s'il vous plaît – la police judiciaire

**4** ▸ confédération générale du travail, manifestation, salaire minimum interprofessionnel de croissance, sécurité sociale, contrats à durée déterminée, contrats à durée indéterminée – compacts disques, compilation, quarante-cinq minutes, électronique – réduction du temps de travail, compagnie, quinze heures – Trois euros, décaféiné, taxe à la valeur ajoutée, dix-sept pour cent – écologistes, trois hectares, organismes génétiquement modifiés

## 57 ▸ Les écritures des sons [s] et [z]

**1** ▸ la piscine – l'inertie – superstitieux – outrancier – un pissenlit – la pharmacie – mousseux – un pâtissier – la conscience – la calvitie – paresseux – balbutier – un commerçant – la vessie – délicieux – négocier

**2** ▸ le couscous – une épice – la défense – un prospectus – une secousse – un tournevis – la présence – un autobus – le pouce – la récompense – l'essence – une puce – la brousse – la vis – la danse – la course

**3** ▸ la déception – l'arrestation – la migration – l'émission – l'éducation – la suspension – la connexion – l'agression – la réduction – l'impression – l'expression – la variation – la location – la pression – la succession

**4** ▸ L'azur – le gaz – le colza – une rizière – l'asile – une mezzanine – le réséda – risible – un paysan – une mésange – une écluse – le blizzard – un alezan – une pizza – la luzerne – le lézard

**5** ▸ [...] de discernement [...] une décision. – Les adolescents sont [...] des cibles [...] des publicitaires. – [...] certains référendums [...] se transforment en plébiscites. – [...] il faut avancer avec [...] précautions. – Si l'ascenseur [...] l'escalier. – [...] les citoyens français sont [...]. – La discussion [...] chacun pense avoir raison. – Certaines lotions [...] favorisent la pousse [...].

## 58 ▸ Les écritures du son [k]

**1** ▸ la technique – un carillon – la vodka – une casquette – cinquante – l'écho – un canot – un kilomètre – inquiet – un kiwi – le liquide – le choléra – la chorégraphie – un orchestre – la correction – pourquoi

**2** ▸ un chèque – un pic – la politique – la nuque – un anorak – le bec – une pique – un tic – l'évêque – du cognac – un échec – un bloc – la musique – un hamac – une mosaïque – la plaque – le stock – du basilic – le parc – un viaduc – une claque – une cloque – un déclic – le trac – le fisc – une barque – donc – le trafic – la traque – le risque

**3** ▸ économiser – le baccalauréat – saccadé – accuser – un accord – accomplir – un acrobate – un acompte – succomber – un acteur – l'accueil – un mocassin – l'académie –

une occasion – écarter – accoucher – la location – impeccable – une accalmie – un accordéon

**4** ▶ […] les antiquités grecques […]. – Le catholicisme […] chrétiennes. – Le verdict du chronomètre […] quatrième de l'étape contre-la-montre. – […] des sarcophages […] décorés. – Ce judoka tchèque […] olympique. – […] les archéologues […] ces chaos de blocs […] ? – Le chlorure […] scientifique […] cuisine. – La Nouvelle-Calédonie […] de nickel. – Victoria […] l'élastique […], car à son époque, […] les écoles.

## 59 Les écritures du son [ã]

**1** ▶ un temple – un antivol – un révérend épouvantable – la centaine – un tambour – un enfant – un récipient – une avalanche – le cantique – un membre – un chenapan – ranger – s'aventurer – le néant – une mandibule – un parent – manger – un rentier – gentil – une chambre – un hareng – mentir – la brocante – un gant – un chandelier – un adhérent – une ampoule – urgent – le genre

**2** ▶ l'envol des flamants roses – utiliser un aimant – une rivière de diamants – redouter un ouragan – fixer l'écran – s'abriter du vent – prendre son élan – avaler un calmant – visiter un monument – dresser le bilan – relire un document – rester en suspens – arbitrer un différend – mettre son clignotant – s'allonger sur le divan – pêcher dans un étang – tomber dans un guet-apens – ramasser des glands – naviguer sur l'océan – porter un costume élégant – une trompe d'éléphant

**3** ▶ […] votre tente sur l'emplacement […] aux dépens des autres campeurs. – Cet artisan pense embaucher un apprenti […]. – Ce charlatan prétend […] un carburant […] ! – […] le président est absent, c'est son assistant […]. – La tante d'Alexandre prend le temps […]. – Ce dépliant met l'accent […] de sang. – Muni d'un scaphandre […] d'amphores. – […] au centre […] attention car cet endroit est dangereux. – L'enquête diligentée […] d'un brigand qui hantait les environs […]. – Cette ancienne antenne […] les différentes chaînes étrangères.

## 60 Les écritures du son [ɛ̃]

**1** ▶ Certains linguistes […]. – […] le chimpanzé est un singe doté d'une intelligence bien supérieure […]. – […] important ; […] maintenant. – […] limpide, […] sans crainte. – […] l'examen, pour vaincre […], Sylvain […]. – Le parrain de ton cousin revient du Bénin […] vingt mois. – […] de grains dans ce moulin […].

**2** ▶ teint – fin – pain – serein – dessein – serin – dessin – thym – pin – faim

**3** ▶ Le pingouin […] commun […]. – […] des empreintes […], mais aucun ossement humain. – Ce train est plein ; il est impossible de l'emprunter […]. – Quelqu'un […] le frein à main […] craindre […] il serait opportun […]. – Une simple étincelle sur une brindille […] un incendie difficile à éteindre. – Le syndicat défend les intérêts […].

## 61 Les écritures du son [f]

**1** ▶ une raffinerie – le professeur – un coffre – officiel – une rafale – les félicitations – un éléphant – un philosophe – effacer – une moufle – un félin – afficher – profond – la symphonie – le buffet – un bénéfice – chauffer – un défi – le foc – une bouffée – le refrain – le souffle – le phoque – le parfum – un sifflet – le soufre – un forage – le diaphragme – un graffiti – un saphir – une sphère – touffu

**2** ▶ le captif – l'étoffe – la coiffe – une gaffe – la touffe – le massif – le relief – la soif – le motif – un bœuf – la griffe – une girafe – la carafe – une strophe – le négatif – le rosbif – un calife – l'agrafe – le triomphe – l'apostrophe – un chef – une épitaphe – un serf – la truffe

**3** ▶ Le dauphin est un mammifère […] affectueux. – À la surface […] magnifiques nénuphars. – Avant d'affirmer […] il faut réfléchir […]. – Afin […], les spectateurs s'engouffrent […]. – […] a effectué un saut fantastique ; […] fut parfaite. – Le chauffeur […] ses phares […] brefs délais. – Pour effrayer […] en fantôme avec de vieux chiffons. – […] trente-neuf, […] de chiffres ? – En français, l'alphabet […]. – […] l'Épiphanie, […]. – Dans cette phrase, […] adjectif démonstratif. – […] les fenêtres, […] on étouffe ici.

## 62 Les écritures du son [j]

**1** ▶ joyeux – envieux – curieux – ennuyeux – audacieux – élogieux – pailleux – soyeux – effrayant – pitoyable – pouilleux – loyal – giboyeux – périlleux – malicieux

**2** ▶ outiller – relayer – griller – éveiller – essayer – balayer – ondoyer – monnayer – employer – crier – rouiller – détailler – fusiller – sourciller – payer

**3** ▶ le courrier – un gardien – la pression – l'ambiance – grouiller – un raidillon – un oreiller – bientôt – des tenailles – des miettes – effrayer – un maillot – un crayon – mouiller – le surveillant – broyer – un maillon – un routier – une pieuvre – brouiller – un rayon – une camionnette – un loyer – aboyer

**4** ▶ […] la crémaillère […]. – Le renard effraya les volailles […] le poulailler. – Cette affreuse chenille […] papillon. – […] de nouilles, rien de meilleur qu'un peu de gruyère […]. – […] une aiguille […] de paille, c'est bien […]. – Dans le noyer, l'écureuil […]. – […] frayeur, […] un cobaye […]. – […] l'escalier […] royal, […] Cendrillon […] citrouille. – […] myrtille […] groseille ? – […] une coquille […] un gouvernail […] envoyer […]. – Nous nous ennuyons […] nous bâillons […]. – Le mendiant […] haillons.

## 63 Les écritures des sons [g] et [ʒ]

**1** ▶ rugueux – une guitare – une gomme – la langue – la guêpe – rigoureux – la gauche – se déguiser – la galette – le golf – une rigole – le magasin – une bague – guider – la gazon – élégant – la guerre – le guépard – le gosier – un figuier – élaguer – le gâteau – le rugby – le guidon – un gant

**2** ▶ […] navigable sur une grande […]. – […] l'irrigation. – […] régulièrement une longue file […] ce guichet. – […] une goutte […] ce gobelet. – Ce bouledogue […] sa gueule. – Ségolène déguste […] la guimauve. – En agglomération, […] obligatoire. – À la fin d'un dialogue, […] les guillemets.

**3** le givre – imaginer – le dirigeant – la rougeole – un bourgeon – le jeudi – fragile – janvier – se réjouir – un budget – le goujon – une nageoire – la jalousie – des jumelles – un enjeu – un esturgeon – la bougie – le gymnase – un géant – un objet – le donjon – le déluge – un juge – la géographie – un juron – un plongeon – rougeâtre – un rejeton – une galéjade – un gyrophare

**4** […] exigeait […]. – La girouette […]. – […] la vengeance […] se mange froid. – En rangeant […]. – […] collège […]. – Le geai […]. – […] du jais. – […] d'orange, agitez […]. – […] son âge […]. – […] une lettre majuscule. – […] un fromage d'origine […]. – […] en région […]. – Les pigeons […].

## 64 Les écritures des sons [ə], [œ], [ø]

**1** une chemise – un secret – peureux – un chevreuil – une lueur – une crevasse – une meule – une secrétaire – un creuset – une mesure – un fleuve – les secours – une pelote – un jeton – il veut – un meurtre – un shaker – la valeur – le jeudi – velu – un meuble – depuis – un semestre – la pelouse – selon – un melon – la levure – seulement – la peuplade – un levier – une menace – la leucémie – le serf – la semaine – un leucocyte

**2** défaire un nœud – chanter en chœur – terminer un puzzle – une brassée d'œillets – cueillir des cerises – faire des adieux déchirants – porter le deuil – servir un hamburger – pleurnicher dans son coin – se meurtrir l'épaule – détacher une feuille – regretter sa jeunesse – contracter une pleurésie – porter des œillères – effleurer la joue du bébé – diriger la manœuvre – une planche de peuplier – les tentacules d'une pieuvre – préparer des hors-d'œuvre – avoir des mœurs austères – placer un leurre

**3** La leucémie […] heureusement […]. – […] l'eucalyptus […]. – Une meute […]. – Les musulmans jeûnent […]. – Le démineur a neutralisé […]. – […] neuvième […]. – Le neutron […]. – […] à l'émeute. – Le fœhn […]. – […] de meunier […]. – […] les pneus […].

## 65 Le son [ɔ̃] – les finales sonores [ɔm], [om], [ɛn] et [am]

**1** un rongeur – une bombe – combler – une bonbonnière – un dompteur – somptueux – un tombeau – une trompe – la bonté – le fondateur – pondre – profond – sombre – un songe – une ombre – un grondement – un bourgeon – rompre – un démon – un prénom – le continent – nombreux – consistant – le rayon

**2** […] un hématome […]. – […] de chaume. – Un métronome […] sur l'harmonium […]. – L'arrivée du critérium […] au vélodrome […]. – […] le premier tome […] les albums […]. – Le géranium n'a pas de rhizome […]. – […] la tomme de Savoie […].

**3** Une verveine […]. – La corrida draine […] les arènes […]. – […] des dolmens. – […] la moraine. – Pour ses étrennes, la marraine de Charlène […]. – Une benne […].

**4** […] de télégrammes […]. – L'hippopotame […]. – Cet homme clame […] bigame. – […] les pictogrammes […]. – Les résultats du cardiogramme […]. – […] d'un mélodrame […]. – […] la salle acclame […]. – […] d'amalgame […] un tam-tam. – […] l'animal qui brame ?

## 66 Les consonnes doubles

**1** ▶ trotter – tricoter – une arête – une paillote – le trottoir – hésiter – une hutte – une bouillotte – intelligent – la colonne – la colle – envelopper – la colère – la colline – une antilope – un élève – une rafale – une girafe – le souffle – souffrir – une griffe – une carafe – le soufre – le chiffon – une trappe – s'échapper – reporter – la nappe – la grippe – une tulipe – supporter – une grappe

**2** ▶ se relever après une chute – escalader la butte en courant – un carrefour très dangereux – quitter le terrain sous les acclamations – résoudre un problème difficile – grelotter sans se réchauffer – barrer les trois derniers chiffres – avaler un excellent dessert – ranimer les flammes du foyer – jouer du violoncelle – défendre son territoire – pousser des wagonnets

**3** ▶ […] sifflet sanctionne la faute commise par l'arrière droit. – […] on a installé […] raffineries. – Ce gratin de potiron est vraiment succulent. – Un peu de pommade sur l'articulation douloureuse et vous serez guéri. – Vous remplacerez votre antenne par une parabole. – Comment accède-t-on à la nationalité […] ? – Ne vous affolez pas, les concurrents ne sont pas encore partis. – Tuer un homme […], c'est un homicide […].

## 67 Les consonnes doubles après une voyelle initiale

**1** ▶ s'irriter pour un rien – amortir la chute grâce à un tapis – aggraver la querelle – agrafer des feuilles de papier – ironiser à propos de quelque chose – irriguer les champs de tournesol – imiter le chant du rossignol – immigrer dans un pays inconnu – aménager la pièce – annoncer une bonne nouvelle – attirer les curieux – atterrir en douceur – accourir au coup de sifflet – apercevoir une étoile filante – occuper le temps – offenser une personne – anéantir le moindre espoir – illuminer les rues pour Noël

**2** ▶ l'admission – une ébauche – un idéal – un officier – un acolyte – un écart – l'imagination – l'obéissance – l'athlétisme – un écouteur – l'illusion – une occasion – une abeille – un effaceur – une illustration – un objectif – l'abordage – un égout – l'immunité – l'océan – l'abbaye – l'étymologie – l'intensité – une ogive – un attentat – l'effectif – les immondices – l'opportunité – un accrochage – un erratum – l'inaptitude – l'omelette – affreux – une ecchymose – un immeuble – odorant

**3** ▶ illisible – immature – indifférent – irréversible – illogique – immobile – irréfléchi – insoluble – immatériel – inobservable – irrégulier – illicite – illégitime – illettré – immoral – indéfini – irrationnel – immortel – irresponsable – impartial – incorrect – irréaliste – irrévocable – inusité – imbuvable – inutile – irréel – immaculé – impopulaire – inavoué

## 68 Les noms en [œʀ] : -eur, -eure, -eurt, -eurre – les noms en [waʀ] : -oir, -oire

**1** ▶ un patineur – un défenseur – un pêcheur – un skieur – un scieur – un campeur – un coureur – un livreur – un accusateur – un visiteur – un entraîneur – un footballeur

**2** ▶ l'ardeur – la pâleur – la minceur – la laideur – la grosseur – la fureur – la tiédeur – la rondeur – la lenteur – la vigueur – la frayeur – la maigreur – la fraîcheur – la blancheur – la profondeur – la largeur – l'épaisseur – la longueur

# Corrigés des exercices

**3 ▶** L'auditoire [...] – [...] un répertoire [...] – [...] le territoire [...] – [...] – [...] un peignoir [...] – [...] – [...] son devoir. – [...] ce présentoir. – De ce promontoire [...]. – L'arrosoir est un accessoire [...]. – [...] deux noires. – [...] sa trajectoire. – [...] du terroir. – [...] le tamanoir [...] ! – [...] un loir. – Un abattoir [...].

**4 ▶** [...] de valeur [...] un riche acquéreur. – Le directeur [...] des collaborateurs [...]. – Le dompteur [...]. – [...] une erreur [...]. – [...] à vingt heures. – Avec un ordinateur [...]. – La **sœur** [...] en pleurs [...]. – Le vendeur [...] de téléviseurs à des acheteurs [...]. – Le trappeur [...] un leurre [...]. – Les conseillers [...] les payeurs. – [...] péril en la demeure [...]. – [...] à contrecœur [...].

## 69 Les noms terminés par le son [o]

**1 ▶** le hublot – un matériau – le museau – un réchaud (*chaud*) – un noyau – un morceau – un mégot (*mégoter*) – un taureau – le chapiteau – le préau – un rouleau – un haricot – un dépôt (*le dépotoir*) – un cadeau – un troupeau – un barreau – un tuyau – le cachot (*cachotier*) – le capot – un gigot (*gigoter*) – un escabeau – un chariot – la faux – un sanglot (*sangloter*) – un robot (*robotiser*) – un panneau – un sirop (*siropeux*) – un joyau – le réseau – l'échafaud (*échafauder*) – l'enclos (*la cloison*) – un radeau – un barreau – un manchot – un maillot (*emmailloter*) – un escroc (*escroquer*) – un javelot – un plateau – un kimono – un casino

**2 ▶** [...] le landau du bébé. – [...] un véritable fléau [...]. – [...] un étroit boyau. – [...] un accroc [...]. – [...] l'escargot [...]. – [...] le poteau. – Le roseau [...]. – [...] l'artichaut [...]. – [...] la poudre de crapaud. – Le cacao [...]. – [...] les crocs.

**3 ▶** [...] scénario [...] les studios [...]. – [...] ses ergots [...]. – [...] le lasso [...] ! – [...] recto verso. – [...] du marigot. – [...] au massicot [...]. – [...] le camelot [...] les badauds. – [...] un rameau [...]. – [...] salto [...] ! – Le chameau [...]. – [...] de bureau [...] de berlingots.

## 70 Les noms terminés par le son [ɛ]

**1 ▶** le perroquet – un geai – le ticket – un beignet – un robinet – un projet – la forêt – le hockey – une cocoteraie – un muet – l'effet – un crochet – un duvet – un cachet – un laquais – un guichet – l'irrespect – un étai – un benêt – un chalet – le hoquet – un œillet – un paquet – la paix – la bananeraie – un forfait – un bosquet – la ronceraie – le grès – un harnais – un pamphlet – un pistolet – un dais – un cabriolet – un déblai

**2 ▶** un agnelet – un jardinet – un coussinet – un muret – un porcelet – un coquelet – un coffret – un livret – un osselet – un bâtonnet – un blondinet – un moulinet

**3 ▶** un fouet – un relais – un rivet – un reflet – un sifflet – un balai – un essai – la paie – l'arrêt – le souhait – la pagaie – le remblai – le décès – l'engrais – le rabais – le progrès – le fait – le piquet

**4 ▶** [...] de rejet. – [...] un attrait [...]. – [...] un extrait [...]. – Un sachet [...]. – [...] du guet [...]. – Les Écossais [...]. – [...] une raie [...]. – [...] mes traits [...]. – Ce pauvre niais [...]. – [...] d'imposants banquets. – Le premier couplet [...]. – [...] le brevet [...].

237

## 71 ) Les noms terminés par le son [e]

**1** ▶ le pré – la marée – le procédé – la dragée – la municipalité – le passé – la purée – l'encrier – le canapé – la société – le figuier – la mosquée – la gelée – le sentier – l'électricité – le trépied – le curé – la poupée – le boulanger – une azalée – le poirier – la priorité – le scaphandrier – l'assemblée – la fermeté – le marché – le côté – la remontée – un calendrier – la journée

**2** ▶ posséder de nombreuses qualités – avancer une idée intéressante – avoir une bonne foulée – habiter une contrée isolée – élire les délégués au congrès – porter un faux nez – exercer un métier manuel – avoir une volonté de fer – s'appuyer contre un pilier – tailler les branches du pommier – découvrir une nouveauté – résoudre une difficulté

**3** ▶ la dictée des mots – le défilé des majorettes – la montée des escaliers – la plongée en eau profonde – la stabilité d'une situation – l'émincé de légumes – l'énoncé d'une solution – le tracé des parallèles – la volonté de réussir – l'arrivée tardive – l'échappée victorieuse – la traversée d'un village – le résumé d'un discours – la fumée d'un cigare – la rentrée des vacances

**4** ▶ [...] chimpanzé [...]. – [...] des Sorciers, la spécialité [...]. – L'année [...] le 1er janvier ; l'année [...]. – La chaussée [...] la matinée. – [...] pelletées de gravier, le cantonnier [...] le fossé. – L'entrée du chantier [...] ouvriers. – Avec une pincée [...], ce velouté [...]. – [...] ses équipiers, [...] de mêlée [...] une percée. – [...] une bouchée [...] de pâté. – D'une enjambée, [...] la tranchée.

## 72 ) Les noms terminés par les sons [i] et [y]

**1** ▶ la zizanie – un récit – un acquit(s) – un bistouri – un abri – la bouillie – un treillis – la tyrannie – l'écurie – un pari – le nombril – la fourmi – le répit – un érudit – un taudis – le céleri – une effigie – un taillis – une perdrix – un colis – la calomnie – un appentis – le messie – le pissenlit – un caddie – une momie – la magie – un conflit – un apprenti – une ortie – un képi – la mairie – un safari – le cambouis – la voirie – l'agonie

**2** ▶ [...] des encyclopédies [...]. – [...] un tamis [...]. – [...] la roupie [...] ? – [...] une avarie [...]. – [...] l'asphyxie. – [...] une hémiplégie [...]. – [...] la théorie [...]. – [...] d'insomnies [...]. – La dynastie [...]. – [...] des intempéries [...]. – [...] un véritable sosie. – [...] un solide alibi. – Un petit oubli [...]. – L'aérophagie [...]. – [...] sa calvitie [...]. – Le riz [...]. – [...] le favori [...].

**3** ▶ la revue – la tortue – un pendu – l'avenue – l'attribut – un canut – un détenu – la mue – le dessus – le pus – un disparu – la retenue – un rébus – la battue – un inconnu – l'entrevue – le substitut – la charrue – le jus – le fichu – le talus – le bahut – la cohue – un élu – un zébu – l'influx – une massue – la vertu – un dû – une longue-vue – le refus – un invendu – une cornue – un barbu – une statue – une étendue

## 73 ) Les noms terminés par les sons [u] et [wa]

**1** ▶ la roue – un verrou – un tout – un burnous – un rendez-vous – un époux – le roux – un garde-boue – un voyou – un écrou – la gadoue – un tabou – le saindoux – un avant-goût – un marabout – le mildiou – un matou – la moue – un bijou – le dégoût – le clou – un égout – la houe – le mou – un biniou – un embout – un coucou – le bagout – un sou – le loup

**2** ▶ Le courroux [...]. – [...] les **coups** de grisou [...]. – [...] le ragoût de mouton [...]. – Le coléreux gourou [...] quinte de toux [...] à bout [...]. – [...] dans la boue. – Le redoux [...] les cailloux. – [...] ses bajoues. – [...] une soupe au pistou. – [...] un sérieux atout [...]. – [...] du coût des travaux.

**3** ▶ le roi – le patois – le beffroi – une lamproie – un casse-noix – à mi-voix – un détroit – un maladroit – le désarroi – un avant-toit – l'envoi – l'octroi – un passe-droit – un choix – un porte-voix – un pavois – le droit – l'oie – le minois – le norois – la baudroie – un siamois – un sans-emploi – un bourgeois

**4** ▶ [...] le coup d'envoi [...]. – [...] le poids [...]. – [...] un pois chiche [...]. – Les oiseaux de proie [...] en voie [...]. – [...] un bois [...]. – [...] chez-soi [...]. – Au tournoi [...] Benoît [...] exploit [...]. – [...] un pourvoi [...]. – [...] la première fois [...] une tranche de foie ? – [...] la foi.

## 74) Les noms terminés par le son [l]

**1** ▶ un bal – le mal (mâle) – une stalle – un rival – le mistral – la halle – une balle – la malle – un végétal – un châle – un dédale – le hall – une cigale – une mygale – un serval – un pétale – une opale – un val – un appel – le dégel – une ruelle – la ficelle – le djebel – le sel – une semelle – une gamelle – un missel – une tutelle – une parcelle – la selle – une quenelle – une ombrelle – un autel – la vaisselle – la moelle – le gel

**2** ▶ [...] asile [...]. – [...] un volatile [...]. – [...] une simple pile. – [...] votre domicile. – [...] Émile fronce les sourcils. – Ne te fais pas de bile [...]. – [...] le pistil des fleurs.

**3** ▶ Nicole [...] sa console [...]. – [...] une métropole [...]. – [...] le formol. – La rougeole [...]. – [...] le pôle Sud. – [...] une longue farandole. – Le chant du rossignol [...].

**4** ▶ [...] la pilule [...]. – [...] le recul [...]. – La péninsule [...]. – La bascule [...]. – [...] au cumul [...]. – [...] un somnambule.

## 75) Les noms terminés par le son [R]

**1** ▶ un foulard – un avare – un square – un barbare – un gyrophare – une barre – un têtard – un départ – un cuissard – un faire-part – un dossard – un bar – le curare – une cithare – une guitare – un motard – un bécarre – le lard – un bagnard – une escarre – une aérogare – un chauffard – un centiare – une tare

**2** ▶ [...] un émissaire [...] ses adversaires. – Saint-Nazaire [...] l'estuaire [...]. – [...] la misère. – [...] de repère [...]. – [...] un véritable repaire [...]. – [...] l'ovaire [...]. – Un verre [...]. – [...] du cratère. – [...] à l'envers.

**3** ▶ [...] le pire [...]. – La lire [...]. – Les sbires [...]. – Le fakir [...]. – [...] en cachemire. – L'empire [...]. – [...] la ligne de mire [...]. – [...] le martyre [...]. – Ne joue pas au martyr [...]. – [...] un triste sire. – [...] en plein délire [...].

**4** ▶ un mira**dor** – un es**sor** – un re**cord** – un a**bord** – une am**phore** – l'a**urore** – le ch**lore** – à bâ**bord** – un mi**lord** – le dé**cor** – un corri**dor** – un mata**dor** – le folk**lore** – un re**bord** – un toréa**dor** – un matam**ore** – un sycom**ore** – un ap**port** – un coffre-**fort** – un passe**port** – du ren**fort** – un sup**port** – un quatu**or** – le con**fort**

**5** ▶ la lec**ture** – la mor**sure** – la rup**ture** – la ger**çure** – l'écor**chure** – la cein**ture** – la flétri**ssure** – la meurtri**ssure** – la sculp**ture** – la ge**lure** – la ga**geure** – la tein**ture**

## 76) Les noms terminés par le son [ãs]

**1** ▶ l'innoc**ence** – l'indiffér**ence** – l'ignor**ance** – la puiss**ance** – l'insuffis**ance** – la somnol**ence** – la concurr**ence** – la complais**ance** – la turbul**ence** – la persévér**ance** – la brill**ance** – la compét**ence** – la vaill**ance** – l'opul**ence** – la pati**ence** – l'arrog**ance** – la fréqu**ence** – la néglig**ence** – la souffr**ance** – la d**anse**

**2** ▶ la préven**ance** – la mainten**ance** – la tolér**ance** – l'adhér**ence** – l'off**ense** – l'espér**ance** – l'expéri**ence** – la connaiss**ance** – la disp**ense** – l'ag**ence** – l'influ**ence** – la défaill**ance** – la croy**ance** – la renaiss**ance** – la réjouiss**ance** – la subsist**ance** – l'endur**ance** – la diverg**ence** – la déf**ense** – l'altern**ance**

**3** ▶ L'av**ance** […]. – […] la p**anse** […]. – En récomp**ense** […]. – Cette rom**ance** […]. – […] son attir**ance** […]. – […] une sent**ence** […]. – L'eau de jouv**ence** […] ! – L'adolesc**ence** […].

**4** ▶ […] quelle élég**ance** ! – […] la supplé**ance** […]. – La prévoy**ance** […]. – Mieux vaut pati**ence** […]. – […] la rég**ence**. – L'obéiss**ance** […]. – […] la réson**ance** […]. – […] en gér**ance**.

## 77) Les consonnes finales muettes

**1** ▶ un intru**s** (*l'intrusion*) – un bourgeoi**s** (*une bourgeoise*) – un jon**c** (*jonché*) – un cham**p** (*champêtre*) – le tein**t** (*la teinture*) – un spor**t** (*sportif*) – un comba**t** (*combattre*) – un chan**t** (*chanter*) – le dra**p** (*le drapeau*) – un tron**c** (*le tronçon*) – un por**t** (*portuaire*) – un quar**t** (*le quartier*) – le hasar**d** (*hasarder*) – un pay**s** (*un paysan*) – le placar**d** (*placarder*) – un por**c** (*la porcherie*) – un propo**s** (*proposer*) – le fraca**s** (*fracasser*) – un galo**p** (*galoper*) – un bou**t** (*la bouture*) – l'échafau**d** (*échafauder*) – le ban**c** (*bancal*) – le lar**d** (*larder*) – un écar**t** (*écarter*) – le cam**p** (*camper*)

**2** ▶ […] son instin**ct**. – Le transfer**t** […]. – […] le poin**g**. – […] un promp**t** rétablissement […]. – […] le choi**x** […]. – […] à néan**t**. – […] à crédi**t** ? – […] les ner**fs** […]. – L'huile de noi**x** […]. – L'encen**s** […]. – Un peu de far**d** […].

**3** ▶ le secour**s** – le compa**s** – du taba**c** – un buvar**d** – un articha**ut** – un écla**t** – du lila**s** – une perdri**x** – du siro**p** – un réchau**d** – un repa**s** – un étan**g** – du vergla**s** – du caoutchou**c** – un crapau**d** – un rall**ye** – la souri**s** – un talu**s** – le velour**s** – le cambou**is** – le cervela**s** – le nœu**d** – un foular**d** – un radi**s** – le syndica**t**

**4** ▶ le poul**s** – le doig**t** – exa**ct** – succin**ct** – exem**pt** – le pui**ts** – le remor**ds** – le tréfon**ds** – le tem**ps** – le cor**ps** – le printem**ps** – distin**ct** – un entreme**ts** – un auroc**hs** – le respe**ct**

## 78) La lettre *h* en début de mot

**1** l'herbe – l'habit – le hanneton – la hache – l'hectare – le haillon – l'huile – l'héritage – le héron – l'heure – la hanche – l'horreur – la haie – l'habitant – l'histoire – l'horloge – le hochet – l'hirondelle – l'harmonie – le hautbois

**2** une oreille – une alerte – hurler – hausser – un hôpital – une adoption – urgent – ausculter – un horaire – haleter – émerger – austère – une octave – allaiter – héberger – une honte – l'opium – arpenter – un hameçon – une élite – un aristocrate – harponner – un hangar – honteux – une harmonie – une anarchie – un anchois – un ermite – une arabesque – hideux – un handicap – une omission – les haras – hagard – une anguille – une amende – une hypothèse – une hygiène – les yeux – un yucca

**3** Les oraisons [...]. – Le houblon [...]. – Les piqûres d'oursin [...]. – L'hôtelier [...] les housses [...]. – [...] paysans africains [...] à la houe. – [...] horticulteur sous la houlette [...]. – [...] un holocauste. – L'hexagone [...] huit. – Les hortensias [...]. – [...] par hasard [...]. – [...] quelques isards. – L'étymologie [...] l'origine [...]. – [...] un hématome [...]. – Les émanations [...]. – L'hippopotame [...].

## 79) Les lettres muettes intercalées

**1** [...] des cahots [...]. – [...] une cahute [...]. – La trahison [...]. – [...] le compte est exact. – Le comte de Chambord [...]. – Cette pièce de théâtre [...] enthousiasmé. – [...] appréhendé un suspect. – L'antiquaire [...] ce bahut [...] authentique. – [...] une théorie cohérente [...]. – Le rhume [...]. – De nombreuses scieries [...] la forêt vosgienne. – Avec le feu d'artifice [...] en apothéose. – [...] de techniciens.

**2** le catéchisme – un toast – la gaieté – un adhérent – un isotope – la soirée – un test – un aboiement – un adolescent – un isthme – la soierie – surseoir – le conte – le dénuement – l'automne – le survol – bonsoir – un acompte – l'éther – l'atonie – l'alcool – asseoir – le compteur – le baptême – la sangsue – l'étymologie – le thorax – sympathique – aquilin – le gréement – l'éthylène – l'utopie – élastique – acquitter – l'agrément

**3** Le meilleur **sculpteur** de **menhirs** [...]. – [...] une période **automnale**. – Lors de la **transhumance** [...]. – Le **dévouement** [...]. – Il n'y a plus d'**anthropophages** [...]. – [...] les **discothèques** [...] **vingt**-deux ans. – Le **dénouement** [...]. – [...] de véritables **tueries**. – [...] des **luthiers**. – Les chauffards **alcooliques** sont **condamnés** [...] leur **paiement** [...].

## 80) La lettre *x*

**1** la flexion – la connexion – l'annexion – une réflexion – la traction – l'inflexion – l'éviction – l'action – la jonction – une fluxion – la sanction – l'élection

**2** [...] un **excellent** joueur de **saxophone**. – [...] à **proximité** [...]. – [...] l'**exactitude** [...]. – [...] d'une **dextérité** assez **exceptionnelle**. – L'**exposition** [...]. – [...] un **duplex** un peu **exigu**. – [...] **exquis**. – [...] un **excès** [...]. – Le **boxeur** [...] le larynx […]. – La **dyslexie** […]. – L'**oxygène** […]. – Seul le **maxillaire** […]. – Cette liste est **exhaustive** […]. – […] ses **excuses**. – […] une **exonération** […]. – L'**accent** […] **circonflexe** […]. – Le **klaxon** de ce **taxi** […]. – […] deux **auxiliaires** […]. – L'**expertise** […].

**3** ▶ **exhaler** – un **excédent** – **exhumer** – une **excursion** – **exacerbé** – **vacciner** – un **accessoire** – la **succession** – **exubérant** – **exaspérant** – **exulter** – un **examen** – **exempter** – **accéder** – l'**exception** – **inexorable** – **exécrable** – **extorquer** – **intoxiquer** – l'**accélérateur** – le **paradoxe** – la **fixation** – le **maximum** – l'**extase** – l'**anorexie** – un **exploit** – l'**asphyxie** – un **extincteur** – l'**occiput** – l'**expulsion**

## 81 ▶ Les suffixes et les préfixes

**1** ▶ Le candidat est **silencieux**. – Manuel est **prétentieux**. – Ce train est **spacieux**. – L'horloger est **minutieux**. – Bébé est **capricieux**. – La danseuse est **gracieuse**. – Le renard est **malicieux**. – Raoul est **astucieux**.

**2** ▶ […] un quartier résiden**tiel** […]. – […] être impar**tial**. – […] une combinaison spé**ciale**. – […] langues offi**cielles** […]. – […] un résultat par**tiel**. – Une pluie providen**tielle** […]. – […] le complément circonstan**ciel**. – Les fleurs artifi**cielles** […]. – […] air gla**cial**. – Le texte ini**tial** […].

**3** ▶ […] la progre**ssion** […]. – L'agence aérospa**tiale** […]. – […] a fait sensa**tion**. – […] lettre confiden**tielle**. – […] une indemnité substan**tielle**. – Irène a l'impre**ssion** […]. – L'alphabet phéni**cien** […]. – Le dalma**tien** […]. – Les physi**ciens** […]. – Cette église paroi**ssiale** […]. – L'académi**cien** […].

**4** ▶ **inopportun** – **inexprimable** – **désaccordé** – **désarmer** – **immoral** – **inoccupé** – **inhospitalier** – **illégal** – **désorienté** – **déshabillé** – **déshydraté** – **illogique** – **inattendu** – **impalpable** – **inflexible** – **desserrer** – **déshonorer** – **inhabité**

## 82 ▶ Les homonymes lexicaux

**1** ▶ je (il/elle) **goûte** – le **cri** – tu **balaies** – le **calcul** – les **lits** – il/elle **rend** – les **gouttes** – les **cris** – le **balai** – tu **calcules** – le (je/tu) **lis** – je (tu) **rends** – la **goutte** – je (il/elle) **crie** – les **balais** – ils/elles **calculent** – le (il/elle) **lit** – le **rang** – tu **goûtes** – tu **cries** – je (il/elle) **balaie** – je (il/elle) **calcule** – ils/elles **lient** – les **rangs**

**2** ▶ **coût** – **lys** – **vaut** – **étang** – **pris** – **mer** – **rênes** – **teint** – **repaire**

**3** ▶ […] une réponse **sensée**. / Patrick est **censé** […]. – […] dans une **heure**. / Au moindre **heurt** […]. – […] de **plain**-pied […]. / […] le **plein**. – […] prends **parti** […]. / Nous disputons une **partie** […]. – […] perdre **haleine**. / […] à l'**aine**. – […] est à **court** […]. / J'**accours** […]. – […] de bonne **heure**. / […] porte **bonheur**. – Tarzan **pousse** […]. / Le **pouce** […]. – […] à **dessein** […]. / […] des **seins** parfaits. – […] à la **craie** […]. / Le **crêt** […]. – […] des **astres** […]. / […] un vrai **désastre** […].

## 83) Les mots d'origine étrangère

**1** ▶ le rallye – le crawl – un western – du shopping – le surf – le brocoli – le scénario

**2** ▶ des camping-cars – des tee-shirts – des blue-jeans – des chewing-gums – des hot-dogs – des fox-terriers – des hit-parades – des self-services – des night-clubs – des fast-foods – des best-sellers – des drop-goals

**3** ▶ un malfaiteur (bandit) – une vedette (actrice) – un immeuble (gratte-ciel) – un petit travail – les projecteurs – une réunion – une paire de patins à roulettes – un entretien – les bouteurs (engins) – la partie, le résultat – le serveur – un raz-de-marée

**4** ▶ in extremis – statu quo – ex æquo – a priori – post-scriptum – recto verso – maximum – forum – de visu

## 84) Les paronymes – les barbarismes – les pléonasmes

**1** ▶ [...] Nasser **simule** [...]. – [...] les **fresques** [...]. – [...] il est **émotif**. – [...] la zone **industrielle**. – Pour **éviter** [...]. – [...] **intègre**. – [...] **écharpe** blanche. – [...] un **traître** mot. – [...] **taie** [...]. – [...] faites-vous **allusion** [...] ?

**2** ▶ C'est le passage du Tour de France ; venez tous le voir. – Les débris de la toiture se sont enchevêtrés. – Cet atelier a le monopole de la fabrication des pales d'hélicoptère. – Ce village compte au maximum quatre cents habitants. – Pour assembler ce puzzle, il faut commencer par trier les morceaux. – Utilisez cette pommade, car elle apaise les démangeaisons. – Ces paroles sont restées dans toutes les mémoires. – Le chef scout a prévu une courte pause après trois heures de marche. – Tu es descendu pour ranger ta cave.

**3** ▶ contumace – rebats – rémunérés – pis – saupoudre – apparition – poliomyélite – hypnotisent – ragaillardi – arbustes – populaire – dilemme – saynète

## 85) Des anomalies orthographiques

**1** ▶ partie – contrarié – écorché – un diplomate – l'insularité – manuel – respecter – l'opportunité – un démocrate – rénal – la popularité – minéral – la sérénité – balnéaire – la vanité

**2** ▶ la relégation – la vacance – l'irrigation – le braquage – le fourgon – l'abdication – le tangage – la moquerie – la divulgation – l'arc – la délégation – la fabrication – l'argument – le débarquement – la conjugaison – la divagation – l'allégation – l'éducation – le dragage – la prodigalité – la dislocation – l'estocade – le largage – la convocation

**3** ▶ [...] trop **sonore**. – [...] visage **boursouflé**. – [...] contrôle **tatillon** [...]. – Sur le **verglas** [...]. – [...] **homicide** involontaire. – [...] quelle **imbécillité** ! – [...] **invincible**. – Les **mammifères** [...]. – La politique **monétaire** [...]. – [...] grand **fourmilier**. – [...] groupe **nominal** [...] ? – Ce **nourrisson** [...].

**4** ▶ faisselle – faisan – lourdement – prudemment – gars – garçon – côte – coteau – gemme – femme – quadrilatère, quatre – rhum – rhume

## 86 Les prépositions – les conjonctions de coordination – les interjections

**1** ▶ […] **chez** le dentiste. – […] **dans** la serrure. – […] **contre** le mur. – […] **à** cheval […]. – […] **dans** le journal. – […] assis **sur** les chaises mises à leur disposition. – […] **à** Paris. – […] **par** mois […]. – […] **de** son cousin. – […] se coiffe **avec** […]. – **Durant** son service […].

**2** ▶ L'aigle royal **et** le faucon […]. – […] **mais** le gardien […]. – […] le métro **ou** l'autobus. – […] **aussi** l'automobiliste devra-t-il […]. – […] **mais** l'hôtel […]. – […] sans tambour **ni** trompette. – […] **car** je […]. – […] **et pourtant** elle tourne. – […] **néanmoins** des orages […].

**3** ▶ Ouf ! – Heu ! – Aïe ! – Pouah ! – Par exemple ! – À la bonne heure ! – silence ! – Hélas !

## 87 Les propositions indépendantes, juxtaposées et coordonnées

**1** ▶ Le marchand forain dispose ses tréteaux (*prop. juxt.*), installe les planches (*prop. coord.*) et dispose ses cartons de vêtements (*prop. coord.*). – Guillaume crie au loup (*prop. coord.*), mais personne ne le croit (*prop. coord.*). – Ne laissez pas les enfants jouer avec des allumettes. (*prop. ind.*) – Le cholestérol freine la circulation du sang (*prop. coord.*) et entraîne parfois des accidents cardiaques (*prop. coord.*). – Zacharie est en retard (*prop. juxt.*), alors il invoque des ennuis mécaniques (*prop. coord.*), mais ses explications ne convainquent pas son employeur (*prop. coord.*). – Le soigneur ne se déplace jamais sans sa trousse et son éponge miracle ! (*prop. ind.*) – Les médecins placent beaucoup d'espoir dans ce nouveau médicament (*prop. juxt.*) ; il devrait soulager nombre de malades (*prop. juxt.*). – Payez avec votre carte bancaire (*prop. coord.*) ou signez un chèque (*prop. coord.*) ; la caissière acceptera dans les deux cas (*prop. juxt.*). – Ce jeune couple loue un appartement dans une cité de la banlieue de Lille. (*prop. ind.*) – Mes amies sont allées visiter les caves de Roquefort (*prop. juxt.*) ; je n'ai pas voulu les accompagner (*prop. coord.*) car j'y suis déjà allée (*prop. coord.*).

**2** ▶ Tous les véhicules sont à bord […] **et** les marins larguent […]. – Pierrick a bien reçu les messages […], **mais** il ne peut pas […]. – Karen a tenu son pari, **en effet** il a plongé […]. – Les députés siègent […], **aussi** devraient-ils avoir terminé […]. – M. Louis possède une montre […] valeur **et** il ne s'en séparera jamais. – César bat les cartes, **puis** Marc les distribue. – Sarah m'a envoyé un SMS, **donc** elle est bien arrivée. – Le terrain est impraticable, **donc** le match a été annulé. – La météo annonce […] au sud, **mais** au nord, le ciel se couvrira […]. – Deux hommes ont été soupçonnés de vol, **pourtant** ils sont innocents.

## 88 Les subordonnées relatives – les pronoms relatifs

**1** ▶ Chloé sort d'un spectacle où tout le public riait. – Je te prête ce livre dont l'auteur vient d'obtenir le Prix Goncourt . – Toi qui parles italien couramment peux-tu me traduire cette notice ? – Le kangourou qui ne vit qu'en Australie, bondit à des hauteurs impressionnantes. – Le plat pour lequel j'ai incontestablement une préférence, c'est le couscous. – Les mauvaises habitudes de langage que prennent les enfants sont difficiles à perdre. – Le chanteur pour lequel Camille a le plus d'admiration vient de sortir un album. – L'excursion que M. Charlet a organisée nous conduira dans le massif de la Vanoise.

**2** ▶ [...] dans le village **où ses parents sont nés**. – [...] la flamme du Soldat **qui n'a jamais été identifié**. – [...] des meubles **qui se démontent facilement**. – [...] sous l'arbre **où ils palabrent**. – Une boutique **dans laquelle on vend des vêtements** [...]. – [...] des lentilles **qu'on ne voit pas**. – [...] un journal **qui paraît chaque jour**. – [...] les enfants **qui ont perdu leurs parents**.

**3** ▶ **La colline sur laquelle** [...]. – **Le résultat auquel** le mathématicien est arrivé est exact. – **Les employés auxquels** je m'adresse me renseignent. – **Les boissons pour lesquelles** [...] sont signalées. – [...] **le département d'où** [...]. – **La situation dans laquelle** [...]. – On installe **une lunette avec laquelle** [...].

## 89) Les subordonnées conjonctives – les conjonctions de subordination

**1** ▶ [...] espèrent **qu'ils seront augmentés**. – [...] souhaitent **que les départs en vacances soient étalés**. – [...] réclame **que les auditeurs observent le silence**. – [...] craignent **que les autorisations d'arrosage soient suspendues**. – [...] permet **que les bagages des voyageurs soient contrôlés**. – [...] accepte **que les véhicules stationnent provisoirement sur les trottoirs**. – [...] se battent **afin que les otages de Colombie soient libérés**. – [...] déplore **que la biscotterie d'Annot soit fermée**.

**2** ▶ [...] pour que leur fille **entreprenne** [...]. – Bien que le skieur **connaisse** [...]. – [...] afin que nous **puissions** [...] ? – Toutes les fois que nous **franchissons** un col, [...]. – Après que le cyclone **a** ravagé [...].

**3** ▶ Le médecin annonce à son patient que son taux de cholestérol est trop élevé. – Le patient que soigne ce dermatologue devrait guérir rapidement. – Autrefois, les enfants des écoles attendaient avec impatience que des prix leur soient distribués. – Les livres que distribue le directeur de l'école récompensent les meilleurs élèves.

## 90) Les adverbes

**1** ▶ [...] pas **beaucoup**. – [...] **à peine** plus rapide [...]. – [...] **environ** un kilo-gramme. – [...] **presque** terminé. – [...] **aussi** bien [...]. – [...] **comme** cette escalade [...] ! – [...] **autant** de photos [...]. – [...] il n'y a **guère** d'eau.

**2** ▶ **Demain**, les robots [...]. – [...] la chaussée se transforma **soudain** [...]. – [...] la France était **alors** [...]. – **Autrefois**, les paysans [...]. – [...] **bientôt** ouverte. – Henriette se rend **quelquefois** [...]. – [...] pas **longtemps** [...].

**3** ▶ Les peupliers s'élèvent **droit** [...]. – Les hirondelles volent **bas** [...]. – Ajoutez des brins de persil hachés **menu** [...]. – De **menus** détails permettent [...]. – [...] ces gauchers sont **très** forts [...]. – Voici de **fort** beaux bijoux qui doivent [...]. – Les explorateurs tiennent **bon** et ils ne renonceront pas à leur projet. – Tes amis te donnent de **bons** conseils [...].

**4** ▶ Vous trouverez **ici** [...]. – [...] le travail passe **avant**. – [...] c'est très **près**. – [...] se lève **tard**. – [...] il y a **beaucoup** d'épices [...]. – [...] la rivière coule **au-dessous**. – On rencontre **toujours** [...].

## 91 ) Les adverbes de manière en *-ment*

**1** ▸ s'amuser **follement** – répondre **gentiment** – se reposer **longuement** – parler **franchement** – arriver **tardivement** – sourire **innocemment** – agir **inconsciemment** – entrer **silencieusement** – vivre **misérablement** – se casser **sèchement** – avancer **timidement** – se redresser **fièrement**

**2** ▸ moyennement – nullement – mortellement – fréquemment – publiquement – régulièrement – gaiement – évidemment – naturellement – concrètement – richement – heureusement – copieusement – légèrement – impunément

**3** ▸ brusquement – hebdomadairement – clairement – luxueusement – prudemment – abondamment – négligemment

**4** ▸ Les compliments touchèrent énormément Harold. – Les **hurlements** de la sirène **sont** vraiment **assourdissants**. – Les **éboulements** emportèrent totalement la vieille masure. – M. Laurent conserve précieusement des documents anciens. – Ces **logements** viennent d'être récemment réparés. – Les **règlements** doivent être obligatoirement respectés. – Les **aboiements** du chien **font** fuir rapidement les malfaiteurs.

## 92 ) Les pronoms possessifs, démonstratifs, indéfinis

**1** ▸ […] **le tien** est encore dans ta poche. – […] Lisette oublie parfois **le sien**. – […] le receveur remet **la sienne**. – […] vous **des vôtres**. – […] nos voisins laissent **le leur** […]. – Cette idée n'est pas **la mienne** […]. – Vous joindrez vos efforts **aux nôtres** […]. – […] plus performante que **la mienne**. – […] **le mien** est en vacances ?

**2** ▸ […] **celle** qui longe le canal […]. – […] **celui-ci** est facultatif. – **Cela** fait vingt minutes […] **ce** n'est pas normal. – […] **ceux-là** restent sur la chaussée. – **Cela** ne sert à rien […]. – […] **celui** de Paray le Monial le mercredi. – […] il ne mange que **ça** […]. – […] **celui-ci** a l'air plus mûr que **celui-là**. – […] opposé à **celui** de son concurrent. – […] **ceux** de son élève sont abstraits.

**3** ▸ « Que **personne** ne bouge ! » […]. – […] **d'autres** (**quelques-uns**) connaissent […]. – […] il octroie à **tous** (**chacun**) une prime. – […] penser à **tout** ! – […] **plusieurs** (**certains**) préfèrent […]. – Ne faites pas à **autrui** […]. – […] **aucun** n'a la bonne réponse. – **Quiconque** présentera […].

## 93 ) La voix passive – le complément d'agent

**1** ▸ Une avalanche coupe la route. – Un violent orage détruisit les récoltes. – Les généraux signaient la paix. – Ce bruit vous a surpris. – Le maire reçut les Italiens de notre ville jumelle. – Ses grands-parents élèveront la fillette. – La Géorgie adopte un nouvel hymne national. – Les décorations de Noël t'émerveillent. – Le gel durcit le sol. – Les maîtres nageurs surveillaient la piscine. – Toute la famille attend la naissance de la petite sœur de Dimitri avec impatience. – Des précepteurs instruisaient les enfants royaux. – Les pirates hissèrent le pavillon noir lorsqu'ils aperçurent le galion espagnol. – La fusée Ariane plaça les deux satellites indiens sur leur orbite. – Un conservateur, admirateur de Gustave Courbet, a réalisé l'exposition.

**2** ▶ Le repas a été apprécié par les convives. – L'imprimerie a été inventée par Gutenberg. – Nous avons été invités à déjeuner par Blandine. – Les billets ont été vérifiés par le contrôleur. – L'essai est transformé par le demi de mêlée. – La pénicilline a été découverte par Ian Fleming. – Les prix sont fixés par une réglementation stricte. – Les tuyaux étaient soudés par le plombier. – Le Soleil était peu à peu éclipsé par la Lune. – La contrefaçon des vêtements de luxe est interdite par la loi. – Le dompteur est surpris par la réaction du fauve. – Ces couleurs seront confondues par le daltonien. – Dans le métro, les journaux sont lus par des milliers de personnes. – Les plans du nouvel hôtel des finances seront dessinés par un architecte de talent. – À la fin de l'enquête, tous les témoignages avaient été recueillis par les gendarmes, non sans mal. – Après le potage, un loup en croûte est apporté par le serveur sous les regards gourmands des invités.

## 94 ▶ Les formes affirmative, négative, pronominale, emphatique et impersonnelle

**1** ▶ **Personne ne** réagit aux propos […]. – **Aucun** bateau **n'**appareillera […]. – Les musiciens **ne** reprennent **pas** le dernier mouvement […]. – Ces prédictions **ne** convainquent **que** ceux qui ont une confiance illimitée […]. – La machine à vapeur **n'**a **point** survécu […]. – […] le vendeur **ne** garantit **ni** le remplacement des pièces **ni** la main-d'œuvre. – […] ces personnes **ne** maigrissent **guère**. – Ce nouvel outil **ne** sert à **rien**. – […] les avions **n'**atterrissent **plus** à Marignane. – Martin **ne** s'endort **jamais** sans avoir lu un article […].

**2** ▶ C'est la station d'épuration qui permet de préserver la qualité de la nappe phréatique. – C'est la qualité de ses agneaux qui fait la renommée de la région de Sisteron. – Sa retraite, cette personne âgée la perçoit chaque trimestre. – Dans le conte de Perrault, c'est le Petit Poucet qui a volé les bottes de Sept Lieues de l'ogre. – C'est dès la mi-février que les violettes fleurissent. – C'est au camping des Flots bleus que les touristes s'installent. – C'est le curry qui donne un goût particulier à tous les plats à base de riz. – C'est la finale du tournoi de Roland-Garros que les chaînes sportives retransmettent. – Ce sont des parasites qui perturbent la réception des appels téléphoniques. – C'est le magicien qui mystifie les badauds incrédules. – Le pont Alexandre III, c'est le plus beau pont de Paris.

## 95 ▶ Des erreurs à éviter (1)

**1** ▶ […] ils **sont comme chien et chat**. – […] il **bâtit des châteaux en Espagne**. – […] elle **est à cheval sur les principes**. – […] elle **prend la mouche**. – […] un combat **sans merci**. – Cet escroc cherche **un homme de paille** […]. – […] il a découvert **le pot aux roses**. – […] il **veille au grain**. – […] ce journaliste **coupe l'herbe sous le pied** de ses concurrents.

**2** ▶ Le vase **auquel** je tiens […]. – […] nous avons eu des **ennuis** […]. – […] cette nouvelle **est** fausse. – […] alors montrez-**les-moi**. – […] les visiteurs **entrent** un à un. – […] son père est furieux **contre** lui. – **Bien** que cette piste soit interdite, des surfeurs imprudents l'empruntent **aveuglément** ; pourtant ils **n'ignorent pas** qu'ils sont à la merci d'une avalanche. – […] il **baye** aux corneilles. – Madeleine habite en face **de la** poste. – Cet escrimeur a **apporté** une seconde médaille d'or […] ; *La Marseillaise* retentit **de nouveau**.

## 96 Des erreurs à éviter (2)

**1** ▶ […] M. Stein a **recouvré** […]. – […] ces arbustes **mourront**. – […] l'affaire se **conclura** […]. – […] il faut qu'ils **voient** […]. – Les prisonniers **vécurent** […]. – […] Nasser **acquerra** une Honda 600. – L'eau **bout** […]. – S'il **avait** su que le film était si long, Constant ne l'**aurait** pas regardé. – […] le cavalier **tomba**. – […] Carlos **courait** le 100 mètres […].

**2** ▶ La misère et la pauvreté sévissent dans beaucoup de pays africains. – Beaucoup d'Africains rêvent de venir s'installer en Europe. – La mythologie grecque a inspiré de nombreux peintres. – Les vieilles femmes grecques sont souvent vêtues de noir. – Les Roumains sont fiers d'avoir battu les Français 25 à 14. – Parler allemand, c'est fort courant pour un Strasbourgeois. – Les Canadiens s'adaptent bien aux grands froids. – Les Anglais, les Pakistanais et les Indiens sont pratiquement les seuls à jouer au cricket. – Les Italiens mangent de grandes quantités de pâtes. – À l'époque romantique, les femmes portaient des anglaises. – Pendant la Première Guerre mondiale, la Champagne fut le lieu de combats acharnés. – La Brie est une région où les terres sont fertiles.

**3** ▶ Ce jeune […] est insolent **envers (à l'égard)** des personnes […]. – […] il parle **trop**. – […] il reviendra **tout de suite**. – […] je suis **stupéfait(e)**. – […] des dépenses **somptueuses**. – […] ce navigateur **a des chances de gagner** la course […]. – Julien en a assez d'avoir les oreilles **rebattues** […]. – Le livre **dont** vous parlez […].

# INDEX DES NOTIONS CLÉS

## I J K

## L

## M

## N

**O**

**P**

# Alphabet phonétique

## 12 voyelles

| | | | | |
|---|---|---|---|---|
| [a] | **a**mi ; m**a**t | | [ɔ] | s**o**rt ; d**o**nner |
| [ɑ] | m**â**t ; b**a**s | | [ø] | bl**eu** ; n**œu**d |
| [e] | caf**é** ; parl**er** | | [œ] | b**eu**rre ; **œu**f |
| [ɛ] | m**è**re ; b**e**lle ; f**ê**te | | [ə] | ch**e**min ; r**e**voir |
| [i] | **i**c**i** ; pl**i** | | [u] | f**ou** ; g**oû**t |
| [o] | s**o**t ; **eau** ; r**ô**le | | [y] | **u**ser ; m**û**r |

## 4 voyelles nasales

| | | | | |
|---|---|---|---|---|
| [ɑ̃] | bl**an**c ; v**en**dre | | [œ̃] | br**un** ; parf**um** |
| [ɛ̃] | f**in** ; pl**ein** ; p**ain** | | [ɔ̃] | m**on**de ; s**om**bre |

## 3 semi-consonnes (ou semi-voyelles)

| | | | | |
|---|---|---|---|---|
| [j] | **y**aourt ; ra**il** ; r**i**en | | [ɥ] | n**ui**t ; l**ui** |
| [w] | **ou**i ; r**ou**age | | | |

## 17 consonnes

| | | | | |
|---|---|---|---|---|
| [b] | **b**ar**b**e ; ta**b**le | | [R] | **r**a**r**e ; pou**r** |
| [k] | **c**ave ; mar**qu**er ; s**k**i | | [s] | **s**ur ; tra**c**e ; le**ç**on |
| [d] | **d**ur ; su**d** | | [t] | **t**ous ; re**t**ard |
| [f] | **f**eu ; **ph**oto | | [v] | **v**i**v**re ; **w**agon |
| [g] | **g**ant ; va**gu**e | | [z] | ro**s**e ; **z**éro |
| [l] | **l**une ; rou**l**er ; vi**ll**e | | [ʃ] | **ch**at ; ri**ch**e |
| [m] | **m**ain ; per**m**is | | [ʒ] | **j**eton ; man**g**er |
| [n] | **n**avire ; fari**n**e | | [ɲ] | vi**gn**e ; a**gn**eau |
| [p] | **p**oule ; ta**p**er | | | |

Remarque : les deux phonèmes [ɛ̃] et [œ̃] tendent à être confondus dans beaucoup de régions.

Achevé d'imprimer par Europrinting S.p.A -  Dépot légal Decembre 2011 - édition: 01 - 16/0431/3